广东省"冲补强"提升计划重点建设学科教育学专项经费资助出版

"2020年度广东省哲学社会科学"十三五"规划课题：随班就读儿童的家庭支持、学校支持与学校适应的关系研究（项目批准号：GD20XJY27）"项目成果

小学随班就读
智力障碍儿童的
学校适应研究

➤ 卢祖琴　著 ◄

WUHAN UNIVERSITY PRESS

武汉大学出版社

图书在版编目(CIP)数据

小学随班就读智力障碍儿童的学校适应研究/卢祖琴著.—武汉：
武汉大学出版社,2022.12
ISBN 978-7-307-23509-0

Ⅰ.小…　Ⅱ.卢…　Ⅲ.儿童教育—特殊教育—研究　Ⅳ.G760

中国版本图书馆 CIP 数据核字(2022)第 248423 号

责任编辑:黄金涛　　　责任校对:汪欣怡　　　版式设计:马　佳

出版发行:**武汉大学出版社**　　(430072　武昌　珞珈山)
　　　　　(电子邮箱:cbs22@whu.edu.cn　网址:www.wdp.com.cn)
印刷:武汉邮科印务有限公司
开本:720×1000　1/16　印张:16　字数:228 千字　插页:1
版次:2022 年 12 月第 1 版　　2022 年 12 月第 1 次印刷
ISBN 978-7-307-23509-0　　定价:48.00 元

前　言

　　特殊教育是整个教育事业的重要组成部分，当今时代的特殊教育已经成为衡量一个国家现代文明和教育高质量水平的重要指标。融合教育是当前特殊教育发展的趋势，而随班就读是我国实施的一种融合教育模式，使特殊儿童有更多机会就近进入普通学校学习，加强了特殊儿童与普通儿童的相互交流与合作。我国非常重视特殊教育的发展，在 2014 年教育部颁布了《第一期特殊教育提升计划（2014—2016 年）》，强调要重视随班就读工作；2017 年教育部颁布了《第二期特殊教育提升计划（2017—2020 年）》，强调重视随班就读保障体系建设；2021 年教育部颁布了《"十四五"特殊教育发展提升行动计划》，再次强调要完善随班就读保障体系，提高随班就读的质量。

　　1989 年我国随班就读的试验首先是从视觉障碍儿童开始，随后扩展到听觉障碍儿童和智力障碍儿童。我国将残疾主要分为视力残疾、听力残疾、言语残疾、肢体残疾、智力残疾、精神残疾和多重残疾等七种类型。而中华人民共和国教育部政府门户网站统计的历年各类残疾儿童的人数中，智力残疾儿童的人数都是最多的。当前随班就读各个学段的智力障碍学生，又以小学随班就读的智力障碍儿童最多。随班就读学生的学校适应是检验随班就读质量的重要指标，因此，提高随班就读的质量，有必要了解小学随班就读智力障碍儿童的学校适应情形。

　　本书旨在探讨小学随班就读智力障碍儿童的家庭支持、学校支持及其学校适应的现况，并分析不同背景变量的差异情形、相关情形和预测情形。结合已有的家庭教育、学校教育和学校适应的研究，建立家庭支持、学校支持及学校适应的理论基础，分别建构家庭支持问卷、学校支持问卷和学校适应问卷的维度。将家庭支持问卷分成"实质支持"、"情感支持"和"信息支持"三个维度，学校支持问卷分为"教师支持"、"同伴支持"、"课程与教学支持"和"考试评价支持"四个维度，学校适应问卷分为"常规适应"、"人际适应"、"学业适应"和"生活自理"四个维度。本研究采取问卷调查法，以研究者自编的"小学随班就读智力障碍儿童的家庭支持、学校支持与其学校适应的问卷"为研究工具，采用"便利抽样"的方式发放问卷500 份，回收有效问卷 305 份，回收率为 100%，有效回收率为 61%。数据处理使用描述性统计、独立样本 t 检定、单因子变异数分析、皮尔逊积差相关及逐步多元回归等统计方法分析资料。研究结论如下：

小学随班就读智力障碍儿童的家庭支持、学校支持及其学校适应的整体状况属于中上水平。小学随班就读智力障碍儿童的家庭支持情形为"不确定"至"非常符合"，其中"情感支持"获得度最高，"信息支持"与"实质支持"获得度较一般。小学随班就读智力障碍儿童的学校支持情形为"不确定"至"非常符合"，其中"教师支持"获得度最高，"考试评价支持"获得度良好，而"同伴支持"与"课程与教学支持"获得度较一般。小学随班就读智力障碍儿童的学校适应情形为"比较不符合"至"比较符合"，其中"生活自理"表现最好，"常规适应"与"人际适应"表现良好，而"学业适应"表现较差。

不同背景变量在小学随班就读智力障碍儿童的家庭支持、学校支持及其学校适应方面的差异有不同表现。不同障碍程度的小学随班就读智力障碍儿童在家庭支持的差异达显著水平，轻度智力障碍小学生获得家庭支持较好；不同年级、不同性别与不同父母教育程度等背景变量在获得家庭支持方面均未达显著水平。不同性别、不同残疾程度与不同学校所在地小学随班就读智力障碍儿童在学校支持的差异达显著水平，女生、轻度智力障碍及城市学校的小学生获得学校支持较好；不同年级、有无资源教室或资源中心在获得学校支持方面均未达显著水平。不同年级、不同性别、不同残疾程度及学校所在地的小学随班就读智力障碍儿童在学校适应方面的差异达显著水平，5~6 年级、女生、轻度智力障碍及城市学校的小学生学校适应较好；有无资源教室或资源中心未在学校适应方面达显著水平。

小学随班就读智力障碍儿童的家庭支持、学校支持及其学校适应都具有相关性与预测力。小学随班就读智力障碍儿童的家庭支持、学校支持与学校适应之间呈正相关；小学随班就读智力障碍儿童的家庭支持、学校支持对其学校适应具有预测力。根据结论提出具体建议，以提供教育相关单位、教师、家长及未来研究的参考。

本书调查的小学随班就读智力障碍儿童的学校适应数据，是来自广东省珠三角地区、粤东地区、粤西地区和粤北地区四个区域，既能给政府部门随班就读政策的制定和执行起参考作用，又能给基础教育学校随班就读工作的开展起借鉴意义，也能给随班就读智力障碍儿童的家长有启发意义。总之，这对广东省随班就读工作的开展具有一定的理论指导价值和现实参考意义。本书是抛砖引玉之作，希望能引起学界更多人士对基础教育学校随班就读工作的关注与研究。

本书是 2020 年度广东省哲学社会科学"十三五"规划课题《随班就读小学生的家庭支持、学校支持与学校适应的关系研究》的研究成果。

目　　录

绪　　论

　　特殊教育是人类社会发展到一定阶段的文明标志之一，当今时代的特殊教育已经成为衡量一个国家现代文明和教育高质量水平的重要指标。20世纪 90 年代，联合国教科文组织(United Nations Educational, Scientific and Cultural Organization, UNESCO)号召世界各国开始实施融合教育，许多国家启动、实施和完善关于特殊教育融合教育的规定。《联合国 2030 可持续发展议程》指出，国际上特殊教育发展的基本趋势，将是越来越走向融合、越来越强调尊重障碍学生的个体差异和促进他们的个性化发展。融合教育目前是国际特殊教育思潮的主流，对特殊教育发展有着重要意义，融合教育的实施使得众多有特殊需求的学生可以通过多元途径进入学校学习。融合教育模式成为特殊教育领域的讨论焦点，出现了部分融合与完全融合的争论；完全融合是指对特殊儿童进行全日制的普通教室安置，部分融合是让特殊儿童部分学习时间在普通教室学习(Zionts，1997)。欧洲比较复杂，北欧(如芬兰)与意大利采用完全融合，英国、法国则以部分融合为主，仍有特殊学校及特教班。美国采用"多元化的安置，逐步朝向融合"；我国则采用特殊教育学校和一体化的随班就读双轨并进。

　　随班就读是我国实施的一种融合教育模式，使特殊儿童有更多机会就近进入普通学校学习，加强了特殊儿童与普通儿童的相互交流与合作。随班就读主要有两类模式，即巡回教师模式和资源教室模式。我国随班就读的试验首先从视觉障碍儿童开始，随后扩展到听觉障碍儿童和智力障碍儿童。1983 年教育部颁布"关于普及初等教育基本要求的暂行规定"，指出"智力残疾儿童目前多数在普通小学就读"，说明特殊儿童的随班就读工作在实践中已经存在了。1987 年金钥匙视障教育研究中心在华东、华北和东北地区开展了"让视觉残疾儿童在本村就近进入小学随班就读"教改试点工作。1992 年北京、江苏和黑龙江等省市开展听觉残疾儿童的随班就读的试点工作。1994 年国家教委颁布了《关于残疾儿童少年随班就读义务教育的试行办法》，同年颁布《残疾人教育条例》，明确残疾儿童少年可以通过随班就读接受义务教育。随着随班就读政策在法规条文上得到确定和强化，我国义务教育阶段随班就读人数在逐年增加。2013 年教育部公布的教育统计数据，其中全国特殊教育数据显示义务教育阶段随班就读人数为 187534 人；而 2020 年教育部公布的教育统计数据，显示全国义务教育阶段就读人数为 435756 人。在 8 年时间内，义务教育阶段随班就读人数翻了一番。随班就读政策的实施，让越来越多的残疾儿童少年可以进入普通教育系统就读，随班就读模式已经成为当前我们特殊教育发展的主要模式之一。

在联合国教科文组织的领导下，虽然实施融合教育的模式有所不同，但是各国都在结合自身现状实施融合教育，努力为特殊需求学生提供各种支持服务，提高特教学生的生活质量。无论是完全融合还是部分融合，欧美国家都通过特殊教育立法推动融合教育发展，提供完善的支持服务，满足学生的特殊需求。我国特殊教育起步较晚，当前正在大力推行资源教室，主要促进特教学生在普通学校的融合发展。培养残疾学生适应社会、融入社会的能力成为发展特殊教育的共识。对于随班就读的小学生而言，要适应社会，首先要适应学校，如何提高随班就读的教育质量，保障随班就读学生适应学校，是一项艰巨的任务。本研究主要探讨小学随班就读智力障碍儿童的家庭支持、学校支持与其学校适应的相关性。本章共分为以下二节，第一节说明研究缘起，从研究背景和研究动机两个方面予以阐述；第二节陈述本书概要，从研究目的、研究问题和核心概念三方面进行说明。

第一节　研　究　缘　起

融合教育思想直接起源于美国 1950 年以来的民权运动，更远可以追溯到文艺复兴、法国启蒙运动时期西方对平等、自由的追求的一系列社会运动(邓猛、朱志勇,2007)。我国的特殊教育在《国家中长期教育改革和发展规划纲要(2010—2020)》的推动下,获得了快速发展。我国当前特殊教育儿童安置的方式主要有特殊教育学校、随班就读、特教班和送教上门,而随班就读目前是最主要的安置方式,其次是特殊教育学校。王洙、杨希洁和张冲(2006)调查三类地区随班就读政策,发现只有30%左右的调查人数认为随班就读政策的制定与执行是好的,而多数人对此评价为一般或较差。民进中央(2017)调查研究发现,2015年,我国残疾学生在校人数为44万,其中超过一半学生在普通学校随班就读;随班就读缺乏残疾儿童识别、统计和评估的专业体系,资源教室和资源教师建设滞后,指导中心和巡回指导教师的作用发挥不足,很多随班就读学生的生均经费未按照特殊教育的生均经费标准执行;"随班就读"变成了"随班混读"和"随班陪读",严重影响了特殊教育的健康发展,甚至可能会对残疾儿童造成"二次伤害",耽误了随班就读残疾儿童的学习,影响其社会适应。特教学生在普通小学随班就读适应状况,是个值得研究和思考的议题。

一、研究背景

我国教育部1994年颁布《关于开展残疾儿童少年随班就读工作试行办法》,随后随班就读在普及特殊儿童义务教育、促进特殊教育与普通教育融合、转变社会观念等方面取得了较好成效。实施特殊教育提升计划(2014—2016年)后,残疾学生受教育机会不断扩大,普及水平明显提高;财政投入大幅增长,保障能力持续增强;教师队伍建设和课程教材建设取得显著成效,教育质量进一步提升。但是,残疾儿童少年义务教育在中西部农村地区,特别是偏远贫困地区普及水平仍然偏低,非义务教育阶段特殊教育发展整体相对滞后,特殊教育条件保障机制还不够完善,教师队伍数量不足、待遇偏低、专业水平有待提高。第二期特殊教育提升计划(2017—2020年)提出至2020年,残疾儿童少年义务教育入学率要达到95%,优先采用普通学校随班就读的方式,就近安排适龄残疾儿童少年接受义务教育；支持特殊教育学校建立特殊教育资源中心，提供特殊教育指导和支持服务。随着 2017 年修订的《残疾人教育条例》和第二期特殊教育提升计划(2017—2020 年)的颁布，随班就读智力残疾学生的人数必将大幅度增加。2022 年 1 月，国务院转发教育部等部门《"十四五"特殊教育发展提升行动计划》(以下简称《计划》)，加快特殊教育高质量发展。《计划》提出到 2025 年，适龄残疾儿童义务教育入学率达到 97%，深化课程改革，完善课程教材，全面推进融合教育，逐步提高特殊教育经费保障，加强教师队伍建设。推进融合教育，研制义务教育阶段融合教育教学指南，开展融合教育示范区和示范校创建，促进普通融合高质量发展。

随班就读是我国实施的一种融合教育模式，使特殊儿童有更多机会就近进入普通学校学习，加强了特殊儿童与普通儿童的相互交流与合作。随班就读主要有两类，第一是巡回教师模式，由各地方教育局特殊教育专员或特殊学校中的骨干教师担任，指导各学校的随班就读工作；第二是资源教室模式，根据随班就读学生的具体情况，在资源教室中接受不同内容和程度的个别辅导，主要是文化知识辅导(邓猛等人，2007；曹婕琼、昝飞，2003)。我国正在大力推行资源教室模式，2019 年《平等、参与、共享：新中国残疾人权益保障 70 年》白皮书强调要努力发展融合教育，完善随班就读支持保障体系，加强普通学校特殊教育资源教室建设，配备专兼职教师，在普通学校就读的残疾学生规模不断扩大，保障适龄残疾儿童接受义务教育权利。《中国教育现代化 2035》指出，要办好特殊教育，推进适龄残疾儿童教育全覆盖，全面推进融合教育，促进医教结合，更加注重面向人人，更加注重融合发展。

大力推进融合教育发展，需要高素质专业化的教师队伍。培养高素质教师队伍，需要健全以师范院校为主体、高水平非师范院校参与、优质中小学为实践基地的开放、协同、联动的中国特色教师教育体系。强化职前教师培养和职后教师发展的有机衔接，广东省开展了系列融合教育师资培训。研究者所在学校连续三年承担了广东省《普通学校随班就读资源教师示范培训》项目，也积极帮助普通小学建立资源教室。学校是残疾学生专业知识和能力发展的重要场所，需要学校课程规划、教师态度、环境支持与氛围等支持。研究者所在学校连续三年承担广东省随班就读骨干教师培训及各市县的随班就读教师培训，发现从事随班就读工作的一些学校并未建立资源教室，即使建立资源教室的学校，有些资源教师是普教教师转资源教师，缺乏特教经验。资源教室模式的提出是为了提高随班就读的质量，如何有效促进随班就读学生学校适应是值得关注的议题。2022 年 5 月，广东省发布《广东省"十四五"特殊教育发展提升行动计划》，推动残疾学生 15 年免费教育，鼓励和支持特殊教育学校与普通学校、幼儿园开展集团化办学，把"普特融合办学"纳入集团化办学试点与实验，探索适宜有效的融合教育模式。

《特殊教育学校暂行规程》(中华人民共和国教育部令第 1 号)第六十二条强调特殊教育学校应通过多种形式与学生家长建立联系制度，使家长了解学校工作，征求家长对学校工作的意见，帮助家长创设良好的家庭育人环境。2021 年 10 月 23 日第十三届全国人民代表大会常务委员会第三十一次会议通过了《中华人民共和国家庭教育促进法》，指出家庭教育、学校教育和社区教育要紧密结合、协调一致，未成年人的父母或其他监护人应当与中小学校、幼儿园、婴幼儿照护服务机构、社区密切配合，积极参与其提供的公益性家庭教育指导和实践活动，共同促进未成年人健康成长。张福娟与曾凡林(2000)调查上海 286 名残疾儿童家长，发现残疾儿童家庭学历层次和经济收入较低，普遍认为家庭教育很重要，但对自身在家庭教育中的作用认识不充分。家庭是残疾学生赖以生存和发展最重要的系统，而家庭支持在一定程度上有助于残疾学生的学校适应。

二、研究动机

生态系统理论(Ecosystem Theory)兴起于 20 世纪 70 年代，属于社会学、社会工作等社会科学学科体系，主要研究社会环境与人类行为的交互作用。美国心理学家布朗芬布伦纳(Urie Bronfenbrenner)首次提出生态系统理论，将个体发展视为个体与各种环境系统的相互作用，生态系统分为微观系统、中观系统、外层系统和宏观系统四个子系统。查尔斯·扎斯特罗（charles zastrow）进一步发展了生态系统理论，将人生存与发展的生态系统，分为微观系统、中观系统和宏观系统三个层次的系统；而微观系统主要是指个人的自我支持，中观系统是指家庭和学校等群体组织的支持，宏观系统主要是指国家政策、社区和文化等方面的支持。家庭支持和学校支持是中观系统，其中家庭成员数量、家庭环境、师生关系、同伴关系及校园文化等对个体的发展有着重要影响。针对研究背景可以感受小学随班就读智力障碍儿童的学校支持、家庭支持与学校适应在该研究领域的重要性，本研究欲通过探索问题的真相，提出解决问题的建议。本研究的动机一，探索随班就读智力障碍儿童的学校适应情形，作为未来政策研拟与执行的参考；动机二是了解随班就读智力障碍儿童的学校支持，这是刻不容缓的议题；动机三是深入了解随班就读智力障碍儿童的家庭支持情形；动机四是针对学校支持与家庭支持两个重要变量如何影响随班就读智力障碍儿童的学校适应。

（一）深入了解小学随班就读智力障碍儿童的学校适应情形

Ladd 等人（Birch，1996；Ladd，1996）认为学生的学校适应包含：学业表现，学校态度（学生喜欢学校和回避学校的态度），对学校活动的参与性（包括接受教师权威、服从班级制度、履行义务），情感体验（学生在学校环境中的孤独感和焦虑）。邹泓（1997）认为，应从学生在学校背景下的学业适应、人际适应、行为适应和情绪情感适应等方面来综合衡量学校适应。Perry 和 Weinstein（1998）认为学校适应包含学业适应、社会性—情绪适应，以及对课堂行为要求的适应。随着随班就读工作在各地的开展，于素红（2011）调查上海市普通学校随班就读工作的现状，发现部分普通学校在随班就读管理制度、教研活动、个别化教育、融合教育、家庭学校合作等方面已经有较大发展，但多数学校在课程设置、学生评估等方面存在突出问题，特别是教师资源缺乏是目前存在的核心矛盾。王洙等人（2006）调查发现，当前我国残疾儿童随班就读质量的提高受到政府部门的政策制定与执行、普通学校师资特教专业水平、特教中心(特殊教育学校)的指导作用、普通学校对残疾儿童的接纳程度、资源教室的建立以及家长和小区的支持等各方面因素的影响。马月成和邓明润(2017)认为,随班就读在课程设置和实施方面、教师胜任力方面、儿童融入普通班级的实际情况等,还存在很多问题,例如普通学校结构化的课程设置和标准化的评量方式并没有将特殊儿童纳入考虑范围,致使特殊儿童处于边缘地位;教师的专业情感理念、专业知识及专业技能的不足,特殊儿童即使获得入学机会也往往处于教育教育边缘。本研究探讨小学随班就读智力障碍儿童的适应情形,并进一步探讨性别、年级、残疾程度、家长教育程度、家庭经济收入、资源教室建立与否、学校所在区域等变量对其学校适应的影响。这是本研究的研究动机一。

(二)探索小学随班就读智力障碍儿童的学校支持情形

我国《残疾人随班就读工作管理办法》(2011年修订)要求各级各类随班就读学校应当积极创建尊重、宽容和友爱的校园环境和氛围,对残疾学生加强思想品德教育,使其能乐观面对人生,逐步树立自尊、自信、自立和自强的精神。Falvery(2002)认为融合教育过程中,学校行政、教育人员要建立一个支持性的教育环境,转变传统课程模式、教学策略与教室安排,使特殊学生获得良好的适应。融合教育可以使轻度障碍学生取得更大学业成就,融合教育的课程和教学调整等学业支持对低成就水平的学生产生积极影响。已有研究者认为学校支持包括:教师支持、同伴支持、学校行政支持、课程与评量、教学方法支持、物理环境支持(Wood,1992;卿素兰等,2005)。张圣莉、王文科和张升鹏(2008)发现,接受资源班服务的身心障碍学生比未接受资源班服务的身心障碍学生在同伴关系上适应更佳。

随着我国大力推行随班就读工作的开展,越来越多的特教学生进入普通学校学习,而随班就读智力障碍儿童的学校支持情形如何,是值得研究的方向。本研究探讨小学随班就读智力障碍儿童的支持情形,并进一步探讨性别、年级、残疾程度、资源教室建立与否、学校所在区域等变量对其家庭支持的影响。这是本研究的研究动机二。

(三)了解小学随班就读智力障碍儿童的家庭支持情形

支持系统是随班就读有效开展的保障，对小学生随班就读的发展起着至关重要的作用。支持系统包括国家方针政策的制定与实施、普通学校的接纳态度、资源教室的完善、家庭支持等各方面的支持。Cohen 和 Wills（1985）从家庭支持内容角度，将家庭支持分为基本生活保障、行为塑造、关心支持、及时回馈、规则教导和积极社会互动；从家庭支持功能角度，将家庭支持分为平等尊重、信息提供、身份归属认同和工具性支持。研究者们认为家庭支持至少有三种主要类型，包含情感支持（亲密、依恋、关注和关心）、实物性支持（援助规定）、信息支持（提供劝告、指导或相关情况的信息）（Coyne，& Lazarus，1981）。家庭为学生提供物质和精神上的保障，而随班就读的成功开展是家庭、学校和社会共同的任务，其中家庭的作用尤为重要。家庭支持程度高，可提高孩子的学习成就；家庭支持程度低，会影响孩子的学习成就。杜成（2012）通过对中国知网（中国知识基础设施工程，China National Knowledge Infrastructure，简称中国知网，以下简称"中国知网"）近二十年的文献，以随班就读为关键词、并含家长进行精确检索，有关随班就读学生家长的文献非常少，一共只有 13 篇文献，而专门有关随班就读学生家长的书籍截至目前还没有，由此可见在我国随班就读支持保障体系中，对随班就读学生的家庭教育关注还远远不够，随班就读学生的家庭支持的现状不是很乐观。江小英、牛爽爽和邓猛（2016）调查北京市普通中小学融合教育基本情况，发现残疾学生家长的参与力度不够。

家庭支持是随班就读的基础，无论是普通孩子还是特教孩子，家庭支持对于其成长、学习都非常重要。本研究探讨小学随班就读智力障碍儿童的支持情形，并进一步探讨性别、年级、残疾程度、家长教育程度、家长职业、家庭经济收入等变量对其家庭支持的影响。这是本研究的研究动机三。

(四)探究家庭支持、学校支持与学校适应的关系

通过比较不同安置形式下，智力障碍儿童在学业和适应性行为方面的进步情况，我们发现接受融合教育的学生在读写技能方面的进步情况要好于特殊学校学生，融合教育是对智力障碍学生最为合适的安置方式(Desse-montet，2012)。张喜凤、林惠芬(2011)调查小学普通班自闭症学生，发现班主任和学校整体提供的支持越高，自闭症学生的人际关系越佳，学校的整体适应也越好。Claire，Naomi，Sarah 和 Rory(2018)调查家庭支持作为学校准备情况预测的作用，发现家庭支持和家庭收入每个独特预测的结果，突出了家庭背景对孩子的入学准备的重要性。洪惠嘉、危芷芬(2017)通过后设分析家长支持、自我效能与学业成就，发现家长支持与学业成就之间有正向相关。

随着我国随班就读政策的实施，各地中小学纷纷建立资源教室。研究者所在特教系与特殊教育学校和普通小学建立共建关系，目前积极协助小学建立资源教室，召开个别化教育计划(individualized education program，简称 IEP)会议，为接受特殊教育的每一位障碍学生而制定的适应其个人发展需要的教育方案。会议现场家长的落泪，让研究者深刻意识到将家庭支持有效统整到特教学生的学校适应的紧迫性。针对随班就读学生的学校支持和家庭支持两个重要变量，了解如何影响小学随班就读智力障碍儿童的学校适应，探究家庭支持、学校支持与学校适应的相互关系，是本研究的研究动机四。

第二节 本 书 概 要

本书主要探索随班就读智力障碍儿童的学校适应的相关理论与实践问题。核心内容主要包括五大板块：(一)随班就读的相关政策与实践研究，具体包括两章"随班就读政策的发展历史"和"随班就读的实践现状"；

(二)随班就读学校适应与支持系统研究，具体包括三章"家庭支持的理论与实践研究""学校支持的理论与实践研究"和"学校适应的理论与实践研究"；(三)随班就读学校适应问卷与支持系统问卷的编制，具体包括三章："家庭支持问卷编制""学校支持问卷编制"和"学校适应问卷编制"；（四）随班就读家庭支持、学校支持及其学校适应的关系分析，具体包括三章："随班就读家庭支持、学校支持及其学校适应的现状分析"，"随班就读家庭支持、学校支持及其学校适应的差异性分析"，"随班就读家庭支持、学校支持及其学校适应的相关性分析"；（五）随班就读智力障碍儿童学校适应的提升途径，具体包括两章："随班就读智力障碍儿童的家庭支持"，"随班就读智力障碍儿童的学校支持"。本研究目的试图对随班就读小学生的家庭支持、学校支持及其学校适应进行分析，探讨随班就读小学生家庭支持与学校支持对其学校适应的影响及相关情形。

一、研究目的

1. 为了探索小学随班就读智力障碍儿童学校适应的真相，拟深入分析小学随班就读智力障碍儿童的学校支持、家庭支持与学校适应的现况。

2. 为了提出小学随班就读智力障碍儿童学校适应问题的解决策略，拟详细分析不同变量在小学随班就读智力障碍儿童的学校支持、家庭支持与学校适应上的差异情形。

3. 通过学校支持与家庭支持促进学校适应，拟深入分析小学随班就读智力障碍儿童的学校支持、家庭支持与其学校适应的相互关系。

4. 通过学校支持与家庭支持促进学校适应，探讨小学随班就读智力障碍儿童的家庭支持、学校支持对学校适应的预测情形。

二、研究问题

基于上述研究动机与研究目的，本研究的待答问题如下：

1. 小学随班就读智力障碍儿童的学校支持、家庭支持与其学校适应的现况为何？

（1）小学随班就读智力障碍儿童学校支持的现况为何？

（2）小学随班就读智力障碍儿童家庭支持的现况为何？

（3）小学随班就读智力障碍儿童的学校适应的现况为何？

2. 分析小学随班就读智力障碍儿童在学校支持、家庭支持与其学校适应的差异情形为何？

（1）不同性别、就读年级、残疾程度、父母教育程度随班就读智力障碍儿童在家庭支持上是否有显著差异？

（2）不同性别、就读年级、残疾程度、资源教室建立与否和就读学校区域的随班就读智力障碍儿童在学校支持上是否有显著差异？

（3）不同性别、就读年级、残疾程度、资源教室建立与否和就读学校区域的随班就读智力障碍儿童在学校适应上是否有显著差异？

3. 分析小学随班就读智力障碍儿童的学校支持、家庭支持与其学校适应的相互关系为何？

4. 探讨小学随班就读智力障碍儿童的家庭支持、学校支持是否可有效预测其学校适应？

三、名词解释

本研究旨在探讨小学随班就读智力障碍学生的学校支持、家庭支持与学校适应的表现情形，对涉及的主题与关键名词进行名词解释。本研究所使用的关键名词主要有随班就读、智力障碍学生、学校支持、家庭支持与学校适应，为了使本研究更明确清楚，以下将对这些名词进行解释。

（一）随班就读

《特殊教育辞典》对随班就读解释是：在普通教育机构对特殊学生实施教育的一种形式，必须招收符合国家规定的录取标准的残疾考生入学，不得因其残疾而拒绝招收。顾明远（1990）认为随班就读是残疾者受教育的一种方式，就是在普通学校招收能够跟班学习的残疾学生，如肢体残疾、轻度智力残疾、弱视、重听等学生。华国栋（2001）认为随班就读是指特殊儿童在普通教育机构中和普通儿童一起接受教育的一种特殊教育形式。邓猛(2004)认为随班就读是在西方一体化或回归主流的教育思想影响下，由我国特殊教育工作者根据国情探索出的对特殊学生实施特殊教育的一种形式，使特殊儿童就近进入普通小学接受义务教育，使大量游离在学校之外的特殊儿童就学有门。刘全礼(2007)认为随班就读是指在普通学校的普通班级接纳一到两名(最多三名)轻度残疾儿童——主要是视力、听力、智力残疾的儿童，使其接受教育的一种特殊教育组织形式。

本研究所指随班就读采用邓猛教授关于随班就读的概念，即随班就读是西方融合教育的形式与我国特殊教育实际的结合，使特殊儿童就近进入普通小学接受义务教育，使大量游离在学校大门之外的特殊儿童就学有门，是一种实用主义的融合教育模式，也就是目前随班就读于广东省普通小学的智力障碍儿童。

(二)智力障碍学生

美国低能研究学会(American Association for the study of the Feebleminded)在1921年出版了《智力障碍术语和分类手册》，1933年美国低能研究学会更名为美国智力缺陷学会(American Association of Mental Deficiency，简称AAMD)，1987年AAMD更名为美国智力障碍学会(American Association of Mental Retardation，简称AAMR)，而2006年AAMR更名为美国智力与发展障碍学会(American Association on Intellectual and Developmental Disabilities，以下简称AAIDD)，长期关注智力障碍及其家人的生活，并交流有关智力障碍诊断、分类和规划支持的专业标准、道德规范和最佳实践模式。在2002年将智力障碍定义为：智力障碍是一种以智力功能和适应性行为有显著缺陷为特征的障碍，适应性行为缺陷表现在概念性、社会性，以及实践性技能上，该障碍发生在18岁以前。AAIDD在2010年公布了第十一版《智力残疾：定义、诊断、分类和支持系统》，在2021年出版了第十二版《智力残疾：定义、诊断、分类和支持系统》，整合了过去十年的发现和发展，并以系统的方法提出了诊断的操作定义、可选的亚组分类和智力障碍者支持系统的规划。智力障碍的年龄界定不再是 18 岁之前，而是 22 岁之前，并且要考量以下五个假设，这对于智力障碍定义的应用至关重要：(1)个体当前的功能限制必须在其同龄人和文化的典型社区环境中衡量；(2)有效评估考虑文化和语言多样性以及沟通、感觉、运动和行为因素的差异；(3)在个人内部，限制往往与优势并存；(4)描述限制的一个重要目的是制定所需支撑的概况；(5)通过持续的适当个性化支持，智力障碍患者的生活功能通常会得到改善。

美国心理学会(The American Psychological Association，简称 APA)是美国最权威的心理学学术组织，也是国际上规模最大的心理学组织。APA 在 2013 年发布了第五版《精神疾病诊断与统计手册》(Diagnostic and Statistical Manual of Mental Disorders (Fifth Edition)，简称 DSM-5)，广泛吸收了 AAIDD 关于智力障碍的定义，并做了新的修正。DSM-5 将智力障碍定义为始发于发育期，包括智力和适应性行为两个方面缺陷，表现在概念性、社会性和实践性三个领域。(1)经过临床评估和标准化的智力测试所确定的智力功能不足，例如推理、问题解决、计划、抽象思维、判断、学业学习和从经验中学习等能力；(2)适应行为方面未能达到个体独立性、社会责任的发展水平和社会文化责任，没有持续支持，适应行为不良导致一个或多个日常生活活动的受限，例如交流、社会参与和独立生活，并发生在多个环境中，有家庭、学校、工作和社区环境；(3)智力和适应性行为的缺陷发生在发育期(18 岁之前)，依据适应行为中概念性、社会性和实践性技能三个维度各自的标准化适应行为分数，适应性行为可分为轻度、中度、重度和极重度。

我国在 2006 年关于智力残疾的定义是，智力明显低于一般水平，并伴随适应行为的残疾。此类残疾是由于精神系统结构、功能残疾，使个体活动和参与受到限制，需要环境提供全面、广泛、有限或间歇的支持。同时还明确指出智力残疾包括：在智力发育期间(18 岁之前)，由于各种有害因素导致的精神发育不全或智力迟滞；或者智力发育成熟以后，由于各种有害因素导致的智力损害或智力明显衰退。我国残疾人联合会第二次人口普

查，依据症状严重程度对智力残疾分级，分为轻度、中度、重度和极重度
四个等级（如表 0-1 所示）。本文所指智力障碍学生是随班就读的轻、中度
智力障碍小学生。

表 0-1　　　　　　　　　　我国智力残疾的分级标准

残疾级别	分 级 标 准			
	发展商数(DQ)0~6 岁	智力残疾(IQ)7 岁以上	适应行为	WHO-DAS 分值
一级	25 及 25 以下	20 以下	极重度	116 及 116 以上
二级	26~39	20~34	重度	106~115
三级	40~54	35~49	中度	96~105
四级	55~75	50~69	轻度	52~95

数据来源：刘春玲、马红英主编：《智力残疾儿童的发展与教育》，2011。

（三）学校支持

学校支持是为特殊学生在学校环境中的需要提供适当的协助，使学生
达到良好的适应(Stainback & Stainback，1990)。王雁(2012)认为学校支持
可被视为学校组织及成员对个人所提供物质上或精神上的支持与帮助。
Falvery (2002)认为融合教育过程中，学校行政、教育人员要建立一个支持
性的教育环境，转变传统课程模式、教学策略与教室安排，使特殊学生获
得良好的适应。不同障碍类别的学生需要的学校支持不同，不同障碍类别
的学生，学校给予的支持侧重点不同。已有研究者认为学校支持包括：教
师支持、同伴支持、课程与评量、教学方法支持、物理环境支持(Wood，
1992；Gilbert & Hart，1990；Stainback. W & Stainback. S，1990)。卿素兰
等(2005)认为随班就读学校支持包括教师支持、同伴支持、学校行政支
持、资源教室、学习效果等。石茂林(2012)认为随班就读环境支持，硬性
环境主要有公共场所、校园建筑物、道路和学习场所等设施，软性环境主
要包括校园文化、教师和学生对随班就读学生的接纳与尊重的态度。

综上所述，结合随班就读智力障碍儿童的特点及目前我国普通小学融合教育的一般情况，本研究认为学校支持可分为教师支持、同伴支持、课程与教学支持、考试评价支持四个维度。现将学校支持的维度做如下说明：

（1）教师支持：主要指学校教师对智力障碍儿童的关心与协助，例如表扬肯定学生、指导学生建立良好人际关系、指导同伴关注学生、回馈信息给家长及学校。

（2）同伴支持：主要是指学校里同学对智力障碍儿童的关心与协助，例如学习上支持、生活上支持、情绪上支持。

（3）课程与教学支持：主要指学校在课程、教学上对智力障碍儿童的协助，例如调整课程内容、教学方法、课程难易度、学习辅具。

（4）考试评价支持：主要指学校考核制度、方式、内容对智力障碍儿童的协助，例如考试内容、考试时间、作业内容或方式。

（四）家庭支持

支持是指一群人为了推进普通教育和特殊教育的整合，而提供建议与技术。家庭支持有时也叫家庭扶持，是服务、资源和其他形态的协助，是由个别家庭需求所决定的实用性支持。《中华人民共和国家庭教育促进法》将家庭教育定义为父母或其他监护人为促进未成年人全面健康成长，对其实施的道德品质、身体素质、生活技能、文化修养、行为习惯等方面的培育、引导和影响。广义的家庭支持，包括父母、兄弟姐妹、祖父母、外祖父母、姑姑叔叔伯伯等直系亲属及其他远方亲属的支持；狭义的家庭支持主要是指父母（主要照顾者）的支持，本文采用狭义的家庭支持。王天苗（1995）将家庭支持服务分为信息支持、专业支持、服务支持、经济支持及精神支持五个维度。胡欣玫（2009）认为家庭支持是指个体在面对压力与挫折，通过家人或亲人得到正向支持，以满足个体的需求，增进其适应能力与幸福感，分为信息支持、精神支持、实质支持三个构面。陈逸玲（2009）指出来自家庭其他成员持续恒久的协助，使个体在面临压力情境时，感到自己是不孤单、被关心、被爱、被尊重的，以及感到自我存在的价值，是隶属于家庭的一份子，即能提供个体照顾、关怀、并适时适当提供个人情感的安慰与鼓励、给予响应或建议，让个体获得在实质性、信息性及情感性支持程度。

综上所述，本研究认为家庭支持可分为信息支持、实质支持及情感支持等三个维度。现将家庭支持维度说明如下：

（1）信息支持：提供学习方面意见给孩子，例如给予信息、知识、建议或忠告等。

（2）实质支持：提供孩子生活中的实质帮助，例如帮忙做家事、购买学习生活物品、辅导作业等具体协助。

（3）情感支持：对孩子表示爱、关怀与了解等，使其情绪获得安慰与鼓励，让孩子觉得被尊重、接受和保护。

（五）学校适应

适应是个体与内外环境持续互动过程中，为了满足内在需求与承受外在压力，所采取适切的因应行为，以获得美满与和谐关系的历程(李坤崇，1995)。学校是学生成长发展的土壤，其独特的行为规范与价值体系，直接影响学生的身心发展，甚至影响个体未来的发展。学校适应是指学生在学校背景下愉快的参与学校活动并获得学业成功的程度（Ladd et al.，1997），是学生心理健康发展的重要衡量指标。吴武典（1997）认为学校适应是学生在学校中的学习、常规、师生关系、同伴关系及自我接纳等适应情形。孙杨、邱阳和孙哲（2010）认为学校适应应看作在校学生学习优秀，在学校情境中积极调解自己心理与行为方式，积极融入学校生活与他人关系良好，包括学业适应、关系适应和行为适应。江光荣、应梦婷、林秀彬、韦辉和张汉强（2017）将学校适应分为学业适应、社会性适应、个人适应等。

综上所述，较多学者将学校适应分为学业适应、师生关系适应、同伴关系适应和常规适应。本研究对象是智力障碍儿童，其在生活自理能力方面的不足是其核心缺陷之一，因此研究者认为智力障碍儿童的学校适应，应包括生活自理方面的适应。研究者认为学校适应分为学业适应、人际适应、常规适应和生活自理等四维度。现将学校适应的维度说明如下：

（1）学业适应：指智力障碍儿童在学习过程中的学习态度、学习技能、学习动机和学习问题等方面的适应。

（2）人际适应：指智力障碍儿童在学校的人际交往适应，包括同伴关系和师生关系。

（3）常规适应：指智力障碍儿童遵守学校规章制度和班级规定，在学校活动中服从指挥和遵守规章制度。

（4）生活自理：指智力障碍儿童在学校能够掌握简单的生活常识和劳动技能，管理日常生活，具备自己上厕所、收拾文具、书包整理、维持座位整洁和打扫卫生等能力。

第一章　随班就读政策的发展历史

特殊教育的发展思潮，从 20 世纪 60 年代"去机构化"（deinstitutionaliza-tion）、70 年代"回归主流"（mainstreaming）到教育一体化（integration），到 80 年代普通教育改革（Regular Education Initiative，REI），再到 90 年代融合教育（inclusive education），都倡导"零拒绝"、"去标签"、"重平等"，都强调无障碍环境建设、个别化教育实施、普特合作与家校合作。随班就读是我国根据国情而实施的融合教育，体现了"回归主流"和"零拒绝"的教育理念。世界经济发展呈现一体化趋势，教育的发展也呈现一体化趋势，我国的随班就读的工作发展，离不开国外融合教育发展的经验。在解读中国随班就读政策的发展历史时，有必要分析国外融合教育政策的发展历史。解析融合教育不同发展历史阶段，其教育功能是如何实现的。本章首先说明国外融合教育政策的发展历史，其次阐述我国随班就读政策的发展历史，最后分析融合教育与随班就读的异同之处。

第一节　国外融合教育的相关政策与研究

融合教育政策背后的哲学理论依据是"让所有孩子一起学习，学会一起生活"（Council for Exceptional Children，1998）。特殊需求儿童（障碍儿童），首先是儿童，其次才是有特殊需求的。但是，特殊需求儿童教育的思维模式，经历了较长时间的演变。

一、融合教育的理论基础

(一)社会公平理论

公平是社会发展的永恒话题，也是衡量社会文明的标尺。马克思和恩格斯认为真正的公平从生产维度、分配维度和制度维度三个方面去衡量，具体表现为经济发展是实现社会公平的物质基础，生产资料公有制是实现社会公平的根本保障，而制度正义是实现社会公平的制度保障。我国结合本国国情，创造性发展了马克思和恩格斯的社会公平理论，形成了"权利公平、机会公平、规则公平"的社会公平理论。融合教育追求社会公平和自由，倡导障碍儿童和普通儿童一样享受公平的机会，一起在普通教室接受高质量的、适合他们自己特点的教育与服务。基于相信每一个人都有积极追求成长和发展的愿望，有下列四项基本假设：(1)社会必须给予每个人基本的人权，包含生存、教育、工作、自主和尊严的权利；(2)教育政策必须包括提供额外的资源，让每个人能够弥补其先天的缺陷；(3)所有孩子都应该有权利接受教育，以达到自我充分发展；(4)所有父母都有权利得到帮助来教育他们的孩子，而不管是否有残疾或疾病。

融合教育理论认为每个人的价值都是独特的，任何人都可以被教育，都可以学习。因此在教育上，有责任提供每一个个体学习的机会，使其成为对社会发展有贡献的人。融合教育是基于身心障碍者社会公平、正义、人权的主张，重视身心障碍者参与普通教育中学习活动的权利。每个人在生理、心理上的特质都是独一无二的，每位学生的教育需求也是独特的，无法用标记、分类的方法截然划分为特殊和常态两种。因此，个别化教育方案和服务对每个学生都是同等重要的。个别化教育方案不应是一种特权，仅提供给所谓的特殊学生，而应提供给所有学生，不管其为资优、障碍、少数群体或普通学生；如果每个学生的个别教育需求均能获得满足，特殊教育的标记化便可以去除。根据多元文化教育的观点，所有儿童不论其所属种族或性别的不同、家庭社经地位或文化背景的差异、身体状况或心智能力的高低，均应在同一环境下共同学习；即他们都应享有均等学校教育机会的权利。融合教育基于多元文化的教育理念，认为每一个人因文化、背景的殊异，而有其独特的价值，且因个别间的文化差异，可使得班级的学习更加丰富(Sapon-Shevin，1992)。

融合教育研究中心(Center for Studies on Inclusive Education，CSIE)(1999)强调，融合教育是符合人权的、好的教育，且能产生良善的社会意识。其提倡融合的理由基于以下理念：(1)就人权而言：所有儿童有权利一起学习，儿童不应该因为他们的障碍或学习困难而被否定或被隔离，被隔离的残障成人可以提出终止隔离的要求，对于儿童的教育，没有合法的理由加以隔离。(2)就良好的教育而言：研究表明儿童于统合的环境中，学业和社会上的表现更佳；任何隔离环境中的教学或养护活动皆能在普通学校中进行，通过契约和支持，融合学校能较有效率的使用学校资源。(3)就社会意识而言：隔离导致学生恐惧、冷漠和产生偏见，所有儿童需要帮助他们发展人际关系和为回归主流社会做准备的教育，融合能建立友谊、尊重和了解，并减少恐惧。

(二)建构主义理论

建构主义认为社会现实主要是通过社会互动主观建构与认知的，障碍的产生与境遇受到特定社会政治文化特点的影响，障碍是由于社会的不平等与社会机制的缺陷导致的(邓猛、肖非，2009)。每个人都被视为一个整体，每个人都应该被整体地看待，而不能只看个体的其中一面。就像是要了解一个人的成长、发展和行为，并不能将他们的每个行为独立来分析而得到结论，个人的行为和经验必须视为在某一环境里动态的系统反应。

维果斯基(Vygotsky)认为孩子是通过与环境中的重要他人互动，进而内化并建构知识，心智活动与社会发展是结合在一起的。他主张学习之后才有发展，只有当孩子有机会观察和接近新的技能，并通过同伴互动练习这个技能，才能使这个技能进入其认知结构。由于建构论者强调学习是一个社会化的过程，因此强调同伴之间的学习和支持极为重要。身心障碍学生若处于隔离的环境，将无法获得同伴互动和支持，表现较弱者若能常与表现较好者在一起，并获得他们的协助，将有较大的进步机会。若将维果斯基的概念加以延伸，会发现社会建构论非常支持融合教育的理念：（1）学习者的表现会因不同的环境而有很大的差异，因此安置场所很重要；（2）在融合教育的环境中，会有各种不同能力的同伴，如果能力好的同伴能提供协助与合作，那么学习者将会有较明显的进步；（3）经由教师与同伴的协助，不仅有助于解决身心障碍学生目前的问题，也有助于激励其潜能的发挥；（4）由于协助者需要通过对谈、沟通或发问的方式，并将内在知识做适当的整理与说明，才能有效地协助被协助者，因此对协助者本身而言也有提升认知效能的作用。换句话说，在融合教育的形态下，有可能达成教师、高能力学生、低能力学生三赢的局面。

融合教育强调在单一的教育系统中输送教育服务，提供每位学生在自然融合的环境中与同伴一起学习、生活、工作和游戏的机会，以便于适应未来融合的环境。学者们认为在融合的班级中，身心障碍者除了学习核心的课程外，也能参与同伴的课外活动，增进其社会融合能力，有助于其未来的社会适应。学校要教导学生扮演好各种社会角色，那么必须提供学习的典范；融合教育能提供学生体验各种不同环境中所需实用技能的机会，而且融合环境中组成成分的差异性，有助于学生直接体认社会本质的多样性，以包容个体间的不同，彼此尊重。融合教育的实施，能反映在真实生活中。人类本来就是异质性的存在，要学习包容差异，并通过各种互动机会，建立友谊和分担责任。在此过程中，有助于达成下列教育目标：（1）对个人尊严的尊重；（2）促进个人能力的成长；（3）促进小区的成长，人们可在一种支持性的关系中学习、工作和生活。

（三）人本主义理论

人本主义最早起源于十四世纪的意大利，随后传播到整个欧洲大陆。人本主义宣扬以"人"为中心，提倡解放思想和个性自由，弘扬真善美，反对封建礼教对人性的束缚。十九世纪中期，人本主义思想，进一步扩大影响，影响了人们的世界观、人生观和价值观。人本主义理论以亚伯拉罕·马斯洛(Abraham Harold Maslow)的"自我实现理论"为基础，以卡尔·兰塞姆·罗杰斯(Carl Ransom Rogers)的"以人为中心理论"为核心。

人本主义心理学主要探讨"完整的人"，而不是把人拆分成各个部分加以分析。强调人受到自我意识的驱动与支配的力量，注重人性的差异，并尊重差异，主张把人看成一种有思想、有情感、有需求和具有创造力的高级生物体(路全社，2012)。人本主义关注人类发展的公正、公平问题，肯定学习的意义，通过后天的刻苦学习可以弥补先天的一些不足。学习对学习者的意义是产生驱动支配的力量，如强化意志和坚定信念，这对融合教育具有重要启发意义。理解人的行为，要从当事者的角度去分析其行为，兼顾人成长过程的各种需要，只有人的需要转为自身的动力，才能达到预设的目标。人本主义心理学的观点延伸，可发现人本主义心理学也支持融合教育理念：(1)有意义自由的学习观。侧重于学习内容与学习者之间的联系，提倡理论联系实际的学习活动，是学习者所认同的主动积极学习。融合教育过程中，教师要调动特殊儿童的学习动机，激发特殊儿童内在驱动力，主动积极学习；(2)以学生为中心的教学观。教学过程中发展学生的个性，激发学生的潜能，把学生当做学习的主体，发展成为完善的人。融合教育过程中，发生学生的主动性，与资源教师共同制订个别化教育计划(Individualized Education Program，IEP)，发挥学生的优势能力，共同促进学生的成长成才。

人本主义管理学是以马斯洛的"自我实现的人"作为前提假设，以人的全面发展为核心，创造环境、条件和设置任务，组织共同目标，驱动个人与整个群体的和谐持续发展。人本主义管理的核心内容，符合融合教育的理念：(1)自我实现的人，是在满足基本的低层级需要后，再追求高层次的需求。融合教育过程中，首先教会特殊学生基本的生活自理能力，再教导人际关系和学习需求；(2)自我管理的前提是资源的共有化、示范培训。融合教育，倡导特殊学生享有与普通学生一样的学习机会和学习资源，强调特殊教育宣导工作，营造包容、支持的环境；(3)自我管理倡导给员工空间，适当参与领导和决策。融合教育，特殊学生强调"一人一案"，依据每个学生的学习情形，制定个别化教育计划（IEP）；在制定 IEP 的过程中，会充分考量学生的需求，学生直接参与 IEP 的决策与制定过程。

在学校中，下列问题常被提出来讨论：学生应该得到多少帮助？如何能对学生有帮助？教师做决定是否应谨慎小心？现代教育非常强调个人的自由和自主，并且相信社会支持系统应该协助个人开发潜能和谋生技能。让身心障碍学生到主流学校接受教育，这与人类争取自由的过程是一样的。对教师的重大挑战是如何鼓励学生和家庭决定未来学习的方向。现代教育已经把决定受何种教育的权利，从大型的机构移转到学校，甚至到家庭和个人。为了达到此目的，教育过程必须从学生被动的学习转变为自主性的学习，并让学生学会掌握及决定自己的教育计划。

二、国外融合教育的相关政策

融合教育是对特殊需求学生的安置方式之一，强调在安置初始阶段将所有学生统合在一起，再提供适合个别需求的教育支持服务。英国学者米德勒（Mittler）认为融合教育要帮助所有有特殊需求的人，尽管这些人各不相同，但是在受教育权方面是平等的。学校教育的对象包含各种不同学生，不管这些学生有还是没有障碍。美国国家教育重建及融合研究中心（National Center on Educational Restructuring and Inclusion，NCERI）认为融合教育定义是对所有学生，包括各种障碍程度严重的学生，提供公平就学且有效教育的机会，在其住家附近学校就学且安置在符合其生理年龄的班级，提供所需的协助与相关服务，使学生将来能成为充分参与社会且对社会有用的人。该定义全面体现了融合教育的核心精神，即不排斥任何人，给予社区融入与支持以及相关服务所强调的家庭支持、学校支持与社会支持等系统支持。身心障碍儿童的安置方式，是经过一系列残疾权利运动而发展演化过来的。

（一）20世纪60年代出现去机构化与正常化的要求

随着身心障碍人权利的重视，西方社会着力建设各种机构照顾身心障碍者，对于身心残疾儿童的安置，主要以隔离方式的特殊教育学校、特殊教育班、社会福利院、公共庇护中心、特教机构等为主。19世纪后半期，这些隔离的环境中爆发出大量非人性化的问题。首先，在这些隔离环境中，身心障碍者的生活质量较差，较多人权无法得到保障，甚至出现心理和行为问题；其次，隔离的环境，阻碍了身心障碍者参与社会生活，阻碍了其从正常化的社会环境中获得最大限度的发展，不利于其身心和谐发展。再次，一些年轻的身心障碍者在隔离环境中居住至老，身心受到较大影响。

到20世纪50年代，随着美国民权运动的兴起以及60年代欧洲兴起的人权运动，在这两个运动的双重影响下，教育家们开始反思之前对身心障碍者的认知与态度。针对50年代之前采用的集中营式管理，教育家们从人道主义的角度予以批判，认为集中式的机构安置方式违反正常生活常态并且否定了残疾人在主流社会中生活的权利，应该让残疾人回归到正常生活的轨道。随后，特殊教育发展过程中的"去机构化"（deinstitutionalization）和"正常化"（normalization）的要求，也随之应运而生。把隔离环境中的身心残疾者"解放"出来并安置在社区中，并提供支持服务使其正面的社会角色得以发展，逐渐地融入社会中，逐步提高其自尊和自我认同。瑞典在1968年《专门福利法》中首次将"使所有残疾人融入社会"作为安置政策的目标，逐步完成了向社区安置的转型。在美国，从20世纪80年代初起，各州政府开始关闭大型隔离性的残疾人安置机构，并要求社区为身心障碍者提供所需服务，以便他们更好地适应社区生活。

（二）20世纪70年代出现回归主流的思潮

20世纪60年代，虽然出现了去机构化和正常化的教育要求，但是特殊教育班仍然作为身心障碍儿童的主要安置方式之一。1968年，著名的特殊教育家邓恩(L. M. Dunn)对特殊教育班提出了批评，包括：(1)没有研究证明身心障碍儿童在特殊教育班的学习效果比普通班好；(2)与普通班级相比，特殊教育班会带给身心障碍儿童带来负面的标签；(3)特殊教育班的学生以少数民族或社会经济地位低下家庭的孩子为主，容易让人联想到社会歧视，其中涉及特殊儿童鉴定方法的问题。邓恩认为安置在特殊教育班的学生之中，多数学生也可在普通班学习，普通班教师可以学习特殊教育班教师给身心障碍儿童提供适当的个别化教学支持。邓恩对特殊教育班的批判，掀起了回归主流的思潮。联合国于 1975 年提出《残疾人权利宣言》，表明残疾人享受机会均等、全面参与、回归主流社会的权利；在教育安置方面，主要针对安置于特殊教育班的轻度障碍学生，要求将他们安置在与普通儿童一起学习的教育环境。美国在 1975 年颁布了《残障儿童普及教育法案》(Education for All Handicapped chlldren Act)，该法案规定"残障类别为聋、重听、视觉残疾、盲聋、智力落后、多重残疾、肢体障碍、其他身体病弱、重度情感障碍、学习障碍、语言障碍；对这 11 种障碍类别的 3~21 岁障碍儿童、青少年提供免费教育；妥善安置在最少受限制环境中学习；建立和实施个别化教育方案；障碍儿童的鉴定不应受歧视。"

身心障碍学生的多数问题可尽量在最少限制的普通班中解决，而医院或特教机构则是最隔离、最多限制的环境，不利于身心障碍学生回归主流。在回归主流思潮的影响下，身心障碍学生与普通学生一样拥有相同的入学途径，进入公立学校接受免费且适宜的教育。依据学生的身心状况安置到最适当的学习环境，从而增加了与普通学生的互动学习机会。20 世纪 70 年代特殊教育提供的个别化教育支持，主要采"抽离式"(pull out)的方案，即把身心障碍学生从普通学生正在接受普通教育的环境中抽离出来，接受部分时间的个别化教学支持，其中最常用的是资源教室(resource classroom)方案。随后发展出"外加式"(plus way)的方案，即不影响身心障碍学生在普通班级的正常教学时间，而是在早读时间或放学期间，资源教师给予有特殊需求的身心障碍学生个别化教育支持，以便促进其身

25

心发展。

(三)20世纪80年代初期出现普通教育的改革

20世纪80年代以来,世界各国出现普通教育的改革,突出以提高教育质量为中心。美国1983年的教育报告《国家处在危险中:教育改革势在必行》指出,美国教育质量在急剧下降,17岁青年中,有13%是半文盲,而少数民族中青年的半文盲比例更高。英国存在性别差异、阶层差异的不公平现象。德国存在高等教育滞留率过高,大量留级生占用教育资源现象。日本小学教育出现学生拒绝入校、校园欺凌等现象。美国、英国、法国、德国、日本等国家纷纷把教育放在优先发展的战略地位,大力发展教育事业、实施教改计划。具体措施有:进行课程改革,加强基础知识教学;加强师资培训,提高教师学历和待遇;利用中央与地方共同办学,增加教育经费投入。

在世界各国纷纷开展普通教育改革的背景下,斯坦巴克(Stainback)率先提出合并特殊教育与普通教育的主张,首先,认为普通教育与特殊教育的二元系统的运作,这种做法助长了分类和标记化;而且在分类过程中,往往耗费大量的时间、经费及人力。其次,二元系统助长不必要的竞争和重复,若要获取最大的教育成效,教育人员间应分享他们的专业并集合他们的资源,然而二元系统的模式却阻碍了这种合作关系;个别化教育方案应配合学生的需求,而非由学生配合教育方案的要求。最后,普通教育改革(General Education Reform)的主张,推翻了"最少限制环境"所提出的二元教育系统并存的观点,强调两者重新组合,借着提升普通教育的质量,以减少特殊教育需求的人数。

(四)20世纪90年代出现融合教育的兴起

自20世纪90年代初期所兴起的融合教育理念,与普通教育改革的理念非常类似,都是针对回归主流运动兴起以来,普通教育和特殊教育之间所产生的问题进行改革,主张在单一的教育系统中,提供教育服务给所有学生。国际智障者联盟(International League of Societies for Persons with Mental Handicap)甚至于 1995 年更名为国际融合联盟(Inclusion International League)。到 20 世纪 90 年代中期，兴起完全融合(full inclusion)的理想，倡导不管身心障碍学生的类别及其程度，都以一整天安置于普通教育的环境为原则。发展至今，融合教育的理念迈入 21 世纪之际，注重的是身心障碍学生能完全参与并从中获益，强调以学生为本，并通过适当的评估以保障其教育成效，以达到真正融合的理想。

1994 年 6 月 7 日至 10 日，联合国教科文组织(UNESCO)在西班牙萨拉曼卡召开世界特殊教育会议，会后发表《萨拉曼卡宣言》："在普通教育系统里为障碍儿童、青少年与成人提供教育的必要性和迫切性，重申对人人受教育的支持"，再次重申了身心障碍者(特殊需求者)的教育权。此外《萨拉曼卡宣言》提出："有特殊教育需要者必须有机会进入普通学校，这些学校应该将他吸收在能满足其需要的、以儿童为中心的教育活动中；教育体系的设计和教育方案的实施应充分考虑到每个儿童的特点与需要的广泛差异"，明确提出了融合教育的理念。

(五)21 世纪吹起完全融合的号角

2006 年 12 月 13 日，联合国通过《身心障碍者权利公约》(*Convention of Rights for People with Disabilities*，CRPD)，是近代最重要的人权公约之一，于 2008 年 5 月 3 日正式生效。该公约第 24 条的主题为"教育"，强调缔约国应确保于各级教育实行融合教育制度及终身学习，并要求"符合完全融合的目标，最有利于学业与社会发展的环境中，提供有效的个别化协助措施"，此时完全融合的号角再次响起，也带来理想与现实的磨合以及西方价值和文化差异的冲击问题。

当今国际，实现完全融合教育的国家有芬兰和意大利。芬兰实行三层特殊教育发展模式，在对所有儿童提供高质量的基础教育的前提下，对特殊需求的儿童提供第一层，即通过差异教学提供一般支持，第二层支持通过教学评估，采用合作教学、小组教学和正式学习计划提供密集支持；第三层支持通过心理医学诊断和教学评估，提供个别化教育计划等特殊支持。意大利是给予融合教育大量的经费支持，通过教育立法确立融合教育的合法地位，并且特殊儿童的家长组成家长团体推进融合教育的发展。

第二节　国内随班就读的相关政策与研究

特殊教育的发展水平是人类文明发展的重要标志。特殊教育的对象有广义和狭义的分：广义的特殊教育对象主要是指正常发展的普通儿童之外的各类儿童，也称为有特殊教育需求的儿童和青少年；狭义的特殊教育对象是指生理或心理发展有缺陷的残疾儿童和青少年(赵小红，2013)。依据《中华人民共和国残疾人保障法》(2008 年修订版)规定，残疾人包括视力残疾、听力残疾、言语残疾、肢体残疾、智力残疾、精神残疾、多重残疾和其他残疾的人。2018 年我国全国教育事业发展统计公报显示：全国共招特殊教育学生 12.35 万人，比上年增加 1.27 万人，增长 11.43%；在校生 66.59 万人，随班就读在校生 32.91 万人，占特殊教育在校生 49.41%。我国教育部公布的教育统计数据显示，2018 年我国特殊教育学生达 665942 人，其中广东省特殊学生达 47912 人，广东省小学阶段特殊教育学生达 35065 人。2016 年我国小学随班就读智力障碍学生达 88682 人，2017 年人数为 90114 人，2018 年人数为 91438 人。由此可见，我国小学随班就读的智力障碍学生呈逐年上升的趋势。随班就读学生逐年增加，这些学生学校适应如何，是值得研究与思考的问题。广东省 2018 年有特教学生 47912 人，小学阶段特教学生 35065 人，其中小学随班就读学生有 17135 人，而小学随班就读智力障碍学生 6683 人。以下将从随班就读的提出背景、随班就读政策的发展等方面论述随班就读的相关政策。

一、随班就读政策的背景

第二次世界大战后，欧美国家特殊教育界推行正常化(normalization)思想，20 世纪六七十年代以后，在美国等发达国家特殊教育界努力推广下，正常化成为回归主流(mainstreaming)运动。肖非(2005)认为回归主流的核心内容是：让障碍儿童在最少受限制的环境中接受教育，依据儿童障碍性质和程度的不同，采取不同类型的特殊教育形式、手段和方法，并未接受教育的儿童制定个别化教育计划；主张使大多数障碍儿童尽可能在普通学校或普通班中与正常儿童一起学习和生活，改变以往主要将障碍儿童集中到特殊学校和全日制寄宿机构，将其与正常儿童隔离的传统教育方式，达到让特殊教育回归普通教育，特殊教育与普通教育融为一体的目的。在此背景下，我国政府制定了在普通教育机构中招收特殊学生进行随班就读(learning in regular classroom，简称LRC)的特殊教育政策。随班就读首次出现于1988年全国特殊教育工作会议，时任国家教委主任何昌东认为在办好特殊教育同时，要有计划地在一部分普通小学附设特教班或吸收能够跟班学习的障碍儿童随班就读(陈云英、陈海平、彭光霞，1994)。

随班就读是基于障碍者接受义务教育需要而产生的，我国早就存在随班就读的形式，根据华国栋研究员的调查，在20世纪50年代，四川大巴山有些农村小学接收当地的障碍儿童在普通小学就读。1987年12月在国家教育委员会《全日制弱智学校(班)教学计划》(征求意见稿)中首次出现"随班就读"一词，提出"大多数轻度智力落后儿童在普通学校随班就读"。1988年第一次全国特殊教育工作会议上，把普通教育机构招收特殊学生进行随班就读作为发展特殊教育的一项政策。随班就读政策的提出，是源于我国特殊教育资源远不能满足特殊教育普及发展要求的现状(赵小红，2013)。

二、随班就读政策的发展

随班就读是我国政府在解决障碍儿童入学问题而采取的一种教育政策。经过20多年的努力，随班就读已从最初的行政推广逐渐变成普通学校自觉接纳障碍学生，并为其提供良好服务(肖非，2005)。我国随班就读政策经过实验探索阶段、随班就读政策初步规划阶段、随班就读政策推进与深化阶段。以下将分别进行分析。

（一）随班就读政策实验探索阶段

随班就读政策提出后，从 1987 年开始，我国在 15 个县市开展随班就读的实验研究，探索符合本土特色的回归主流道路。随班就读实验首先从盲童和聋童开始，1987 年"金钥匙"视障教育研究中心在华东、华北和东北部分农村开展"让视障儿童在本村就近进入小学随班就读"的试点工作；该随班就读试点工作有三个做法：一是在试点地区普遍进行人道主义宣传教育，为视障儿童创造良好的入学环境和社会环境；二是由视障儿童所在班级的班主任兼辅导教师，专业培训后承担视障儿童的主要教学工作；三是建立巡回辅导制度，由其负责业务指导、行政管理与外界协调等工作（肖非，2005）。1987 年黑龙江省海伦率先开展了聋童随班就读实验，全市 85 名聋童在当地普通学校接受初等义务教育。

1988 年《我国残疾人事业五年发展纲要（1988—1992）》中提道："普通班中要吸收肢残、轻度弱智、弱视和重听等残疾儿童随班就读"。1989 年国家教委委托北京、河北、江苏、黑龙江、山西、山东、辽宁、浙江等省市，分别进行视力和智力残疾儿童少年的随班就读实验，实验主要目的是探索农村地区推行随班就读的可行措施，解决广大偏远地区残疾儿童的受教育问题。实验内容包括三个方面：随班就读的对象，随班就读的师资和随班就读的教育教学安排。1992 年，国家教委又委托北京、江苏、黑龙江和湖北等省、市进行听力语言残疾儿童少年随班就读实验，使得随班就读的对象从原来两类变为三类。

（二）随班就读政策初步规划阶段

1994 年，国家教委在江苏省盐城市召开会议指出："在我国大面积开展随班就读工作是可信、可行的，有着良好的办学效益和社会影响"（赵小红，2013）。1994 年发布的《关于开展残疾儿童少年随班就读工作的试行办法》对随班就读的对象、入学、教学要求、师资培训、家长工作、教育管理等方面做出规定，标志着随班就读政策架构的初步成型（李拉，2015）。

在实验研究的基础上，我国政府对随班就读通过法律法规进行了规定：普通小学、初级中等学校，必须招收能适应其学习生活的残疾儿童、少年入学；普通高级中等学校、中等专业学校、技工学校和高等院校，必须招收符合国家规定的录取标准的残疾考生入学，不得因其残疾而拒绝招收等。

1996年国家教委、我国残疾人联合会共同颁布《全国残疾儿童少年义务教育"九五"实施方案》，从政策层面明确随班就读的地位与作用，明确要求"普遍开展随班就读，乡（镇）设立特殊班，30万以上人口，残疾儿童少年较多的县设立特殊教育中心学校，基本形成以随班就读和特教班为主体，以特殊教育学校为骨干的残疾儿童少年义务教育格局"。在随班就读、特教班、特殊教育学校三种安置方式中，随班就读由最初的作为推进残疾儿童义务教育的补充方式提升到三种安置方式的最前端，处于"主体地位"，排序变动，表明政府大力推进随班就读的决心（李拉，2015）。1998年《特殊教育学校暂行规程》第十四条：特殊教育学校对学业能力提前达到更高年级程度的学生，可准其提前升入相应年级学习或者提前学习相应年级的有关课程。经考查能够在普通学校随班就读的学生，在经得本人、父母或者其他监护人的同意后，应向主管教育行政部门申请转学。该规定对在特殊教育学校中读书的残疾儿童向随班就读的普通学校转学问题做出了规定与说明。2001年《关于"十五"期间进一步推进特殊教育改革和发展的意见》则更为明确地提出了要建立随班就读教学管理制度、普通学校建立资源教室、特殊教育学校提供巡回指导服务以及编制随班就读指导手册等要求。各种随班就读政策的出台标志着随班就读作为一项教育政策开始由原初口号呼吁进入初步规范化阶段。

（三）随班就读政策推进深化阶段

随着国际特殊教育融合教育的发展，我国随班就读政策不断推进深化，随班就读在特殊儿童安置中的地位越来越凸显。2006年新修订的《中华人民共和国义务教育法》第十九条规定：普通学校应当接收具有接受普通教育能力的残疾适龄儿童、少年随班就读，并为其学习、康复提供帮助。将随班就读纳入义务教育体系，标志着随班就读政策地位的提升。随班就读不仅局限于九年义务教育阶段，2008 年修订的《中华人民共和国残疾人保障法》将随班就读残疾儿童从义务教育阶段延伸到包括幼儿园、普通高级中等学校、中等职业学校和高等院校在内的所有普通教育机构。

　　2010 年《国家中长期教育改革和发展规划纲要（2010—2020 年）》，将特殊教育单列为一章，分三条论述特殊教育，其中强调"鼓励和支持各级各类学校接受残疾人入学，不断扩大随班就读和普通学校特教班规模"，再次提到要不断扩大随班就读规模，完善特殊教育体系，健全特殊教育保障机制。2014 年我国教育部颁布《特殊教育提升计划（2014—2016 年）》，要求"扩大普通学校随班就读规模，尽可能在普通学校安排残疾学生随班就读，加强特殊教育资源教师、无障碍设施等建设，为残疾学生提供必要的学习和生活便利"。2017 年我国教育部颁布《第二期特殊教育提升计划（2017—2020 年）》，规定"优先采用普通学校随班就读的方式，就近安排适龄残疾儿童少年接受义务教育。以区县为单位统筹规划，重点选择部分普通学校建立资源教室，配备专门从事残疾人教育的教师（以下简称'资源教师'），指定其招收残疾学生。其他招收残疾学生 5 人以上的普通学校也要逐步建立特殊教育资源教室。依托乡镇中心学校，加强对农村随班就读工作的指导"。在经费保障方面也做了规定，"在落实义务教育阶段特殊教育学校生均公用经费 6000 元补助标准基础上，有条件的地区可以根据学校招收重度、多重残疾学生的比例，适当增加年度预算"。

　　综上所述，随班就读是由政府主导、由上而下推行的特殊儿童教育安置方式，然而随班就读的历史仅仅 30 多年，历史发展并不长，借鉴经验不多，只能在实践中不断进行探索。随班就读政策滞后于随班就读实践，我国当前唯一的、专门的随班就读政策文本《关于开展残疾儿童少年随班就读工作的试行办法》颁布于 1994 年；2011 年修订了《残疾人随班就读工作管理办法》，距今也有十一年时间。随班就读实践发展不仅要求解决残疾儿童入学问题，更需要提升随班就读质量。随班就读实践的普及与随班就读政策密切相关，需要有新的专门的随班就读政策文本推进随班就读实践工作发展。李拉(2015)认为当前随班就读的政策定位仅仅局限于特殊教育领域，那既是特殊教育无法独立完成的任务，又将在实践教育政策指导教育实践中处于主体地位的普通学校置于事外，这种政策定位很难在实践中统整特殊教育和普通教育，它窄化了随班就读自身的性质和发展方向，极有可能成为影响随班就读未来发展的阻碍或瓶颈，甚至会危及随班就读政策本身的地位和价值。随班就读是普通学校接受残疾儿童和普通儿童共同进行教育的教育形式，随班就读在实践领域中体现了普通教育与特殊教育的融合。随班就读不仅是特殊教育领域内的事，而是涉及整个教育领域事业，需要把随班就读政策作为教育政策组成部分，而不仅仅是特殊教育政策的构成要素，保障随班就读工作，提升随班就读质量。

第三节　融合教育与随班就读的异同比较

尽管国外很多国家致力于发展融合教育，但是没有一个国家真正实现高质量的融合教育，即使是首先发起融合教育的美国，其融合教育发展也没有提供满意的证明。融合教育处于探索与发展阶段，没有固定模式，没有任何一个国家融合教育的发展模式能够为其他国家融合教育发展提供一个范本，各国需要依据本国国情探索适合自己的融合教育模式。朴永馨(1998)认为我国特殊教育的发展模式必须建立在我国特有的国情与文化传统之上，对西方的文化传统、教育哲学等不应该采取"拿来主义"的态度。随班就读理论是我国特殊教育工作者结合西方融合教育理念与做法，在本土实践过程中创造出来的理论(邓猛、景时，2013)。以下将从随班就读与融合教育的异同之处两个方面论述。

一、随班就读与融合教育的相同处

赵小红(2011)认为残疾儿童随班就读这种形式在我国特别是农村地区早就存在，它不是出自一种理性设计的政策，而是受制于教育条件的做法。从这个角度看，随班就读是在很大程度上是我国作为发展中国家，在经济文化还不够发达的情况下发展特殊教育的一种实用、也是无可奈何的选择(邓猛,2004)。融合教育是指相同的环境下,提供身心障碍学生一个正常化,而非隔离化的教育环境,并在普通教育的环境下提供特殊教育的相关服务(钮文英,2003);即身心障碍学生安置于普通班级之后,属于普通班级中的一员,应享受与其他普通学生均等的教育机会,并有权获得相关支持服务(邱上真,2002)。随班就读与融合教育既有相同之处,也有不同之处。朴永馨(2004)认为我国随班就读实践与西方的回归主流存在四个相同点:(1)在教育安置形式上类似,两者都是将残疾学生安置在普通班级之中,让残疾学生与正常学生在一起学习;(2)强调残疾学生和普通学生都有平等的受教育权利;(3)两者都体现了特殊教育与普通教育相融合的思想,主张残疾学生回归社会;(4)两者都关注学生的个体差异,并提供个别帮助、辅导或咨询。所有试图把特殊儿童部分或全部学习时间安置于普通教室的努力都可视作融合教育;从这个角度出发,随班就读应该属于全球范围内的融合教育运动范畴(邓猛、潘剑芳,2003)。

二、随班就读与融合教育的不同处

邓猛等(2007)认为随班就读与融合教育主要有以下几个显著的不同:(1)随班就读参照了西方融合教育的做法,例如,也是将特殊儿童置于普通教室,逐渐重视学生的潜能的鉴定与开发;另一方面,也保留了某些苏联的影响,例如,重视对学生的缺陷进行补偿与矫正,这些缺陷学的理论与方法在我国特殊教育领域受到重视,其效果也为实践所证明。(2)融合教育以西方的自由、平等、多元的社会文化价值观念为基础,而我国特殊教育发展生长于传统儒家教育思想的历史文化背景之上,并体现社会主义的政治与教育理念。(3)随班就读处于起步阶段,还比较简单、粗糙,并不像融合教育那样是一个理想的教育哲学或完备的教育目标、方法体系;随班就读只是解决我国残疾儿童教育问题的一个切实可行的具体实施办法。西方的特殊教育体系较系统、供选择的层次较多,而我国以随班就读为主体的发展格局较简单、层次较少。(4)融合教育的根本目标是要在普通教室为包括残疾儿童在内的所有儿童提供高质量的教育，面向的是全体学生。景时(2013)认为我国开展的残疾儿童在普通班级里随班就读的模式是我国本土特殊教育实践与融合教育思潮相结合的产物。

童琳、顾定倩、周利华和米思(2017)从四个方面阐述两者的不同：首先，是文化背景不同。随班就读与融合教育根植于自身的历史文化背景，随班就读是我国自己总结和探索出来的，考虑了我国的社会文化、经济、教育等时机的条件。融合教育则是在西方文化中孕育的，表现西方的价值观和文化背景。第二，理论来源不同。随班就读的理论根基与实践基础都是我国本土的，在我国实践中产生的。而融合教育是以西方特殊教育理论为基础，随着融合教育的国际化趋势，随班就读不可避免会受到西方特殊教育思潮的影响，但二者没有必然的关系。第三，理论建构不同。融合教育基于实践的基础，它的理论基础是实证主义与建构主义的交织。因而，融合教育的研究范式主要是实验研究、个案研究。随班就读是基于实用主义的基础，研究方法则以定性研究、个案研究为主。第四，发展脉络的差异性。西方融合教育建立在人权、法治的基础上，即先有权力争取，政策文本的出台，进而形成融合教育，应该说融合教育是从理念上来阐释。我国随班就读则是自发形成进而不断完善的，通过实际的做法来进行命名，进而有了"随班就读"。即先有随班就读进而才有相关政策文本的出台。

综上所述，融合教育是特殊教育发展的趋势，但我国地区经济社会发展水平不均衡且自然环境差异很大，残疾人口众多，且残疾程度差异很大，情况非常复杂。我国特殊教育要根据国情和残疾人的本质特性及多样化的发展需要，坚持统一性与多样性相结合的原则，逐步探索符合我国国情的融合教育发展之路(丁勇、李秀芬，2017)。相当长一段时间，我国特殊教育仍然应坚持随班就读和特殊教育班为主体、特殊教育学校为骨干的安置原则。随班就读是融合教育发展过程中的初始发展阶段，融合教育则是最终发展阶段，随班就读是通往融合教育的桥梁和过程(童琳等，2017)。从随班就读到融合教育是现实向理想的迈步，形式向实质的进阶，低级阶段向高级阶段的迈进。自从1987年在国家教育委员会《全日制弱智学校(班)教学计划》(征求意见稿)中提出"大多数轻度智力落后儿童在普通学校随班就读"之后，我国经过 30 多年的发展，随班就读取得了很大的发展，并且已经成为我国残疾儿童接受教育的主要形式之一，但是随班就读的发展在近年来出现了停滞不前的状况。

本 章 结 语

融合教育是当前特殊教育发展的趋势，融合教育的发展是在社会公平理论、建构主义理论与人本主义理论等基础上发展起来。世界各国依据自身的特点，开展了形式多样的融合教育模式，芬兰和意大利实行了完全融合教育模式，法国、英国实行了半融合教育模式，而美国实行了多元安置逐步融合的模式。我国结合本国的国情，实行了随班就读模式。西方的融合教育模式，是经过系列人权运动，逐步发展起来的，而我国的随班就读在本土文化的影响下逐步走向完善。我国的随班就读与西方的融合教育，既有相同之处，也有相异之处。没有任何一个国家融合教育的发展模式能够为其他国家融合教育发展提供一个范本，各国需要依据本国国情探索适合自己的融合教育模式。

第二章 随班就读的实践现状

特殊教育发展到 20 世纪 90 年代，各国纷纷实行融合教育（inclusive education），都倡导"零拒绝""重平等"，都强调无障碍环境建设、个别化教育实施、普特合作与家校合作。随班就读是我国根据国情而实施的融合教育，体现了"回归主流"和"零拒绝"的教育理念。融合教育有助于促进教育公平，共享人类教育资源。融合教育作为特殊教育发展的新模式，在国际社会得到广泛开展，成为新的特殊教育思潮。我国的随班就读工作发展，离不开国外融合教育发展的经验。在分析我国随班就读实践情形时，有必要分析国外融合教育的实践发展现状。本章首先说明国外融合教育的实践发展情形，其次阐述我国随班就读的实践发展现状，再次分析广东省特殊教育发展现状。由于本研究采用问卷调查的方式，研究对象是广东省小学随班就读智力障碍儿童，有必要从整体上了解广东省的特殊教育发展现状。最后，分析智力障碍儿童随班就读的研究。我国《残疾人残疾分类和分级》规定残疾分为视力残疾、听力残疾、言语残疾、肢体残疾、智力残疾、精神残疾和多重残疾七类。由于研究对象是小学随班就读智力障碍的学生，有必要研究智力障碍儿童随班就读的情形。

第一节 国外融合教育的实践研究

融合教育模式成为特殊教育领域讨论焦点，出现了部分融合与完全融合的争论；完全融合是指对特殊儿童进行全日制的普通教室安置，部分融合是让特殊儿童部分学习时间在普通教室学习（Zionts，1997）。欧洲比较复杂，北欧(如芬兰)与意大利采用完全融合，英国和法国则以部分融合为主，仍有特殊学校及特教班。美国采用"多元化的安置，逐步朝向融合"。目前，世界各国和地区都是结合自身特点，采用相应的融合教育模式，没有任何一种融合教育模式是万能的模板。解析融合教育，不应只看其形式，更应着重其功能。

一、完全融合教育的模式

当前国际社会实施融合教育最完善的是芬兰和意大利，以下将分别介绍芬兰的融合教育和意大利的融合教育开展情形。

(一)芬兰的融合教育模式

芬兰结合本国的国情，探索出一条兼顾公平与高质量的融合教育之路，19世纪40年代到20世纪60年代末，芬兰实行完全隔离式的特殊教育发展模式，障碍儿童被隔离于普通教系统，由私人或慈善组织提供教育支持，即使在芬兰《义务教育法》颁布后，智力障碍儿童仍然无法在普通教育系统就学。20世纪60年代末到80年代末，芬兰实行半隔离式的特殊教育发展模式，颁布《综合学校法》之后，普通学校开始接纳语言障碍、读写障碍或有其他问题的学生就学。但是重度发展障碍的学生，仍然被排斥于普通教育系统。20世纪80年代中期到21世纪初，芬兰推行双层特殊教育发展模式，颁布《基础教育法》，有特殊需要的儿童，按照需要支持的程度，分为"全日制特殊教育"和"非全日制特殊教育"，双层的特殊教育支持，均以高质量的基础教育为基础，提供一般支持和特殊教育支持。2010年至今，芬兰实行三层特殊教育发展模式，在对所有儿童提供高质量的基础教育的前提下，对特殊需求的儿童提供第一层，即通过差异教学提供一般支持，第二层支持通过采用合作教学、小组教学和正式学习计划提供密集支持；第三层支持通过心理医学诊断和教学评估，提供个别化教育计划等特殊支持。芬兰实行综合学校改革，制定国家核心课程，其教育系统是一个包含特殊教育且广泛的学习支持系统，部分时间特殊教育就是其一项支持系统（Savolainen，2009）。部分时间特殊教育与传统特殊教育模式最大区别是学生不需要被鉴定成障碍类别或学习问题才能获得支持，而是学生在学校遇到任何学习困难时，都可以及时获得部分时间特殊教育的支持，且支持的强度与时间是根据个别需求不同有所调整的。

（二）意大利的融合教育模式

意大利是世界融合教育的典范。首先，意大利高度发达的经济为融合教育发展提供了坚实的物质基础，对18岁之前不同程度障碍的学生提供经济支持。其次，通过法律实行融合教育，规定义务教育阶段身心障碍学生有权在普通学校接受教育，且每个班只招收一个障碍儿童，且该班级人数不超过20人；随着法规的进一步完善，意大利融合教育阶段延伸到中等教育和高等教育阶段，意味着障碍学生可以不受歧视接受中等教育和高等教育。再次，特殊儿童的家长自发组成特殊儿童家长团体，向政府和社会呼吁，争取政府和整个社会的支持，避免特殊儿童受到边缘化和偏见的待遇。意大利在小学与初中的普通学校增设特殊教育教师、精神科医院和身心障碍者的有关机构、地方卫生服务组织以提供必要的服务，学生无论有无障碍证明，或者障碍程度严重与否，只要有学习困难均可接受特殊需要的辅导。意大利法律明确规定特殊教育教师的资格要求和数量，例如普通学校里每138个学时配备一名特殊教育教师，而每个特殊教育教师最多只能负责4名特殊儿童。所有新入职的教师职前培训要学习特殊教育一般知识，要成为特殊教育教师，还要学习特殊教育的理论知识和实践知识，其中理论知识在大学学习，而实践知识在当地的中小学接受培训。特殊教育教师的相关规定是意大利采用完全融合模式成功的关键所在。

二、部分融合教育的模式

采用部分融合教育的模式，英国和法国的最具有代表性，以下将分别介绍英国的融合教育模式和法国的融合教育模式。

（一）英国的部分融合教育模式

英国经济发展水平较高，国家对特殊教育也高度重视。英国是世界上特殊教育发展起步较早的国家之一，为了推动特殊教育的发展，英国颁布了一系列法律法规，从法律上明确特殊教育的地位，保障特殊教育的快速发展。1944 年颁布了《1944 年教育法》，界定了特殊教育对象的分类，并明确了特殊儿童的父母或监护人的权利与义务。1970 年颁布了《残疾儿童教育法》，一方面明确地方教育部门在特殊儿童教育方面的职责，另一方面建立了大批特殊教育学校，为特殊儿童提供就学机会。1976 年颁布了《1976 年教育法》，首次提出让特殊儿童安置在普通学校就读。1981 年颁布了《教育法》，首次在法律上提出"特殊教育需要"，明确要评估特殊儿童的特殊教育需要。1993 年英国颁布了《特殊教育需要鉴定与评估实施章程》，明确特殊教育评估的具体细则，为特殊儿童提供有针对性的教育，进一步提高特殊教育的质量。针对特殊教育发展过程中，特殊儿童受到较大的歧视现象，英国在 2001 年颁布了《特殊教育需要与障碍法案》，重点强调反对特殊教育存在歧视现状，推进融合教育发展。2011 年英国颁布了《特殊教育信息法案》，鼓励特殊儿童进入普通学校就读，与普通儿童一起学习和生活，反对传统的隔离式教育，提倡大力发展融合教育。

为了保障融合教育的实施，英国制定各种法律条文提供政策性保障。完善的法律保障体系极大地促进了英国融合教育的发展，障碍儿童的权益得到保障，并且障碍儿童的父母参与残疾儿童的教育权也受到法律保护。英国对融合教育发展给予大量财政资金支持，资助普通学校创立融合学校，给障碍学生提供障碍学生津贴，可以购买各种学习用品或电脑等辅助设备，也可以支付各类特殊教育需求评估的费用，或支付聘用辅助学习人员的费用。英国采用部分融合模式，减少特殊学校，增加融合学校，服务所有儿童。英国实行分层教学为英国的普通教育和特殊教育均作出巨大贡献，主要有结构型能力分层、能力分级、混合能力（异质）分组、分科分层教学、班内分层（组）教学、跨年龄或纵向分层教学/跨年级分层（吴佳莉，

2015）。英国的教育体系是融合的，但是学生不一定要在一体化的环境内学习，也不一定完全统一到主流教育中。英国的特殊教育教师培养体系，也为部分融合教育模式的推行提供师资保障。教师要获得英国的特殊教育教师资格证，首先要学习普通教育和特殊教育的课程并考核合格，其次要参加形式多样的实践考核，例如去机构实习、去社区社会实践等。理论与实践考核均合格的教师，才能获得教师资格证。

（二）法国的部分融合教育模式

法国与世界上其他国家一样，特殊教育需求的儿童一开始也是被排除在教育系统之外。随着法国系列法律法规的颁布与实施，特殊教育需求的儿童逐步融入普通教育系统，与普通儿童一起学习和生活。1909 年法国法律规定从事学习有障碍儿童的教学工作需要持有职业证书，法国开始关注特殊教育。1975 年法国通过了《法国学校体制现代化建议》，为特殊儿童回归主流奠定了基础。1990 年法国颁布的《教育法实施条例》，将学前特殊教育纳入法律制度保障范畴。2005 年法国颁布《障碍公民参与、权利及机会平等法》，规定障碍学生有权利在普通学校就读，而教育相关的公共服务部门应监督融合教育的实施。该法律条文为推进和实施融合教育提供了强有力的法律保障。法国不断修正完善《障碍人权利和机会平等法》，在入学、就业、无障碍设施等方面满足障碍群体的需求，从法律上创建"障碍人之家"，一方面给障碍人及其家庭提供服务，另一方面也向公众宣传障碍人帮扶政策。2013 年法国在《重塑共和国教育法》中首次提到"融合教育"，规定障碍孩子应享有融合教育，拒绝歧视。2015 年法国颁布《障碍人援助指南》和《残疾儿童援助指南》，完善"障碍人之家"的功能，组建心理、教育、法律、医疗方面的专家，建立专业团队，对障碍人开展医疗评估、康复指导等方面的支持服务。为了保障障碍人接受融合教育的质量，法国在普通小学、中学、技术中学及职业中学里设立"校内融合教育机构"（简称 ULIS），引导障碍学生逐渐融入普通教育体系，并协助残疾学生职业训练与就业工作。

融合教育是法国国民教育部实施的重要教育政策，采用逐步推进的方式，从特殊教育与普通教育完全隔离到部分融合，再到高度融合发展。法国立法将融合教育纳入法律保障，为融合教育的实施提供法律保障。融合教育的发展，不仅需要教育部门和学校的力量，也需要全社会多方团队的通力合作。法国动员全社会力量参与融合教育，组建专业团队为障碍群体提供医疗评估、康复训练和教育支持，也在全社会做特殊教育宣导工作，让整个社会了解和支持障碍人士。在学生入学方面，鼓励学校与社会医疗机构广泛合作，为障碍学生入学鉴定等方面提供协助；在学生接受教育方面，保障特殊教育师资的待遇，给障碍儿童及其家庭提供高质量的教育和咨询服务；在融合教育宣导方面，学生的课后作业布置融合教育内容，将融合教育深入课外活动的范围，给障碍儿童营造良好的校园融合教育环境。法国尤其重视发展障碍儿童的家庭教育，发挥障碍儿童家长的作用，家长参与障碍儿童鉴定、安置、制定个别化教育计划和行为问题处理。法国实施"简化入学项目"，提供特殊儿童的知识教育和建立融入社会的信念教育，帮助家庭了解障碍儿童的需要，确保障碍儿童入学时，尽快适应教育教学需求。法国障碍人士的就业，法国就业健康福利行政部门建立系列配套措施，发挥特殊教育委员会的功能，强化殊教育体系行政人员的专业训练，从制度上保障障碍人士的就业。

三、多元安置，逐步融合的模式

美国经济高度发达，在强有力的经济支持下，美国特殊教育快速发展，而美国也是当今世界上融合教育发展较为完善的国家之一。20世纪60年代，人权运动兴起，美国的特殊教育受到人权运动的影响。而美国本身的种族歧视问题严重，将大量社会地位低下且文化弱势的黑人安置在特殊教育学校，同时特殊学生家长们呼吁其子女应享有相应的公立学校受教育权。20世纪70年代，美国兴起回归主流运动，倡导将特殊儿童安置在普通学校，与普通儿童一起接受教育。回归主流运动，促进了障碍儿童与普通儿童的互动交流，也为美国的融合教育发展奠定了基础。1975年美国颁布《所有障碍儿童教育法案》，规定所有障碍儿童，必须在最少受限制环境下，接受免费而适当的公立学校教育。该法律是美国特殊教育发展史上最重要的法律，为融合教育的发展提供法律依据。《所有障碍儿童教育法案》经过多次修正，1986年《障碍婴幼儿法》以立法形式强制各州实施障碍婴幼儿早期干预方案，并提供经费补助以提高早期干预的质量；1990年《障碍者教育法》为避免歧视，将障碍儿童改称为障碍者，规定各州对6~17岁特殊儿童提供特殊教育，各州给普通3~5岁儿童和18~21岁的青少年提供教育，也给相应同龄的特殊儿童与青少年提供特殊教育。保障了特殊儿童和青少年的受教育权，也从法律明确了不得歧视各类障碍者；1997年《障碍者教育法修正案》和1999年《障碍者教育法修正案实施细则》注重提高特殊儿童的期望值、改进其学业成就，评估注重发展性与功能性，在个别化教育计划中，与普通教育相结合。2001年美国颁布《不让一个孩子掉队法案》，明确障碍学生与普通学生一样拥有平等的受教育权，并强调要提高障碍学生的受教育质量，联邦政府给予经费支持。2004年美国颁布《障碍者教育促进法案》，对普通学校提高障碍学生受教育质量做了详细规定，联邦政府增加融合教育拨款，也采用绩效问责制考评各州融合教育开展情形。2015年美国颁布《每一个学生成功法案》，联邦政府将融合教育绩效考核问责制权限下放给各州政府，强调保障障碍学生享受平等的升学权和就业权，实现残疾学生的人生价值。

美国融合教育的发展起源于特殊教育领域，是对障碍儿童在公平环境中受教育权利要求的响应，采用资源教室模式（宁波、王媛媛，2009）。美国颁布了《障碍儿童教育法案》，以立法的形式保障了特殊儿童受教育的权利，成立资源室为特殊儿童提供必要的资源和服务。美国融合教育模式有四种：咨询模式是特教教师与普通教师讨论学生的需要，并提供各类物品；团队教学模式要求普通教师与特教教师在教室中共同工作以完成全部教学；助理服务模式需要助教检查学生的进步、提供辅导并向特教教师汇报学生的学习进展；少部分隔离方案指学生在特定时间去资源教室接受特殊教育（曹婕琼、昝飞，2003）。美国的融合教育是全员参与，首先是学校层面，学校的校董事会在全校宣导融合教育；其次具体教学层面，教师在教学中采用协同教学，增加特殊学生与普通师生的互动；再次社会参与层面，特殊学生及其家庭保持联系且积极参与社区活动，与教育者、同伴们保持联系，使得障碍学生充分参与社会生活。针对障碍学生在融合普通学校过程的困难，给予灵活干预策略支持，将社交干预与学业支持相结合，注重自我约束，强化核心技能训练，学业提供的同时也促进社交能力的改善。美国通过教育立法，在全社会营造融合教育的大环境，改善社会无障碍环境设施，学校课程设置融合教育课程，通过学校、家庭和社会的互相合作，保障障碍学生接受高质量的教育。

第二节 国内融合教育的实践研究

随班就读是特殊教育格局的主要组成部分，是融合教育理念与我国特殊教育实践的有机结合，也是普通教育深化改革、促进教育公平的重要举措。随班就读实施三十多年，在开展随班就读过程中，取得一些成就，但仍然存在一些问题，需要不断改进，提高随班就读学生的教育质量，促进随班就读学生的发展成长。

一、我国随班就读的现状

《残疾人随班就读工作管理办法》(2011 年修订)规定：随班就读对象是指所有能适应普通学校学习的视力残疾、听力残疾、言语残疾、肢体残疾(包括脑瘫)、智力残疾、精神残疾(包括自闭症)、多重残疾等残疾人。我国教育部教育统计资料主要统计了随班就读小学的视力障碍、听力障碍、智力障碍和其他障碍学生。以下将分析近三年随班就读小学的学生总体状况。

(一)小学随班就读的整体情况

本节将分析 2014—2016 年我国教育部统计小学随班就读的整体情况。

2014年小学随班就读在校生总人数为146779人，毕业生人数为14968人，招生人数为19665人；2015年小学随班就读在校生总人数为169124人，毕业生人数为16441人，招生人数为23071人；2016年小学随班就读在校生总人数为192598人，毕业生人数为19031人，招生人数为27299人。从以上资料可知，随班就读小学生毕业人数在逐年增加；随班就读小学生招生人数也在逐年增加，招生数保持较平稳；随班就读小学生在校人数在逐年增加，每年保持将近3万人数增长，保障学生适应学校的学习生活，是当前随班就读工作需要努力的方向。

（二）小学随班就读具体情况

随班就读的对象主要包括视力障碍、听力障碍、智力障碍以及其他类型障碍的学生。许沁（2015）发现，上海市2001年已将特殊教育的对象从盲、聋、弱智三类障碍儿童扩大到自闭症、脑瘫、多重障碍等儿童。2011年修订的《残疾人随班就读工作管理办法》将自闭症儿童单列出来，但目前小学随班就读学生以多重障碍学生为主，单一缺陷类型的学生较少。自闭症在我国目前已经成为各类残疾学生人数中排名第二的障碍，仅次于智力障碍。但我国教育部统计随班就读特教学生的障碍类型仍然以视力障碍、听力障碍、智力障碍与其他障碍来分类。2014—2016年小学随班就读的具体情况如表2-1所示。

表2-1　小学随班就读在2014—2016年各类障碍人数分布　　　（单位：人）

障碍类别	人数	时　间		
		2014	2015	2016
视力障碍	在校生数	16314	17884	17874
	毕业生数	1916	2127	2215
	招生数	1873	2313	2118

续表

障碍类别	人数	时　间		
		2014	2015	2016
听力障碍	在校生数	14469	17784	20846
	毕业生数	1190	1478	1785
	招生数	2158	2674	3325
智力障碍	在校生数	76445	82125	88682
	毕业生数	8273	8543	9352
	招生数	9673	10819	11833
其他障碍	在校生数	39551	51331	65196
	毕业生数	3589	4293	5678
	招生数	5691	7265	10023

数据来源：研究者整理统计资料，http：//www.moe.gov.cn/s78/A03/moe_560/jytjsj_2016/2016_qg/

由表 2-1 可知，与 2014 年、2015 年相比，2016 年小学随班就读在校学生，听力障碍、智力障碍、其他障碍的学生人数都在增加，尤其是听力障碍随班就读小学生人数增加最多，可能与辅助科技发展有关，听力障碍学生可以佩戴人工耳蜗或助听器在普通小学正常学习。小学随班就读的视力障碍学生人数 2015 年比 2014 年多，2016 年视力障碍随班就读小学生比 2015 年有所减少。与 2014 年、2015 年相比，2016 年在招生人数方面，听力障碍、智力障碍、其他障碍的学生人数都在增加；而视力障碍 2015 年招生人数比 2014 年有所增加，而 2016 年招生人数比 2015 年有所减少。毕业生人数方面，与 2014 年、2015 年相比，小学随班就读视力障碍、听力障碍、智力障碍和其他障碍的学生人数都在逐年增加。

（三）2016 年小学各类障碍学生随班就读情况比较

2016 年我国小学随班就读的视力障碍学生在校生为 17874 人，毕业生人数为 2215 人，招生人数为 2118 人。2016 年我国小学随班就读听力残疾学生在校生为 20846 人，毕业生人数为 3325 人，招生人数为 1785 人。2016 年我国小学随班就读智力残疾学生在校生为 88682 人，毕业生人数为 9352 人，招生人数为 11833 人。2016 年我国小学随班就读其他残疾学生在校生为 65196 人，毕业生人数为 5679 人，招生人数为 10023 人。小学随班就读学生在校生中，视障人数最少，其次是听障，而智力障碍最多，其他残疾类学生也较多。2016 年小学随班就读各类残疾学生情况比较如图 2-1 和图 2-2 所示。

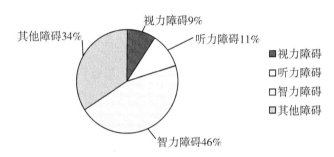

图 2-1　2016 年小学随班就读各类障碍学生在校生比例

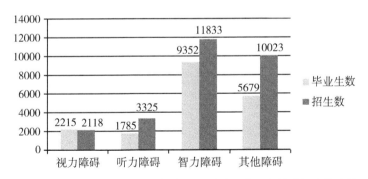

图 2-2　2016 年小学随班就读各障碍类别学生毕业生数及招生数比较

由图 2-1 可知，2016 年我国小学随班就读障碍学生中，视力障碍学生所占比例最少，其次是听力障碍学生，智力障碍学生所占比例最高。智力障碍学生在学习方面和适应行为方面需要更多的协助,这也需要家庭教育方面给予支持,保障障碍学生随班就读的教育质量。

由图 2-2 可知,2016 年我国小学随班就读学生中,听力障碍和视力障碍随班就读毕业生数和招生数都较少,其中视力障碍随班就读毕业人数比招生人数还多。智力障碍毕业人数和招生人数都是最多的。为了让随班就读的小学生更好适应学校学习生活,需要更多关注智力障碍和其他障碍的学生。

本研究采用问卷调查随班就读智力障碍儿童的学校适应情形,调查数据源自广东省各个地区的小学随班就读智力障碍儿童,有必要对整个广东省特殊教育当前发展现状,做相应的研究。以教育部官网公布的教育统计数据关于特殊教育的信息,分析在实施了第一期和第二期特殊教育提升计划之后,广东省特殊教育的发展情形。虽然广东省教育厅在 2022 年 5 月公布了《广东省"十四五"特殊教育发展提升行动计划》,为了有效实施该计划,促进特殊教育的高质量发展,仍然有必要分析当前的特殊教育发展现状。

二、广东省特殊教育发展现状

特殊教育是面向特殊需求学生提供的教育,是整个教育事业的重要组成,是建设高质量教育体系的重要内容,也是人类社会发展的文明标志之一。习近平主席强调教育公平是社会公平的基础,要办好人民满意的教育。建设教育强国,特殊需求学生一个也不能少。国务院办公厅颁布了两期特殊教育提升计划,随着两期提升计划的实施,我国特殊教育质量得到显著提升。2021 年 12 月教育部等部门颁布了《"十四五"特殊教育发展提升行动计划》,指出要加快健全特殊教育体系,完善保障机制,全面提高特殊教育质量。广东省作为经济大省,多年 GDP 位居全国第一,也重视特殊教育的发展,把特殊教育纳入义务教育均衡优质发展的整体规划之中。为了推动特殊教育发展,广东省颁布了系列特殊教育政策文件。2011 年颁布了《关于进一步加快特殊教育事业发展的实施意见》,2012 年颁布了《广东省特殊儿童少年随班就读资源教室建设和管理实施办法(试行)》，2014年颁布了《广东省特殊教育提升计划(2014—2016年)》，2017年颁布了《广东省第二期特殊教育提升计划(2017—2020年)》，2019年颁布了《广东省促进特殊教育公平融合发展行动方案》，2020年颁布了《关于加强残疾儿童少年义务教育阶段随班就读工作的实施细则(试行)》，2021年颁布了《广东省推动基础教育高质量发展行动方案》。随着特殊教育文件的颁布与实施，明确了特殊教育发展方向，构建了包括学前教育、义务教育、高中教育和高等教育的特殊教育体系。

广东省提出力争2025年基本建成高质量发展的特殊教育体系的目标，明确特殊教育发展整体提升的关键举措。教育部网站在2021年8月公布了2020年全国特殊教育发展数据和各省发展数据，而教育部自2013年才开始统计各省特殊教育发展数据。本研究运用文献调查法，以2020年数据为依据，对比广东省与其他省份的特教发展，并对比2013年与2020年广东省特教发展数据，分析广东省特殊教育发展的成就和不足，探寻特殊教育高质量发展的路径。

(一)广东省特殊教育发展的现状

1. 特殊教育学校及班级数量

特殊教育学校数量位居全国第四。2020年教育部特教数据表明[2]，广东省有143所特殊教育学校，2013年广东省有99所特殊教育学校，增长了35.4%；河北省有163所特殊教育学校，2013年该省有155所，增长了5.2%；山东省有152所特殊教育学校，2013年该省有144所，增长了5.6%；河南省有149所特殊教育学校，2013年该省有137所，增长了8.8%；四川省有129所特殊教育学校，而2013年该省有119所，增长了8.4%。广东省当前特殊教育学校数量位居全国第四，但近八年的特殊教育学校数增加最多，且增长比例最高。

表 2-2　　　　　　　　　　特殊教育学校数量的比较　　　　　　　（单位：所）

	河北	山东	河南	广东	四川
2013 年	155	144	137	99	119
2020 年	163	152	149	143	132
增比	5.2%	5.6%	8.8%	35.4%	8.4%

现有特教班级数量位居全国第二。2020 年广东省特殊教育班级数有 2286 个，2013 年有 1297 个特教班，增加了 76.3%；山东省有 2585 个，2013 年有 1608 个特教班，增加了 60.8%；河北省有 2037 个，2013 年有 1116 个特教班，增加了 82.5%。广东省现有特教班级数位居全国第二，近八年的特教班级增加了 989 所，增加比例位居全国第二。

表 2-3　　　　　　　　　现有特殊教育班级数的比较　　　　　　（单位：个）

	山东	广东	河北
2013 年	1608	1297	1116
2020 年	2585	2286	2037
增比	60.8%	76.3%	82.5%

2. 特殊教育学生的规模及结构

特殊教育招生人数位居全国第一。数据显示[3]，广东省在 2020 年特殊教育招生人数为 12550 人，2013 年招生人数为 3862 人，增加了 225.0%。四川省招生人数为 11867 人，2013 年招了 8230 人，增加了 44.2%。河南省招生人数为 10078 人，2013 年招了 1083 人，增加了 830.6.%。广东省招生人数位居全国第一，近八年广东省招生增长比例排名第二。

表2-4		招生人数的比较	（单位：人）
	广东	四川	河南
2013 年	3862	8230	1083
2020 年	12550	11867	10078
增比	225.0%	44.2%	830.6. %

现有特殊教育在校生人数位居全国第二。2020 年广东省特殊教育在校生人数为 63802 人，2013 年为 21799 人，增加了 192.7%。四川省在校生人数为 64979 人，2013 年为 43731 人，增加了 48.6%。河南省在校生人数为 62990 人，2013 年为 16697 人，增加了 277.3%。广东现有在校生人数位居全国第二，近八年的特教在校人数增长比例也排第二。

表2-5		现有在校生人数的比较	（单位：人）
	四川	广东	河南
2013 年	43731	21799	16697
2020 年	64979	63802	62990
增比	48.6%	192.7%	277.3%

现有特教学生学段分布情况，以义务教育阶段特教学生居多，学前和高中阶段人数较少，尤其是学前就学特教学生最少。2020 年广东省有学前特教学生 267 人，在现有特教学生中占 0.4%；小学 46178 人，占 72.4%；初中 15936 人，占 25.0%；高中 1421 人，占 2.2%。学前阶段和高中阶段就学的特殊学生较少，尤其是学前阶段，就学人数堪忧。2013 年广东省有小学特教学生 14678 人，占比 67.4%；初中 6268 人，占比 28.8%；高中833 人，占比 3.8%。2020 年广东省各学段就学的特殊学生人数与 2013 年相比，整体趋势都是一样，小学阶段人数居多，初中和高中人数递减。但是 2013 年初中和高中特教学生在所有在校学生人数的占比 32.6% 高于

2020 年的 27.2%，广东省初高中教育阶段的特殊教育规模未显著扩大，这与广东省第二期特殊教育计划制定的 95% 入学率目标有一定差距，该分布情况也与初步构建的包括学前教育、义务教育、高中教育和高等教育的特殊教育体系有差距。

表 2-6　　　　　　　广东省各学段的特教学生人数分布　　　　（单位：人）

	学前	一	二	三	四	五	六	七	八	九	十	十一	十二
2013	未统计	2490	2688	2378	2257	2429	2436	1922	2222	2124	326	304	203
合计		小学 14678						初中 6268			高中 833		
占比		67.4%						28.8%			3.8%		
2020	267	7179	7852	8610	8140	7209	7188	5371	5370	5195	583	355	483
合计	学前 267	小学 46178						初中 15936			高中 1421		
占比	0.4%	72.4%						25.0%			2.2%		
2019	109	5682	7162	7248	6412	6465	5549	4314	4573	4135	378	463	379

3. 特殊教育教师的规模及结构

现有特教教师人数分布，专任教师呈增长趋势，但师生比例不合理趋势严峻。2020 年广东省有教职工 7461 人，其中专任教师 5841 人，而学生人数为 63802 人，师生比为 1：10.9，而特殊教育最佳的师生比例为 1：3，广东省特殊教育师生比严重不达标。2013 年广东省有教职工 2714 人，专任教师为 2714 人，学生人数 21799 人，师生比为 1：8.0。与 2013 年师生比数据相比，2020 年广东省特殊教育师生比不合理趋势严峻。

表 2-7　　　　　　　　　教职工人数分布　　　　　　（单位：人）

	教职工	专任教师	行政人员	教辅人员	工勤人员	代课老师	兼任老师	学生人数	师生比
2013	3405	2714	217	272	202	122	21	21799	1：8.0
2020	7461	5841	325	694	601	18	124	63802	1：10.9

现有特教教师学历分布，以本科和专科学历居多，有少量研究生学历，仍然有部分教师是高中及以下学历。2020年广东省专任特教教师有5841人，其中研究生学历为337人，占5.8%；本科学历4484人，占76.8%；专科学历918人，占15.7%；而高中及以下学历102人，占1.75%。2013年广东省专任特教教师有2714人，其中研究生学历为136人，占5.0%；本科学历1552人，占57.2%；专科学历858人，占31.6%；而高中及以下学历168人，占6.2%。相比2013年的数据，广东省现有专任特教教师学历分布，研究生和本科学历的教师人数比例增加了，专科学历和高中及以下学历的教师人数比例下降，研究生学历的教师人数还是较少。

表2-8 教师学历分布 （单位：人）

	专任教师	女教师	研究生	本科	专科	高中及以下
2013 年	2714	2036	136	1552	858	168
占比		75.0%	5.0%	57.2%	31.6%	6.2%
2020 年	5841	4373	337	4484	918	102
占比		74.9%	5.8%	76.8%	15.7%	1.7%

现有特教教师专业技术职务分布，以中级职称居多，高级职称较少，且未定级教师比较高。2020年广东省专任特教教师高级职称有568人，占9.7%；中级职称有2105人，占36.0%；未定级有1195人，占20.5%。广东省现有特教教师队伍，高级职称较少，且未定级教师比较较高，这不利于教师的专业化发展。2013年教师专业技术分布显示，高级职称有1451人，占53.5%；中级职称646人，占23.8%；未定级553人，占20.3%。与2013年教师职称数据相比，2020年广东省特教教师队伍，高级职称比例呈现较严重的下降趋势；而未定级比例仍然呈增长趋势。

表 2-9　　　　　　　　　　教师专业技术职务分布　　　　　　（单位：人）

	高级	中级	助理级	员级	未定级
2013	1451	646	54	10	553
占比	53.5%	23.8%	2.0%	0.4%	20.3%
2020	568	2105	1677	296	1195
占比	9.7%	36.0%	28.7%	5.1%	20.5%

4. 特殊教育学校的办学条件

现有学校校舍建筑面积位居全国第一。广东省学校校舍建筑面积 1160967.07 平方米，2013 年为 397312 平方米，增加了 192.2%。山东省学校校舍建筑面积为 954850.54 平方米，2013 年为 631075 平方米，增加了 50.3%。江苏省学校校舍建筑面积为 697756.69 平方米，2013 年为 530423 平方米，增加了 31.5%。广东省现有学校校舍建筑面积位居全国第一，现有学校校舍建筑面积排名前三的省，近八年广东省学校校舍建筑面积增长率第一。

表 2-10　　　　　　　　　学校校舍建筑面积的比较　　　　　（单位：平方米）

	广东	山东	江苏
2013 年	397312	631075	530423
2020 年	1160967.07	954850.54	697756.69
增比	192.2%	50.3%	31.5%

图书数量位居全国第二。2020 年广东省特殊教育学校拥有图书数量为 874583 册，2013 年图书数量为 406039 册，增加了 115.4%。山东省 2020 年图书数量为 975876 册，2013 年图书数量为 714137 册，增加了 36.7%。江苏省 2020 年图书数量为 855204 册，2013 年图书数量为 826579 册，增加

了 3.5%。广东省特殊教育学校拥有图书数量位居全国第二，现有图书数量排名前三的省，近八年广东省图书数量增长率第一。

表 2-11	图书数量的比较		（单位：册）
	山东	广东	江苏
2013 年	714137	406039	826579
2020 年	975876	874583	855204
增比	36.7%	115.4%	3.5%

从 2020 年广东省特教发展数据与 2013 年特教数据的对比分析可知，在广东省第二期特殊教育提升计划的指导下，现有学校校舍建筑面积位居全国第一、特殊教育学校数位居全国第四、现有特教班级数位居全国第二、特殊教育招生人数位居全国第一，均呈现逐年增长趋势。当年新增校舍面积位居全国第一，现有特殊教育在校生人数居全国第二，且教职工和专任教师人数逐年增加，均呈增长趋势。广东省特殊教育发展成就喜人，但仍要关注特教发展存在的问题

（二）广东省特殊教育发展存在的问题

随着政府的特殊教育投入增加，广东省特殊教育事业发展取得了较大进步，特殊教育在快速发展的同时，也存在以下四个方面的问题。

1. 学龄残疾儿童未实现充分入学

2020 年广东省现有特教学生中学前特教学生有 267 人，占 0.4%，而高中特教学生有 1421 人，占 2.2%，可见学龄残疾儿童入学率较低。该现状与广东省规划的 95% 入学率目标有一段距离，主要原因有：首先是特殊教育学校数量不足。随着"30 万人口以上县市建立一所特殊教育学校"政策的实施，新成立一些特殊教育学校，在满足残疾儿童需求方面仍存在一定难度。尤其是一些特殊教育学校以义务教育阶段为主，没有设置附属幼儿园（班），无法接收学前教育阶段的特殊儿童。其次是随班就读工作未得到

全面开展。目前，广东省随班就读工作在珠三角地区开展较好，而粤东西北地区开展较弱。部分地区的资源教室建设缺乏特教专业教师，特教课程开设严重不足，相关设施设备配置不足，这也导致具有接受普通教育能力的学龄残疾儿童无法接受随班就读教育。以上两方面的原因，导致学龄残疾儿童未实现充分入学。

2. 各个学段转衔未实现充分畅通

广东省残疾儿童进入学前阶段学习的人数较少，而到小学阶段后人数突增，反映幼小衔接存在问题，较多特殊儿童无法接受到学前教育。初中阶段，2019 年小学六年级学生为 5549 人，而 2020 年初一新生有 5371 人，初三有 5195 人，反映有 178 名儿童没有接受初中教育，而接受初中教育的特殊学生中，有 176 名学生中途辍学。这说明仍有部分残疾学生没有接受完整的初中阶段学习，义务教育阶段的过渡存在问题。此外，2019 年初三特殊学生有 4135 人，而 2020 年高一入学只有 583 名特殊学生，反映较 3552 名特殊学生未接受高中教育。这说明大部分残疾学生没有接受高中阶段学习，义务教育阶段到非义务教育阶段的过渡也存在问题。特教教师或资源教师要做好特殊学生的转衔工作，使残疾学生顺利从一个教育阶段过渡到另一教育阶段。广东省目前尚未有完善的转衔服务体系，一定程度上导致残疾儿童在就学阶段出现流失现象。

3. 特殊教育学校师资质量有待优化

首先，在特教教师职称方面，全省特教专任教师未定职称的比例为 20.5%，占比约为 1/5，特殊教育学校专任教师职称评聘制度有必要进一步完善，提升特殊教育学校师资质量。在特教教师学历方面，全省特教教师高学历人数较少，2020 年研究生学历教师占 5.8%，相比 2013 年的 5.5%有所提高，但是今后提升专任教师学历水平仍然是一项重要工作。其次，特教教师专业化方面，随着"30 万人口以上县市建立一所特殊教育学校"政策的实施，新成立的特殊教育学校有半数以上的教师是由普教转为特教。特殊教育是一门综合学科，需要教育学、心理学、医学及具体学科等专业基础。普教转特教的教师，虽有一定综合优势，但优质特教教师仍然要进一步提高特教素养。随着残疾学生程度的加重与问题行为的凸显等状况的出现，越来越需要特教教师具备优质特教素养，提高残疾学生鉴定、安置、教育教学与康复训练的有效性。再次，全省师生比例为1∶10.9，专任教师人数与特殊儿童发展需求相比严重不足，且部分高中及以下学历的教师从事特殊教育，这严重影响了特殊教育质量。

4.特殊教育区域发展失衡问题突出

2021年8月颁布的《广东省推动基础教育高质量发展行动方案》，指出全省基础教育发展依然不平衡不充分问题突出，粤东粤西粤北地区在基础办学条件、师资力量和教育教学质量方面，与珠三角地区差异显著。广东省基础教育发展的短板在粤东粤西粤北地区，教师队伍建设和公办学位供给较弱，尤其是乡镇及以下的学校。特殊教育作为广东省整个教育体系的一环，其发展失衡问题也较突出。随着第二期特殊教育提升计划的实施，一方面，粤东西北地区积极响应政策建立了特殊教育学校，这些新建学校面临着软件和硬件方面的问题，如师资匮乏、硬件设施不足等。另一方面，省内珠三角地区一些特殊教育学校发展迅速，接近国际发展水平，例如深圳元平特殊教育学校。除了区域发展不均衡，还存在城乡间发展不均衡，甚至校际发展不均衡。省内提供住宿的特殊教育学校较少，部分特殊教育学校校内设施不全、师资不足，无法为特殊儿童提供住宿和交通等支持，导致部分特殊儿童无法就学。此外，优质特教师资高度集中于特殊教育学校，而普校随班就读极其缺乏专业特教师资；师资配置呈现地市—县区—乡村逐渐减弱问题。

三、智力障碍儿童随班就读的研究

智力障碍儿童在小学随班就读人数中所占比例最高，尤其需要给予学习和生活方面的支持。李燕、郑莎莎、王忠旭(2016)调查学前随班就读智力障碍儿童课堂适应现状，发现智力障碍儿童课堂适应整体处于中等水平，课堂物理环境适应水平最高，对课堂规则适应分值最低，课堂适应存在年级差异，适应水平随年级的升高而逐步提高。

(一)智力障碍学生的身心特征

智力障碍,有时也称为智力残疾、智力低下、精神发育迟缓、智力落后、智力障碍等。美国智力与发展障碍学会(American Association on Intellectual and Developmental Disabilities, AAIDD)对智力障碍定义的发展贡献最大。随着比奈(A. Binet)和西蒙(T. Simon)在 1905 年发表了世界上首个智力测验,以智力测验分数判定智力障碍的方法开始流行起来;1921 年美国低能研究学会(American Association for the study of the Feedbleminded)出版了《智力障碍术语与分类手册》,首次提出智力障碍(mental retardation)这个术语并得到广泛使用。1959 年美国智力缺陷学会(American Association on Mental Retarcation, AAMD)修订智力障碍定义,认为除了智商还应增加适应行为,要求必须同时具有智商低和社会适应行为障碍两个条件才能确诊为智力障碍。1961 年 AAMD 将智力障碍标准定为智商低于平均数一个标准偏差以上,发育期界定为从出生至 16 岁;1973 年将智力障碍的智商确定为必须低于平均数两个标准偏差以上,发育期界定为从出生至 18 岁;1983 年将生长发育期界定为妊娠期到 18 岁。1992 年美国智力障碍学会(AAMR)强调智力和适应行为、环境及支持系统之间的作用,突出了"支持模式",2002 年 AAMR 将适应性技能分为概念性、社会性和应用性三个领域。

美国 AAIDD 在 2021 年发布了第 12 版《智力障碍:定义、分类与支持系统》(*Intellectual Disability:Definition,Diagnosis,Classification,and System of Support*),给智力障碍做了最新版的定义,智力障碍是指"包含着在认知功能以及适应行为上的重大限制。这个限制在 22 岁以前即会出现。认知功能也可称为智力,是一种包含多种技巧(如学习、推理、问题解决等)的认知能力。适应行为是一系列人们在日常生活中习得并表现的能力,包含概念技能、社交技能和实用技能三个部分"(彭燕、徐添喜,2022)。美国 AAIDD 关于智力障碍的最新定义将智力障碍的发病年龄界限由原先的18 岁扩展到 22 岁,更强调人与其所在环境的适应性,关注智力障碍个人支持的需要和家庭支持的需要。我国在 1987 年开展第一次全国残疾人抽样调查五类《残疾标准》中，智力障碍的定义主要参照 AAMD 在 1983 年关于智力障碍的定义；而 2006 年第二次全国残疾人抽样调查，智力障碍的定义以 2001 年世界卫生组织颁布的《国际功能、障碍和健康分类》（International Classification of Functioning, Disability and Health, ICF）为基础，参考了 1992 年 AAIDD 关于智力障碍的定义（陈功、郭超、陈新民，2014；刘春玲、马红英，2011）。

依据智力障碍儿童的定义，可以将智力障碍儿童的身心特征分为认知特征和社会适应特征两个方面。认知特征可以分为感知、注意、记忆和思维，智力障碍儿童的视觉敏锐性下降，对物体形状、大小与颜色的精细程度感知不敏感；在听觉方面普遍呈现听觉反应迟钝现象，嗅觉和味觉也存在失调现象，对饥渴、冷暖、疼痛等感觉迟钝。智力障碍儿童在感觉方面的缺陷，也导致其知觉速度缓慢，知觉范围狭窄、知觉信息容量较小。智力障碍儿童的注意力普遍较低，难以从无意注意向有意注意的转变，而认知学习更需要有意注意的能力。智力障碍儿童的记忆力较弱，一方面是短时记忆较差，另一方面是记忆速度缓慢，且容易遗忘，再现记忆内容困难。智力障碍儿童的思维直观具体，缺少分析与综合能力、抽象与概括能力，当家庭、学校和社会环境发生改变，其难以适应。社会适应特征分为日常生活自理能力和社会交往能力。智力障碍儿童随着障碍程度的加重，其在进食、个人卫生、上厕所、穿脱衣服等方面的生活自理能力会越来越弱，需要高强度持续的支持。由于受到感知、注意、记忆、语言和思维等方面的限制，智力障碍儿童的社会交往能力普遍较弱，对正常交往手段掌握不足。智力障碍儿童随着障碍程度的不同，社会交往能力也呈现不同的特征。轻度智力障碍儿童难以感知社交线索，中度智力障碍儿童的社会判断和决策能力较弱，重度和极重度智力障碍儿童仅能理解简单口语和肢体语言，通过非言语的方式表达自身需要和情绪，社交方面存在较大困难。智力障碍是当前我国人数最多的障碍群体，这是一个差异极大的集体，并不是智力障碍儿童的特征都一致，智力障碍儿童个体间的差异较大。鉴于此，在具体的随班就读教学过程中，要求资源教师依据智力障碍儿童的障碍程度及具体能力现状，制定符合其身心特征的个别化教育计划，提供相应的支持与服务。

(二)智力障碍学生随班就读的现状

智力障碍学生随班就读存在的问题。随班就读，"随班"仅仅是对障碍儿童的安置形式，"读"才是实质。"读"就是使障碍学生得到符合其身心发展特点的教育(华国栋，2001)。McIntyre，Blacher 和 Baker（2006）认为适应学校生活可能受到许多因素的影响，包括学业、社交、情感、行为和认知能力，而智力障碍儿童在在认知和适应行为方面的缺陷，导致其早期学习困难的风险可能更高。Gary，Robin，Jennifer 和 Keith（2007）调查中学阶段同伴对智力障碍学生的态度，发现普通学生与班级智力障碍学生接触有限，认为班级智力障碍同学是中度而非轻度障碍，智力障碍同学仅能参与非学业性课程，且其他同学不愿意与智力障碍同学有社会互动。Santich 和 David（1997）调查了 32 名 3～6 年级轻度智力障碍儿童的社会适应情况：13 名学生部分融入了普通小学班级，19 名学生在单独的班级中全日制学习；障碍儿童的不适当社会行为水平较高，但在适当行为上没有显著差异；综合性儿童的自我评价比单独班的儿童更为消极，同伴关系满意度较低；这项研究证实，部分融合可能对智力障碍儿童产生负面影响。

王丹丹(2015)调查上海某区小学随班就读学生，发现智力障碍学生在语文、数学、英文三科的学习存在较大困难；大多数随班就读学生没有形成良好的学习态度，智力障碍学生在学习态度方面存在较多问题；智力障碍学生在听课和课堂参与方面存在突出问题，大多数小学随班就读学生没有形成良好的课外学习习惯；智力障碍学生语、数、外科目和班级平均分存在较大差距。现行的测验评价难以真实反映智力障碍随班就读学生实际学业水平和学习进步情况。崔艳萍、丁相平、杨生源和王彤梅(2012)调查山西 5 所随班就读小学，发现智力障碍儿童随班就读存在学习和发展不足、师资培训不到位、保障体系不健全等问题。

智力障碍学生随班就读的建议。冯新勤(2017)以学校随班就读的 6 名中度智力障碍学生为例，认为随班就读智力障碍学生需要提供关注课前、关注课堂教学、关注课后补救，座位安置优先、课前指导优先、课中补救优先、课后辅导优先。王丹丹(2015)认为要加强对随班就读学生学习指导，培养学生良好学习态度和学习习惯；尽快建立针对小学阶段随班就读学生的系统的专业学习支持体系。崔艳萍等(2012)认为小学阶段智力障碍儿童随班就读需要完善保障体系、加强师资培训和智力障碍随班就读教研以及建立发展性评价机制。

综上所述，当前随班就读儿童的支持程度不够，随班就读状态整体不容乐观。提高随班就读质量，需要随班就读需要完善保障体系、加强师资培训和智力障碍随班就读教研以及建立发展性评价机制。

本 章 结 语

融合教育是当前特殊教育发展的趋势，国外各国纷纷结合本国的国情，开展形式多样的融合教育，芬兰和意大利开展了完全融合教育的模式，英法为主的欧洲国家开展了部分融合教育的模式，美国则采用多元安置，逐步融合的模式。我国结合本国的国情，开展了随班就读的模式推进融合教育的发展。本章介绍了国外融合教育的实践发展情形，也阐述了我国随班就读的实践发展现状，分析了研究样本来源的广东省特殊教育发展现状。随着社会的发展，智力障碍的定义也在逐步改进和完善，从最初的美国智力缺陷学会(American Association on Mental Retarcation)要求必须同时具有智商低和社会适应行为障碍两个条件才能确诊为智力障碍，到 2021 美国智力与发展障碍学会(American Association on Intellectual and Developmental Disabilities)给智力障碍做了最新定义，是指"包含着在认知功能以及适应行为上的重大限制"。这个限制在 22 岁以前即会出现。之前关于智力障碍的年龄界限是 18 岁，最新定义中关于智力障碍的发病年限延迟至 22 岁。智力障碍儿童的身心特征分为认知特征和社会适应特征两个方面，其中认知特征可以分为感知、注意、记忆和思维，而社会适应特征包括日常生活自理能力和社会交往能力。已有研究发现智力障碍儿童随班就读时，存在学业适应、人际关系适应等方面的困难，需要为随班就读的智力障碍儿童建立发展性评价机制，促进其学校适应。

第三章　家庭支持的理论与实践研究

家庭是社会发展的基本单元，既继承和发展人类文化的成果，又维系和推动人类文明的发展。孩子的教育始终处于家庭重要的位置，家庭教育已经成为近年来社会关注的热点问题之一。人类对家庭和家庭教育也进行了积极探索，国内外教育家、思想家留下了大量关于家庭教育的论述。而这些论述成为指导人们开展家庭教育的理论基础和实践依据。经济基础决定上层建筑，政治制度和经济制度决定了文化的发展。不同历史时期，由于政治制度、经济制度和文化制度的不同，家庭教育的理论与实践也呈现出不同的特点，而对国内外不同时期的家庭教育理论与实践的思考与分析，有助于揭示家庭教育发展的基本规律与特点，加深对家庭教育活动的本质理解。本章首先分析了国外家庭教育的理论，阐述国外家庭教育理论的发展历史，分析我国古代、近代及当代的家庭教育理论与实践问题，介绍了我国出台的关于家庭教育的系列政策法律法规。其次阐述家庭支持的已有研究量表和已有实践研究成果。

第一节　家庭支持的理论研究

1994 年联合国教科文组织在世界特殊需要教育大会上提出《特殊需要教育行动纲领》，指出对特殊儿童的教育是家长与专业教育人员的共同任务。家庭是人生的第一所学校，家庭对随班就读学生的支持与态度影响其生涯发展相当多。家庭是社会的基本单元，是障碍学生赖以生存和发展最重要的系统。人类进入文明社会之后，家庭教育成为特殊儿童接受教育的主要形式。家庭教育是最重要的教育之一，也是学校教育和社会教育的基础和保障。

一、有关家庭支持的理论

家庭是社会的细胞，是人生的第一所学校，是每个人生活、学习和发展的基础，无论社会如何变迁，生活格局如何和变化，都需要注重家庭教育。受文化传统的影响，父母确实表现出对儿童的高控制水平，我国文化所鼓励的是父母在对儿童充满温情的基础上的严格要求，强调父母对儿童的关注、指导，鼓励儿童有所成就（Chen & Rubin，1994）。家庭支持提供了特殊儿童生理发展、认知发展、人格完善的生态化环境和强大动力，而家庭支持与学校合作、互动成为随班就读有效实施的基本保证和基础条件（申仁洪，2006）。郑永强（2010）认为英国《儿童法》规定政府对儿童的收养是暂时的，最终目的是使儿童重返家庭，提倡发展儿童家庭寄养，体现了家庭对儿童成长的重要作用。

（一）国外关于家庭教育的理论

国外家庭教育的历史悠久，从封建主义向资本主义的转变时期，随着现代教育学和现代心理学的发展，极大促进了家庭教育理论的发展。17世纪英国著名哲学家、思想家约翰·洛克（John Locke）出版了《教育漫画》，强调将孩子视作独立的人，用公平的态度去对待孩子，应给予相应的尊重。在儿童的成长过程中，洛克提倡说理教育，反对惩罚，重视榜样对儿童的示范作用，更注重运用正确的奖励对儿童开展德行、智慧、礼仪等方面的教育。捷克著名教育家夸美纽斯出版了《母育学校》，首次制定了6岁以下儿童的教育大纲，强调教育要遵循儿童的自然性，循序渐进地对儿童从感觉训练到宗教信仰的培养，父母应重视儿童的品德、语言和行为等方面的培养。受到洛克教育思想的影响，18世纪法国教育家让·雅克·卢梭（Jean-Jacques Rousseau）出版了《爱弥儿》一书，强调自然教育，教育要适应自然，符合儿童的身心特征。英国哲学家、教育家赫伯特·斯宾塞（Herbert Spencer) 出版了《斯宾塞的快乐教育》一书，强调快乐教育，在具体的教学过程中，首先应将儿童的情绪调节到快乐、自信的状态，再开始学习，有助于开发儿童的智力和潜能。瑞士教育家裴斯泰洛齐出版了《葛笃德怎样教育她的子女》等教育著作，注重道德教育和智力教育，家庭生活环境中父母之爱、兄弟之情是道德发展的初始形式，需要将儿童的知识学习与其生活环境相统一，将直观能力转化为思维方式。

19 世纪德国教育家福禄贝尔 (德语：Fröbel) 出版了《人的教育》一书，将人接受教育的阶段分为婴儿、幼儿、少年和青年四个时期，而幼儿期是真正的人的教育的开始。福禄贝尔强调儿童的身心发展具有阶段性和连续性，在具体的教育过程中，应该顺其自然，满足受教育者本能的需要，不束缚、不压制，也不揠苗助长。德国教育家卡尔威特出版了《卡尔威特的教育》一书，强调家庭教育要从孩子一出生即开始，孩子的成长，家庭教育起着至关重要的作用。意大利的玛利娅·蒙台梭利 (Maria Montessori) 创建了蒙台梭利教育法，强调教育要与儿童发展的敏感期相吻合，给予自由活动，充分发展儿童的个性。总之，各国的哲学家、教育家们在其著作中阐述了丰富的家庭教育理论，对世界其他国家的家庭教育产生重要影响。

(二) 国内关于家庭教育的理论

中国是个有着五千年悠久历史的国家，家庭教育的理论也是这悠久历史的重要组成部分。从魏晋南北朝时期，我们就陆续出现系列家庭教育思想，主要呈现在各种类型的家庭教育著作之中。既有从实践上详细描述如何教育子女的书籍，又有探索家庭教育一般规律的书籍。在这系列家庭教育书籍中，影响最大的是北齐思想家、教育家颜之推的《颜氏家训》和宋朝政治家、文学家司马光的《温公家范》。《颜氏家训》是颜之推探索家庭教育方法、总结家庭教育经验的文本，对当前的家庭教育仍然有着重要借鉴意义。《颜氏家训》中的家庭教育思想主要表现为四个方面：一是家庭教育要重视儿童的早期教育，婴幼儿时期是开展早期教育的最佳时期，应抓住契机，及早开展教育；二是家庭教育要处理好严教与慈爱的关系，营造宽严有度的家庭氛围，既不能过分溺爱，也不能过分严厉，对孩子一视同仁，不可偏爱；三是家庭教育要重视子女的品德教育，强化子孙的个人修养，品德教育是家庭教育的核心内容，德育也是家庭教育要树立的目标；四是家庭教育要重视环境熏陶与父母言传身教，营造良好的家庭环境，发挥家庭文化氛围对孩子的熏陶作用，父母为人处世给孩子正向的榜样示范，优化家庭教育的效果。《温公家范》是司马光对家事与国事关系的看法，他认为家庭是支撑国家的基础，修身、齐家、治国与平天下是一体的。司马光非常重视家庭伦理，《温公家范》将权利与义务视作家庭伦理关系的基础，也是调整家庭伦理关系的基本原则。其从多方面论述家庭伦理：一是家庭教育要重视父慈子孝，弘扬父慈母爱，不可过分溺爱子女，这是教育之本；二是家庭教育重视子女的孝敬之道，父母有过，儿女可以批评，也是孝的要求和表现；三是家庭教育中要重视传统道德模范的示范力量，学习历史人物的道德模范事迹，提升子女的道德品质；四是家庭教育中要重视母亲榜样示范，身体力行，严格要求子女，教子有方；五是家庭教育重视"孝义"教育，在生死大义面前，大义凛然，舍生取义，品德教育是家庭教育的目标；六是家庭教育重视女儿的礼仪德行教育，守妇道，讲求礼仪，符合中国对女子传统道德的要求。

中国近代家庭教育的发展，伴随着对西方学前教育思想和家庭教育思想的吸收。随着传教士和我国一些先进知识分子的积极支持，福禄贝尔教育思想、蒙台梭利学前教育思想和杜威的实用主义教育思想陆续被传到我国，并且西方学前教育的专著陆续被翻译成中文，让国人有更多机会学习西方的学前教育理论和幼儿教育经验。尤其是 1919 年实用主义代表人物杜威访华，掀起了实用主义教育的高潮，强调"儿童中心"论，以儿童的兴趣和需要为出发点，教育活动以儿童自身的活动作为中心。陈鹤琴借鉴实用主义的研究成果，将他研究儿童心理与自身家庭教育的实践经验结合，出版了《家庭教育》一书，阐述了家庭教育理论、原则和方法。《家庭教育》中的家庭教育思想主要表现为三个方面：一是家庭教育要重视父母的以身作则作用，二是家庭教育要重视创设良好的家庭环境，三是家庭教育要依据儿童的心理施加教育。陈鹤琴的家庭教育理论奠定了近代家庭教育的基础，近代的家庭教育思想基本是在其家庭教育理论与方法指引下发展起来的。时任广东省省长朱庆澜出版了《家庭教育》一书，阐述了家庭教育的重要性、原则、内容和注意事项等一般性家庭教育规律。鲁迅先生结合自身的实践经验，出版了《我们怎样教育儿童》、《我们现在怎样做父亲》等书，详细阐述了家庭教育的实践经验和家庭教育伦理，家庭教育应注重培养孩子具有劳作的体力、高尚的道德和广纳新潮流的精神。

中国当代家庭教育思想的发展，伴随着社会主义制度建立后的一系列法律政策的颁布与实施。1950年《婚姻法》的颁布，为民主平等的家庭关系提供法律保障，也为民主的家庭教育奠定基础。1986年《中华人民共和国义务教育法》的颁布，规定家庭（父母）有保护适龄儿童、少年接受义务教育的权利与义务。1991年颁布了《未成年人保护法》，规定父母或监护人应当以健康的思想、品行和适当的方法教育未成年人，引导未成年人开展有益身心健康的活动。1992年发布了《九十年代中国儿童发展规划纲要》，提出要在20世纪末让90%的儿童家长不同程度地掌握保育、教育儿童的知识。随着家庭教育相关政策的出台，也引起了学者们对家庭教育的研究兴趣，一系列关于家庭教育的著作陆续出版，其中影响最大的是赵忠心先生的《家庭教育学》和彭立荣先生的《家庭教育学》。赵忠心（1989）的《家庭教育学》既论述了家庭教育的家庭教育的目的、任务、内容与方法等理论问题，又对独生子女家庭教育、特殊儿童家庭教育等现实问题做了分析。彭立荣（1993）的《家庭教育学》既分析了家庭教育的一般理论问题，也全面论述了不同阶段儿童的家庭教育和不同类型家庭的子女教育等实践问题。当代家庭教育的研究，系统论述了家庭教育的理论与实践问题。

二、有关家庭支持的政策与法规

学生的教育是一个系统工作，而家庭教育作为国民教育体系支柱之一，是学生成长的教育起点和教育基石。随着全球化趋势的不断强化，青少年的思维方式和生活方式，会影响一个民族、一个国家的发展方向。重视和加强家庭教育已经成为党和国家十分迫切的社会重任，我国在法律法规上和政策制定上，体现了对家庭作用及家庭支持的重视。为了保障家长的权利和义务，我国通过《中华人民共和国义务教育法》、《中华人民共和国残疾人保障法》、《残疾预防和残疾人康复条例》、《残疾人教育条例》、《中华人民共和国学前教育法》、《中华人民共和国家庭教育促进法》等法律法规。

《中华人民共和国义务教育法》第五条规定，适龄儿童、少年的父母或者其他法定监护人应当依法保证其按时入学接受并完成义务教育。第十一条规定，凡年满六周岁的儿童，其父母或者其他法定监护人应当送其入学接受并完成义务教育；条件不具备的地区的儿童，可以推迟到七周岁。适龄儿童、少年因身体状况需要延缓入学或者休学的，其父母或者其他法定监护人应当提出申请，由当地乡镇人民政府或者县级人民政府教育行政部门批准。而第十二条规定，父母或者其他法定监护人在非户籍所在地工作或者居住的适龄儿童、少年，在其父母或者其他法定监护人工作或者居住地接受义务教育的，当地人民政府应当为其提供平等接受义务教育的条件。具体办法由省、自治区、直辖市规定。《中华人民共和国残疾人保障法》第九条规定，残疾人的扶养人必须对残疾人履行扶养义务。残疾人的监护人必须履行监护职责，尊重被监护人的意愿，维护被监护人的合法权益。残疾人的亲属、监护人应当鼓励和帮助残疾人增强自立能力。禁止对残疾人实施家庭暴力，禁止虐待、遗弃残疾人。第四十八条规定，各级人民政府对生活确有困难的残疾人，通过多种渠道给予生活、教育、住房和其他社会救助。县级以上地方人民政府对享受最低生活保障待遇后生活仍有特别困难的残疾人家庭，应当采取其他措施保障其基本生活。

《残疾预防与残疾人康复条例》第十条规定，残疾预防工作应当覆盖全人群和全生命周期，以社区和家庭为基础，坚持普遍预防和重点防控相结合。第十七条规定，县级以上人民政府应当组织卫生、教育、民政等部门和残疾人联合会整合从事残疾人康复服务的机构(以下称康复机构)、设施和人员等资源，合理布局，建立和完善以社区康复为基础、康复机构为骨干、残疾人家庭为依托的残疾人康复服务体系，以实用、易行、受益广的康复内容为重点，为残疾人提供综合性的康复服务。第二十一条规定，制定、实施康复方案，应当充分听取、尊重残疾人及其家属的意见，告知康复措施的详细信息。第二十四条规定，各级人民政府和县级以上人民政府有关部门、残疾人联合会以及康复机构等应当为残疾人及其家庭成员学习掌握康复知识和技能提供便利条件，引导残疾人主动参与康复活动，残疾人的家庭成员应当予以支持和帮助。《残疾人教育条例》第八条规定，残疾人家庭应当帮助残疾人接受教育。残疾儿童、少年的父母或者其他监护人应当尊重和保障残疾儿童、少年接受教育的权利，积极开展家庭教育，使残疾儿童、少年及时接受康复训练和教育，并协助、参与有关教育机构的教育教学活动，为残疾儿童、少年接受教育提供支持。第十三条规定，适龄残疾儿童、少年的父母或者其他监护人，应当依法保证其残疾子女或者被监护人入学接受并完成义务教育。"第三十三条规定："卫生保健机构、残疾幼儿的学前教育机构、儿童福利机构和家庭，应当注重对残疾幼儿的早期发现、早期康复和早期教育。

《中华人民共和国学前教育法》第八条规定，父母或者其他监护人应当依法履行抚养与教育儿童的责任，尊重学前儿童身心发展规律和特点，创设良好家庭环境，科学开展家庭教育。第三十四条规定，幼儿园应当主动与父母或者其他监护人交流儿童身心发展状况，指导开展科学育儿。父母或者其他监护人应当积极配合、支持幼儿园开展保育教育。从法律上明确了学前儿童父母的职责，依据儿童自身特点，开展适合的家庭教育，并家园合作，共同促进学前儿童的发展。《中华人民共和国家庭教育促进法》第二条规定，家庭教育，是指父母或者其他监护人为促进未成年人全面健康成长，对其实施的道德品质、身体素质、生活技能、文化修养、行为习惯等方面的培育、引导和影响。而第四条规定，未成年人的父母或者其他监护人负责实施家庭教育。随后，在第二章用十条规定明确了家庭责任，并在第三章明确了国家支持具体举措、第四章明确了社会协同的具体做法。《中华人民共和国家庭教育促进法》，强调家庭教育的重要性，明确提出家长是实施家庭教育的主题，父母负有贯彻科学的家庭教育理念和方法，促进未成年人全面健康成长等责任。

综上所述，我国通过立法，将家庭教育规范化，无论是在法律规范上还是政策制定上，都体现了家长参与家庭教育的重要性，尤其是发挥特殊儿童家庭作用以及对家庭支持的重视。而我国所有法律法规的相关规定与工作推进均表明，特殊儿童家庭的整体干预，家长和家庭参与、家长的能力提升和家庭赋权增能等事项通过具体政策予以实施，并发挥多方力量参与，稳步推进家校社协同育人工作。

第二节　家庭支持的实践研究

2006年我国第二次残疾人抽样调查发现，我国各类残疾群体共有8296人，占当时全国总人口的6.34%；全国有残疾人的家庭共有7050万户，占全国家庭总户数的17.8%；而其中有2个及以上的残疾人的家庭共876万户，占残疾人家庭户的12.43%。该数据表明，我国将近18%的家庭需要开展残疾儿童的家庭教育。《中华人民共和国残疾人保障法》界定的残疾人包括视力残疾、听力残疾、言语残疾、肢体残疾、智力残疾、精神残疾、多重残疾和其他残疾的人。按照国际残疾人分类，如果将学习障碍、情绪与行为障碍、自闭症等发展性障碍儿童纳入残疾人统计范畴，那么残疾人的总数及残疾人的家庭总数会有较多增长。对残疾儿童而言，家庭则发挥着更重要的作用，为其承担了整合儿童及其家庭需求和社会支持的角色。

一、家庭支持的概念与影响因素

侯晶晶（2015）研究发现，对于障碍儿童能否就读普通高中、普通中职，家庭年度文化教育支出2400元很可能是个临界点；建议为贫困家庭之后义务教育阶段障碍儿童提供每年大约2400元专项教育补贴，以使补贴既产生实效，又不至于超出财政承受能力；建议给予随班就读儿童经济与文化扶持改善家庭因素。

（一）家庭支持的概念与功能

家庭支持依据不同标准，可以分为不同内容。Cohen 和 Wills（1985）从家庭支持内容角度，将家庭支持分为基本生活保障、行为塑造、关心支持、及时回馈、规则教导和积极社会互动；从家庭支持功能角度，将家庭支持分为平等尊重、信息提供、身份归属认同和工具性支持。家庭支持包括个体从家庭成员获得的物质支持和精神支持，而小学生作为未成年人，其获得的主要支持是来自家庭支持。Hoagwood（2010）认为家庭支持是一种服务，为需要的儿童提供认知、情感、精神支持，让儿童更具活力，更好适应发展问题。可见，家庭支持是一种情感性支持（陈毓茹，2005）。家庭支持从广义角度来说，是包括来自父母、兄弟姐妹、祖父母、外祖父母以及其他亲戚的支持；从狭义上来说，家庭支持主要来自父母的支持。杜成（2012）通过文献整理分析，一般家长所扮演的角色与随班就读家长所具有角色和功能都有：抚养者、教育者、观察者、合作者和监督者。

1. 随班就读家长的角色

随班就读学生家长除了要具有普通学生家长所具有的角色和功能以外，针对其孩子的特殊需要，在这些儿童进行随班就读过程中，他们还要扮演更多的角色和发挥更多的功能。对于特殊儿童而言，家长还应该是咨询者、提倡者、决策者、学习者。①咨询者：一般而言，家长最了解孩子的脾气、习惯、性格、优点和缺点，可以为教师及专业人员提供有关孩子的信息从而更好地为其孩子进行有效的康复和教育。②决策者：家长对孩子的安置方式、特殊儿童个别教育计划（IEP）的制定和实施有决策权。③提倡者：家长是推动政策制定、法令实施的一股积极的强大的力量。④学习者：为了更好地促进孩子的成长，家长在理解特殊教育理念、掌握对孩子的训练技巧和管教策略上需要掌握一定的知识和技能，例如：家长需要掌握一定关于一些特殊的辅助器材的使用与保护的知识，以及如何帮助家庭中随班就读的孩子更好的融入班级学习和生活等。此外，还需要学习如何进行自我心理调节等方面。

2. 随班就读家长的支持

家庭支持包括提升教养知能、参与人力支持团体、调整家庭生活经济和资源、建立主动积极关爱的家庭信念和氛围与持续获得优弱势资源(邹小兰、卢台华，2015)。张瀚云和郭乃文(2014)将家庭支持分为"经济与物质的支持"、"日常生活活动的支持"、"情绪支持"、"提升自我效能的支持"、"咨询的支持"以及"拓展小区网络的支持"，发现工作-家庭增益的观念着重在于通过一个角色获得的资源与情感可直接提升另一个角色表现，但不论通过何种路径，资源获得是第一要件。林宏炽和张玮珊(2005)研究12位高职阶段智力障碍学生，发现多数家长与智能障碍者对职业辅导与就业转衔的概念并不清楚；多数教师与家长均深感就业有关的信息与就业有关的个案管理有待加强。申仁洪(2006)认为家长对随班就读的支持表现在：家长参与教育决策，争取平等的受教育权利；提供适宜家庭环境，促进身心健康发展；培养和训练良好生活习惯与独立生活自理能力；参与随班就读的学习与教育训练。

(二)家庭支持的影响因素

家庭支持，可分为家庭内部支持和家庭外部支持。家庭内部支持是家庭结构诸要素相互作用而产生的自我调控系统，具有维持家庭存在，适应外部环境变动和内部冲突的作用；家庭外部支持是社会为家庭稳定并使的正常发挥作用而提供的各种保障条件的总和，外部支持经由家庭内部支持的作用而转化为家庭存在、发展的资源系统(宣兆凯，1999)。家庭内部支持是基础、是根本，而外部支持是条件、是保障。从广义而言，凡是涉及提供家庭成员积极性、预防性或发展性的任何方案措施或政策都属于家庭支持的范畴(Pithouse，Lindsell，&Cheung，1998)。研究者们认为家庭支持至少有三种主要类型，包含情感支持(亲密、依恋、关注和关心)、实物性支持(援助的规定)、信息支持(提供劝告、指导或相关情况的信息)(Schaefer，Coyne，&Lazarus，I981)。在障碍孩子家庭内部支持中，家庭为其障碍的孩子提供了几乎全部的情感支持，满足自尊的支持、物质性支持、工具性支持和抚育性支持，而这些支持使得障碍孩子的家庭得以正常运转。

1. 实质支持

吴宥靓(2009)采用叙说探究方法，探讨一位十岁儿童获得最高领导人教育奖的重度视觉障碍儿童的家庭教养历程，研究发现该儿童于婴儿期眼部出现病变，父母历经心理、生理与经济上的磨难之后，终于体会到经济为家庭稳固的本。颜瑞隆和张正芬(2014)在研究自闭症家庭时，发现家长普遍反映经济上面临沉重的负担，许多早期疗育或教育训练费用是家庭负担的主要来源；而家庭收入和教育程度越高的家庭，受到的社会支持较高，可以使用的社会资源也较多，在压力感上会较低。

2. 信息支持

邹小兰(2015)研究身心障碍资优生家庭系统，发现家庭最重要且急迫的支持服务需求为提升家长教养知能、扩展人力支持与提供个案优势潜能发展机会；以家长读书会展开家庭支持服务第一步，协助家长认识身心障碍资优生特质与需求，成为孩子的倡导者。吴宥靓(2009)探讨一位十岁儿童获得最高领导人教育奖的重度视觉障碍儿童发现，在视觉障碍孩子步入幼儿期，母亲观察到孩子对音乐的兴趣，并与父亲以自身经验制作立体乐谱，逐步引导他学习钢琴，开启视障儿童在音乐中的优秀表现。家长参与教育的程度越来越高，已被确定为障碍学生积极学习后成果的预测因素，这些学生的就业率和高等教育率一直低于非障碍同龄人(Kara，Hirano，Andrew，Lina，&Dawn，2016)。

3. 情感支持

重要他人在个体生涯发展中其中重要作用。吴宥靓(2009)探讨一位十岁儿童获得最高领导人教育奖的重度视觉障碍儿童的家庭教养历程，他们家庭能够走出视觉障碍的阴霾，而建立正向态度的原因的一是家庭充满爱的能量。阳泽和陈明英(2017)调查发现，听障儿童父母对儿童的自主比较信任，父母对女孩自主的信任显著高于男孩；听障儿童父母教养效能感、教育期望与对儿童自主的信任总体和各维度均显著正向相关。Ryan 与 Deci

(2000)认为给予自主性支持的父母比起控制型父母,孩子是比较有内在动机的。父母给予的积极支持,可以让孩子有更强的自我效能。

综上所述,家庭是障碍学生最早接触的生活环境,父母对障碍学生负有教育责任,为障碍学生提供经济支持、鼓励支持、信息支持等,而障碍学生受到其父母价值观、教养方式、家人关系、生活习惯等因素的影响,并且与家庭之外的因素产生交互作用,直接或间接地影响障碍学生自身的发展。家庭是个人成长过程中重要的生活空间和文化环境,对个人的言行举止有重要影响。家庭影响的特殊性决定了家庭在个人成长过程中的特殊地位。在孩子成长过程中,父母是接触孩子时间最长、范围最广的人,父母对孩子的思想和行为进行指导。父母不仅要培养子女的生活能力,还要辅导孩子课业,对子女进行情感交流,同时也安抚子女情绪。父母对子女的支持是广泛的,既有经济上支持,也有情感支持和行为指引。

二、家庭支持的相关测量工具与实践研究

(一)家庭支持的相关测量工具

家庭支持对特殊儿童成长至关重要,尹敏敏和袁茵(2010)认为家长的心理状态对其视觉障碍子女的影响较大,现实生活中视觉障碍家长经常以或逃避或溺爱或忽视等极端的方式教育子女。目前关于家庭支持的量表主要有以下几个。

"知觉家庭支持量表"(Perceived Family Support Scale, PFSS)用于测量在家人关系中的感受与经历,以选择"有""没有""不知道"的方式作答。Thames(2001)将"知觉家庭支持量表"应用于127名听觉障碍人员,研究发现,无论是否与亲生父母居住、父母具有是否较高的教育水平、家庭收入水平是否较高和参与者是否有障碍的兄弟姐妹,都可提高参与者的知觉家庭支持得分。

"多维度知觉社会支持量表"(Multidimensional Scale of Perceived Social Support, MSPSS)此量表包含家庭、朋友和重要他人三个维度的知觉到社

会支持，采用 7 点量表，关于家庭的分量表部分，例如"我获得家人情绪上的支持以及我所需要的支持"（Catillo，Conoley & Brossart，2004）。此量表应用于 275 名大学本科生，发现 MSPSS 具有良好的内部和重测信度和适中的构想效度（Zimet，Dahlem，Zimet & Farley，1988）。

APGAR 家庭功能评估表，此量表的测量内容与家庭支持类似，共有五个方面：第一是适应度（Adaptation），主要指家庭在面临危机或困难时，家庭成员对于内在与外在资源的使用情形；第二是合作度（Partnership），主要是指家庭成员对权利与责任的分配情形；第三是成熟度（Growth），指家庭成员互相支持而趋向于身心成熟与自我实现的情形；第四是情感度（Affection），只要是指家庭成员之间的互相关爱的情形；第五是亲密度（Resolve），主要是指家庭成员之间彼此享受共同的时间、空间和经济资源的承诺。此评估表采用 4 点计分方式（Smilkstein，Ashworth & Montano，1982）

综上所述，已有学者开发了系列与家庭支持相关的量表，量表的使用范围较广，为本研究的开展提供了可靠的参考。

（二）家庭支持的实践研究

郭新星（2016）认为随班就读学生，需要量化每日行为习惯养成具体内容，家长协助在家完成。王丽萍（2016）认为要重视听障学生的家庭教育，指导家长在家中对他们进行教育和训练，使家庭教育成为听障学生教育的延伸和补充。

1. 影响随班就读学生家庭支持的背景变量

性别、年级对家庭支持的影响。陈淑燕（2014）调查台北市初中生，发现家庭支持因性别不同有显著差异。张秀莲（2009）调查台北县 977 位小学生，发现学生性别、就读年级、家庭结构与父亲学历对家长参与有显著影响，家长参与与学生学校适应属于中度正相关。黄兰婷（2012）调查初中生自我概念、家庭支持与偏差行为的相关性研究，发现不同变量的初中学生，家庭支持有部分显著差异存在，影响变量包括性别、年级、父母婚姻状况及父母受教育程度，会不同程度影响到对家庭支持的感知；初中生的家庭支持与偏差行为直接有相关性存在。李佳容（2018）调查小学资源班学生的家长支持，发现性别在家庭支持方面没有显著差异，而年级、障碍程度与家长教育程度在家庭支持方面有显著差异。

家长教育程度、职业、家庭收入对家庭支持的影响。Sherkat 和 Blocker（1994）指出父母的收入、教育程度与孩子的自我效能水平存在显著相关关系。范军华（2011）研究河南听障儿童，调查发现听障儿童随班就读成绩与家长关心帮助程度、文化素质高低正相关。陈淑燕（2014）调查台北市初中生家庭支持、情绪调节和学习行为的研究，发现台北市初中生多具有良好家庭支持，家庭支持因性别和家庭教育程度不同而有显著差异，家庭支持、情绪调节和学习行为有显著相关，家庭支持对情绪调节和学习行为有一定预测力。父母教育程度影响家庭支持（黄兰婷，2012）。陈淑燕（2014）调查台北市初中生，发现家庭支持因家长教育程度不同有显著差异。李佳容（2018）调查小学资源班学生家长支持，发现家长教育程度在家庭支持方面有显著差异。

子女数对家庭支持的影响。赖韵曲、林惠芬（2013）调查初中轻度智力障碍学生家长对子女自我决策的想法与做法，发现不同性别、家中排行、家庭社会经济地位对家长想法有显著差异。李佳容（2018）调查小学资源班学生家长支持，发现子女数在家庭支持方面没有显著差异。

2. 家庭支持的实证研究

Holm-beck（1995）研究学生从中学到大学的转变中，发现家庭支持程度越高，学生在校的安全感越大，而其学校适应的焦虑越低，适应新环境的困难就越少；而来自父母的家庭支持对学生进入大学的适应性具有一定的预测。

Sheeber（1997）研究家庭支持与冲突，发现家庭支持的质量，对理解青少年的抑郁症发展有显著性关系。Cornwell（2003）研究社会支持的动态特性对青少年抑郁症的影响，发现父母支持的多寡，对青少年抑郁有影响；父母支持较少的青少年患有抑郁症的概率更高。Siyez（2008）研究土耳其青少年的自尊、问题行为以及社会支持，发现父母支持和问题行为有显著相关，父母支持对青少年行为有正向的影响。Bokhorst，Sumter 和 Westenberg (2010)调查 9~18 岁的儿童及青少年的父母支持、朋友支持、同学支持和老师支持，发现不同年龄阶段的调查对象感受到的父母支持没有显著差异，只有 16~18 岁的研究对象(改为"调查对象")感受到的朋友支持超过父母支持。

从已有研究可知，关于家庭支持的研究对象主要是初中生、高中生和大学生，研究小学生的家庭支持较少；相关研究中，主要探讨性别、年龄、家长教育程度或社经地位与家庭支持的关系；研究方法中，以问卷调查法居多；研究主题主要围绕家庭支持与学习成就、生涯自我效能、生涯适应力、青少年忧郁情绪、偏差行为、自尊和学习行为的关系研究，研究家庭支持与学校支持、学校适应的较少。

综上所述，家庭是个人成长社会系统中的最重要的系统，是个人社会化过程的重要力量，对儿童成长至关重要。对小学生来说，家庭支持对其情绪与行为的表现有重要影响，家庭支持在一定程度上也影响小学生的学校适应。

本 章 结 语

家庭是孩子的第一所学校，父母是孩子的第一任教师，这是人们对家庭和家庭教育的一般性概论。家庭是一个人成长的基础，家庭教育是一起教育的基础。家庭教育是人类社会发展的不变主题，随着时代的发展，家庭日益被赋予更多的责任，而且家庭教育也逐渐成为备受人们关注的社会现实问题。国内外教育界纷纷探索儿童发展心理和家庭教育的理论与实践。国外家庭教育的历史悠久，随着现代教育学和现代心理学的发展，极大促进了家庭教育理论的发展，出现了系列家庭教育方面的著作。一些家庭教育方面的著作对世界各国的家庭教育都产生重度影响，如洛克的《教育漫画》、夸美纽斯《母育学校》、卢梭《爱弥儿》、福禄贝尔《人的教育》

等。我国古代既有从实践上详细描述如何教育子女的书籍，又有探索家庭教育一般规律的书籍。在这系列家庭教育书籍中，影响最大的是北齐思想家、教育家颜之推的《颜氏家训》和宋朝政治家、文学家司马光的《温公家范》。近代，随着西方儿童心理学和家庭教育等教育思潮传入我国，我国教育家也出版了系列家庭教育著作，其中影响最大的是陈鹤琴的《家庭教育学》。当代，随着中华人民共和国的成立，一系列法律政策颁布与实施。家庭教育得到前所未有的发展，代表性著作是赵忠心先生的《家庭教育学》和彭立荣先生的《家庭教育学》。家庭教育引起了更多人的关注和研究，已有学者开发了系列与家庭支持相关的量表，虽然没有专门研究随班就读儿童的家庭支持量表，但是已有量表的使用范围较广，为本研究的开展提供了可靠的参考。已有研究是关于家庭支持概念与影响因素，其中学生性别、年级、家长教育程度、职业、家庭收入和家庭子女数等背景变量对随班就读学生的家庭支持具有影响。2006 年我国第二次残疾人抽样调查发现，全国有残疾人的家庭共有 7050 万户，占全国家庭总户数的 17.8%，我国将近 18% 的家庭需要开展障碍儿童的家庭教育。需要研究随班就读障碍儿童的家庭支持现状及其影响因素，以便为障碍儿童提供高质量的家庭支持，共同促进障碍儿童的成长。2016 年第一届全国文明家庭表彰大会上，习近平总书记提出关于"三个注重"的家庭建设新要求，既是家庭建设的核心，也是新时代我们家庭教育的指导精神。

第四章　学校支持的理论与实践研究

人类社会的教育首先是以家庭教育的形式存在，随着阶级的产生，学校教育也逐渐产生。学校教育产生于奴隶社会初期，是为统治阶级培养接班人和管理人才，教学内容与社会劳动完全脱节。随着封建社会和资本主义社会的发展，尤其是产业革命和工业革命的影响，学校教育的教学内容由统治阶级的驭人之术，逐步转变为与生产生活相结合。世界各国纷纷建立包括学前教育、小学教育、初中教育、高中教育及大学教育等完备的学校教育制度。各国教育家也在探讨如何提高普通学校教育质量，普通学校如何给受教育者提供适宜的教育支持，保障学校教育质量。而特殊教育作为整个国民教育系统的一个组成部分，普通学校给融合教育或随班就读的特殊学生提供怎样的支持，才能保障这些学生可以接受到高质量的学校教育，这也是值得思考的问题。本章首先说明国外学校教育的发展历史，其次阐述我国学校教育的发展历史，最后分析学校教育的概念、量表与实践研究。

第一节　学校支持的理论研究

学校是意识形态工作的前沿阵地，要强化学校教育的主阵地作用。学校为学生提供物质支持和精神支持，帮助学生增强自身能力，更好地应对压力，从而提高学生的学校适应能力。特殊儿童的成长，需要家庭、学校与社会等系统协同合作，而学校支持是特殊儿童学习与生活的重要支撑力量。

一、关于学校支持的理论

学校教育产生于奴隶制社会初期，是由非教育机构逐步演化为培养人的场所。最早的学校教育旨在为统治阶级培养接班人和管理人才，学校的范围狭窄、形式较单一，主要是宫廷学校、职官学校、寺庙学校和文士学校等。国内外的古代学校教育都比较重视品德教育，要求学生尊于神、忠于君、敬长官和孝长辈。

（一）国外关于学校教育的理论

家庭教育和学校教育共同促进学生的发展，相比于家庭教育，学校教育是按照一定的教育目的，遵循受教育者的身心发展规律，创造一定的环境，组织教学内容和教学方法开展的教育教学活动。国外关于学校教育的理论，不同的教育家关注和侧重的点有所不同。公元前 3 世纪，古罗马的学校教育开始发展，有初级小学和游乐学校，教学对象是 6~12 岁的男女孩，教学内容为读写算训练、《十二铜表法》、宗教歌曲等。公元前 272 年，古罗马学校的教学内容增加了希腊的文学、诗歌，聘请希腊奴隶担任学校教师，学校教育仍然以初等小学为主。公元前 1 世纪，拉丁文法学校创立，中等学校开始崛起，12 岁毕业于初级小学的学生，可以进入文法学校学习到 16 岁。学生从文法学校毕业后，男孩可进入修辞学校（rhetorical school）接收 2 到 3 年的高等教育，努力成为优秀的雄辩家。此外，古罗马还有专业性质的学校，例如法律学校和医学学校。代表人物是昆体良，出版了《雄辩术原理》，阐述了美德与雄辩的关系，关注天赋与后天教育，重视早期教育与学校教育，并对教师与教学方法提出了要求。中世纪的学校教育可分为教会学校和大学、城市学校两个时期，教会学校旨在培养僧侣，教学内容是神学教义、一般知识和读写算能力的培养。城市学校是应新兴工商业者的需求而创办，旨在培养掌握工商业专业知识的人才，教学内容是读写算的知识、实用手工商业各科知识。至此，学校教育与现实生产生活需求紧密结合。

外国近代的学校教育，随着文艺复兴和宗教改革的推动，学校教育不再是培养虔诚的宗教信徒和精英化的政治首领，而是培养忠于国家的良好公民。18世纪中期，发生了产业革命，对教育产生较大影响，教育目的是为现世和将来的生活做准备，教学内容是拼写、阅读、几何、机械学、化学、地理学、年代学和语法等。科学知识与实用技能成为教育的主要内容，直观原则和实物教学原则成为教学的主要原则。代表人物是斯宾塞，主张知识分类，且学习过程中必须分专业来学习，将教育问题分为德、智、体三个方面。裴斯泰洛齐重视儿童的道德教育和智力教育，主张通过感官认识事物，把不同的教育活动联结一个整体，重视环境教育的影响。福禄贝尔注重学龄前儿童的教育，认为学校教育应着重发展儿童的外部感官，通过外部感官认识外在世界。重视语言教学，一方面认识自然常识，另一方面强化数学思维训练，在教学过程中重视思想道德教育。而夸美纽斯和特尔巴特更强调教师中心论，学校教育采用班级授课制，教育目的是培养学生良好的的道德品质，教学内容以语言、文法、历史、经济学等学科，教学原则遵循循序渐进、彻底与迅速相结合。工业革命的发展，推动了学校教育的变革，英国受到功利主义教育思想影响，瑞士受到国民教育思想的影响，而德国受到新人文主义教育思想的影响，美国受到公共教育思想的影响。英法国家发展初等教育和中等教育，呼吁设立公共教育，而美国创立了兼顾升学与就业双重目标的中等教育，为创建公立学校奠定基础。

外国现代的学校教育，以英国为首的欧洲国家受到新教育运动的影响，提出只招收男生，促进个人天赋与能力全面发展，开展广泛的普通教育之后再实施双轨制教育，重视手工劳动与精神活动结合，培养新型的领导阶级。美国的进步主义思想，主张以儿童为学校教育的中心，围绕儿童的兴趣实施教育教学活动，并重点培养学生的现代民主意识和公民观念。代表人物杜威，主张教育即生活，学校教育要满足儿童的兴趣与需要，符合儿童需要和适应现代社会发展趋势。此外，杜威重视道德教育和职业教育，道德教育要协调个人与社会的关系，职业教育要符合现代科技发展的需要，普通教育与职业教育结合，全面促进学生的发展。

普通学校教育在快速发展的同时，人们也开始关注如何在普通学校实施融合教育。Smith 等学者认为学校开展融合教育，需要提供的学校支持主要有以下七个方面(张文京，2013)：(1)普通班级能包容接纳学生，不因其特殊性被隔离在普通班级之外；(2)学校能为特殊需要学生提供个性化培养计划；(3)学校能提供每个学生平等学习的机会，尊重学生；(3)普校教师与特校教师合作支持；(4)每个学生能有机会参与班级的各项活动，不因残障或特殊性被排斥在普通学生群体之外；(5)课程方式多样能兼顾到特殊学生，使其能与普通孩子交流分享；(6)给特殊孩子合适的评价奖励机制；(7)教育部门及学校领导能够重视随班就读，给予随班就读学生及相关教师一定的行政支援。

(二)国内关于学校教育的理论

中国古代的学校教育，经历了较长时间的发展，启蒙于西周，形成于西汉，完善于唐宋。奴隶社会的学校教育是为了奴隶主子弟成为合格的统治者，便于统治所有的奴隶群体，学习的内容是以礼、乐、射、御、书、数等六艺为主的统治之术。汉朝学校教育是封建社会学校教育的基础，隋朝和唐朝的学校教育使封建社会学校教育进一步完善。封建社会的学校教育，分为官学和私学，官学是培养统治人才的教育机构，培养对象是有一定文化基础的青年，教学内容是儒家的经学，重视道德教育，为统治阶级培养管理人才，治理国家。私学承担基础教育的任务和民族文化传承的任务，以儿童启蒙识字教育和书法教育为主，也接触儒学基础内容。

中国现代的学校教育，建构于清末，1902 年和 1903 年颁布的《钦定学堂章程》和《奏定学堂章程》，正式确定了现代学校教育制度。1951 年我国颁布了《关于改革学制的决定》，确定了中华人民共和国的新学校教育制度。1958 年国务院颁布了《关于教育工作的指示》，明确了现代学校教育改革的方向。学校教育目的是为无产阶级政治服务，教育要与生产劳动相结合。学校教育体现了国家意志，强调对学生的德、智、体、美、劳的全面发展。通过学校教育，使学生在德行、知识与技能方面获得提升，在人格、理想、信念方面获得锻炼，成为一个有理想、有道德、有文化、有纪律的四有新人。学校教育作为培养国家人才的基地，重视将社会的价值导向、社会道德标准与行为规范，通过具体的教育教学活动，传递给学生并使学生内化为自己的行为准则，丰富学生的社会性，为学生的社会适应奠定基础。

学校教育的目标是教育目的的具体表现，是教育教学活动实施的行动依据。学校教育通过对学生的知识传递，促进学生的未来发展，具有先进的理念与远大的理想，从而培养社会主义的建设者和接班人。为了实现教育目标，完成教学任务，需要采用适宜的教育方法，有效地开展教育教学活动。学校教育的方法是依据一定的教学规律和学生身心发展规律而制定出来的促进学生全面发展的方法体系，具有系统性、规范性，例如问答法、实验法、讲授法等。学校教育的评价采用过程性评价与总结性评价相结合，将学生日常的表现、考试分数等作为主要的评价方式。学校教育的评价具有规范性、制约性与评判性，由专职人员来开展相应的评价活动，通过学校教育评价了解学生的能力现状，让学生明确努力的方向，推动学生向前发展。

二、有关学校支持的政策与法规

随着中华人民共和国成立，我国建立了现代学校教育制度，并颁布了系列学校教育的政策与法规，进一步完善现代学校教育制度。1985 年中共中央颁布《中共中央关于教育体制改革的决定》，提出要加强基础教育，调整中等教育结构，改革高等教育招生与分配制度，对学校教育实行分级管理。1986 年我国颁布了《中华人民共和国义务教育法》，强调国家实行九年义务教育制度，不收学费、杂费，义务教育是公益性事业。1993 年中共中央国务院发布了《中国教育改革和发展纲要》，明确教育发展的总目标，即基本普及九年义务教育，基本扫除青壮年文盲，全面提高教育质量，建设好一批重点学校和一批重点学科。1995 年《中华人民共和国教育法》颁布，这是中华人民共和国成立后的第一部教育法。1999年国务院发布了《中共中央国务院关于深化教育体制改革，全面推进素质教育的决定》，提出全面推进素质教育，重点培养学生的创新精神和实践能力，发展远程教育、职业资格证书教育和继续教育等多种类型教育。2001年国务院发布《国务院关于基础教育改革与发展的决定》，提出要优先发展基础教育，推进农村义务教育持续健康发展，继续推进素质教育，加强中小学教师队伍建设，鼓励社会力量办学。2010年党中央、国务院颁布了《国家中长期教育改革和发展规划纲要(2010—2020年)》，强调着力提供学生的社会责任感、创新精神和实践能力，基本普及学前教育，巩固九年义务教育，加快普及高中阶段教育，大力发展职业教育。全面提高高等教育质量，加快发展继续教育，关心和支持特殊教育，健全特殊教育保障机制，完善特殊教育体系。随着九年义务教育的普及和成果的巩固，我国的教育发展重心逐步转移到学前教育阶段和高中教育阶段，也重视各个教育阶段的特殊教育。《中华人民共和国学前教育法(征求意见稿)》第二十三条(特殊教育)规定，县级以上地方人民政府应当根据本区域内残疾学前儿童的数量、类型和分布情况，统筹实施多种形式的学前特殊教育，推进融合教育。幼儿园应当接收具有接受普通教育能力的残疾学前儿童入园。鼓励、支持有条件的特殊教育学校、儿童福利机构和康复机构设置幼儿园(班)。

综上所述，中华人民共和国成立后，我国颁布了新的学校教育制度，随后出台了一系列教育政策与法规，都体现了我国对学校教育的重视。尤其1995年我国颁布了《中华人民共和国教育法》，以立法的形式巩固学校教育的改革成果，也成为进一步推动学校教育改革的依据。我国除了对学校教育做了整体规划，也对具体的学校教育阶段做了明确指示，颁布了义务教育法、高等教育法、学前教育法，明确各个教育阶段的教育目标和教学任务。虽然当前，我国尚未将特殊教育单独立法，但是已经将特殊教育发展的相关规定，体现在各阶段的教育法规之中。深入了解我国学校教育发展历史与现状，也有助于把握随班就读工作开展过程中，学校教育的重要地位及发展方向。我国所有法律法规的相关规定与工作推进均表明，学校教育是个不断完善的教育体系，需要发挥多方力量参与，提供强有力的学校支持，共同提高合力育人的成效。

第二节　学校支持的实践研究

一、学校支持的概念与影响因素

(一)学校支持的概念

Anderson(2005)提出学校系统中的特殊教育与普通教育应合作，结合各种专业人员，满足学生的不同需求，并提供教师所需要的支持，增进教学的有效性，服务更多的学生。王雁(2012)认为学校支持可被视为学校组织及成员对个人所提供物质上或精神上的支持与帮助。有研究认为学校支持对象包括对学生本人支持和教师支持(陈慧萍，2006)，本研究所指的学校支持对象是小学随班就读智力障碍学生本人。

(二)学校支持的影响因素

融合教育可以使轻度障碍学生取得更大学业成就，使中重度学生在学业和社会交往方面获得改善；融合教育的课程和教学调整等学业支持对低成就水平的学生产生积极影响。Falvery (2002)认为融合教育过程中，学校行政、教育人员要建立一个支持性的教育环境，转变传统课程模式、教学策略与教室安排，使特殊学生获得良好的适应。已有研究者认为学校支持包括：教师支持、同伴支持、课程与评量、教学方法支持、物理环境支持(Stainback & Stainback，1990；Wood，1992)。卿素兰等(2005)认为随班就读学校支持包括教师支持、同伴支持、学校行政支持、资源教室、学习效果等。石茂林(2012)认为随班就读环境支持，硬环境主要有公共场所、校园建筑物、道路和学习场所等设施，软环境主要包括校园文化、教师和学生对随班就读学生的接纳与尊重的态度。不同的障碍类别学生需要的学校支持不同，视障学生侧重于无障碍环境支持，自闭症学生侧重语言沟通与人际互动，不同障碍类别学生，学校给予的支持侧重点不同。结合随班就读智力障碍学生特点及目前我国普通小学融合教育的一般情况，分析学校支持系统中的教师支持、同伴支持、课程与教学支持、考试评价支持四个指标。

1. 教师支持

教师支持对学生学校适应的影响。教师是在学校中与学生接触最频繁的人，是学生的引导者，也是重要的学校支持之一，教师支持对学生的学业发展、学业投入和适应具有积极作用。教师支持是教师对学生的关心与协助，随着学生的行为表现的期望给予相应的帮助行为。教师支持对学生的学业情绪、学习动机和学业主动性有正向预测作用(柴晓运、龚少英，2015)。路海东、张慧秀、袁坤锋、陈婷和张冬梅(2016)通过问卷调查我国 9 所小学 600 名 3~6 年级学生，发现小学生获得教师支持越多，其学业成绩越好，而小学生自身的自我调节对学业成绩提升具有中介作用。滕秀芹、刘桂荣和宋广文(2017)调查济南市 606 名 4~6 年级流动儿童关于教师支持与自尊关系，发现教师支持能正向预测流动儿童的学业成绩。李琳、张珊珊和刘文(2011)调查大连市 1~3 年级的 316 名学生，发现师生关系可以显著预测学生的学业成绩，良好的师生关系对提高小学生的学业成绩有重要作用。

2. 同伴支持

同伴支持是随班就读学生改善心理环境的重要途径，随着就学时间增长，同伴支持在随班就读学生的社会化及情感发展方面发挥重要作用。Ladd(1997)调查轻度障碍儿童的同伴关系，发现过半的智力障碍儿童能被同伴接受，还有一部分还未被同伴所接受。Ladd (1990)在同伴与学校生活适应的关系的研究中发现，学生拥有越多的同伴或朋友，则学生对学校的喜欢程度越高，他在学校的表现就会越好。郭雯靖和边玉芳(2013)调查初二学生，发现同伴支持对其学习成绩有显著预测作用。郭继东和牛睿欣(2017)调查大三英语专业 193 名学生，发现同伴支持与英语成绩显著相关，且具有显著正向预测作用。

3. 课程与教学支持

随班就读环境下，课程与教学支持因应不同障碍学生需要而有所不同。Scott（1994）认为课程模式三种：（1）一般课程不需调整：学生可使用与普通同学完全相同的课程，不需任何调整；（2）一般课程辅以个别协助：学生可使用一般课程，但须给予身体辅助或工具及材料支持，使其能成功的学习课程内容或完成活动，例如：提供记笔记的服务、使用名条贴纸代替写名字等；（3）一般课程外加特殊课程：有些身心障碍学生有特殊才能，外加其兴趣或优势的课程，例如：学习策略、读书技巧及问题解决方法等。随班就读智力障碍学生所需课程与教学支持主要为一般课程辅以个别协助。于素红（2012）认为在整个教育支持系统中，学校所提供的学习支持具有特别重要的地位，学校需要在课程、教学、评价等方面为特殊儿童提供支持。

4. 考试评价支持

邱上真（2000）认为考试评价方式的调整除了采用多元评量方式，以纸笔测验、实作评量、档案评量及动态评量等方式外，还要因应学生的个别需要加以调整；试题呈现方式可根据需要调整，例如用语音播放试题、标出试题关键词、减少每页的题目等；评量时间方面因应需要弹性调整，如延长考试时间及分段考试。朱佳妮、姚莉萍和陈超翰（2004）调查上海青浦区189名从事随班就读的教师，发现学校行政、教师以及同伴对随班就读学生所提供的支持非常有限，有待加强。

总之，随班就读智力障碍学生的学校支持分为教师支持、同伴支持、课程教育支持及考试评价支持四个维度。学校支持问卷有哪些，已有的学校支持相关研究有哪些，以下将逐一分析。

二、学校支持的相关测量工具与实践研究

（一）学校支持的相关量表

学校支持属于社会支持的一部分。肖水源1986年开发了"社会支持评

定量表",包括客观支持3题、主观支持4题、支持利用度3题,具有良好信度和效度(肖水源,1994)。较成熟的量表,例如 Procidano 和 Heller (1983)开发了感知社会支持量表家庭版(Perceived Social Support-Family,PSS-Fa)和感知社会支持量表朋友版(Perceived Social Support-Friends,简称 PSS-Fr),两个量表各 20 个题项,每个题项是一个陈述句,请个体回答"是、否、不知道",该量表信效度良好。

Furman 和 Buhrmester(1992)开发了关系网络问卷(Network of Relation-ships Inventory,NRI)包括 30 个问题,用来评估个体与父亲、母亲、兄弟、姐妹、祖父母、朋友和老师之间 10 种关系的质量,这 10 种关系包括工具性支持、情感支持、陪伴(社会融合)、亲密感、价值增进、满意度、冲突、关系重要性、可靠同盟感和相对权利。

(二)学校支持的实践研究

陈慧萍(2006)对台北市小学阶段亚斯伯格学童,发现学生学校支持的来源主要是教师、同伴、学校行政人员。张喜凤和林惠芬(2011)调查小学普通班自闭症学生,发现其学习适应表现最不佳,其次是人际关系与常规适应。

1. 影响随班就读学生学校支持的背景变量

性别、年级对学校支持的影响。林翠玲(2011)调查新移民子女的支持系统对学校系统影响,发现性别在学校支持方面有显著差异。蔡菀娟(2017)调查不同性别的台中小学新住民学生,发现学校支持有显著差异,女生高于男生,发现不同年级在学校支持方面无显著差异。徐绿篁(2013)调查台中小学的高年级学童,发现不同性别、年级的台中小学高年级的学童对整体学校支持的知觉差异显著,女生高于男生,六年级的学童高于五年级的学童。

资源教室与学校支持的影响。融合教育成功关键在于实施方式及配套措施是否完备。目前我国大量采用建立资源教室或资源中心的形式推进随班就读工作发展。资源教室能为普通班身心障碍学生提供更直接的服务

（蔡瑞美，2000）。李娜和张福娟（2008）调查上海市资源教室建设现状，发现资源教室建设时间短，积累经验比较有限；普遍存在规范化的评估工具、有针对性的补救、补充教材不足和急需各种康复训练器材；缺乏专业的资源教师团队，多数学校是资源教师单独承担资源教室的各项工作。王和平（2005）对已经设立资源教室的学校中的教师进行调查后发现，有50.54%的非资源教师认为，学校根本没有必要设立资源教室，55.43%的非资源教师认为，目前学校设立资源教室是由于上级部门的行政命令。冉娜娜和阳泽（2016）研究资源教室存在问题，认为资源教师制定和实施"资源教室"计划的能力不强，很多学校只是象征性地对普通教师进行短暂的培训之后就要求其上岗，使得他们当中的很多人还不能够胜任这一职务。

学校所在地对学校支持的影响。蒋忠惠（2015）调查大专院校智能障碍学生的学校支持服务现况与需求，发现不同区域在学校支持方面有显著差异。

2. 随班就读学生学校支持的实证研究

随班就读听障学生的学校支持。范军华（2011）研究河南省听障儿童的学校支持情形，发现普校师资力量薄弱，特别是欠缺教育听障儿童的相关知识技能，特教理论水平较低，目前由于实行统一大纲，统一教材，统一考试，加的普通小学教师的奖金和工资与学生的及格率、升学率挂钩，使听障儿童随班就读遭遇更大挑战。赵泓（2018）认为听障儿童在融合教育过程中存在专业技术或设备支持尚较欠缺，学校支持系统有待完善。回春妹（2016）研究听障个案随班就读，发现出现的问题有课程设置不同步，知识衔接困难；授课方式不同，接收信息困难；环境变化大，心理适应困难。朱峰（2016）调查南京某小学随班就读，发现学校存在问题有：相关教育教学辅助设备不够齐全、考评机制缺乏针对性和合理性、随班就读师资培训不到位；教师：特殊教育专业技能不足、特殊教育辅助技能欠缺、沟通协调能力有待提高；学生：歧视排挤随班就读听障学生、随班就读听障学生难以找到归属感。

随班就读智力障碍学生的学校支持。李燕、郑莎莎和王忠旭(2016)调查学前随班就读智力障碍儿童的课堂适应现状,发现智力障碍儿童的课堂适应整体处于中等水平,课堂物理环境适应水平最高,对课堂规则适应分值最低;且课堂适应存在年级差异,适应水平随年级的升高而逐步提高。Gary,Robin,Jennifer 和 Keith(2007)调查中学阶段同伴对智力障碍学生态度,发现普通学生与班级智力障碍学生接触有限,认为班级智力障碍同学是中度而非轻度,智力障碍同学仅能参与非学业性课程,且其他同学不愿意与智力障碍同学有社会互动。崔艳萍、丁相平、杨生源和王彤梅(2012)调查山西5所随班就读小学,发现智力障碍儿童的随班就读存在学习和发展不足、师资培训不到位、保障体系不健全等问题。

总之,随班就读智力障碍学生主要面临困境有支持体系不完善、教师缺乏相关知识技能及相关研究数据匮乏。小学阶段智力障碍儿童随班就读需要完善保障体系、加强师资培训和智力障碍随班就读教研以及建立发展性评价机制。

本 章 结 语

随着学校教育在国家经济和社会发展中的重要性日益增强,各国纷纷展开形式多样的教育改革,不断完善本国的学校教育制度。学校教育是随着人类社会阶级的产生而产生,并且服务于统治阶级。学校教育产生于奴隶社会初期,服务于奴隶主子弟,教导统治阶级驭人之术。封建社会的学校教育,教育对象和教育内容进一步扩大,但仍然以服务统治阶级子弟为主。国外,出现了城市学校,是应新兴工商业者的需求而创办,旨在培养掌握工商业专业知识的人才,教学内容是读写算的知识、实用手工商业各科知识。外国的产业革命和工业革命,对学校教育产生重要影响,学校教育与社会生产生活相结合,以儿童作为学校教育的中心,围绕儿童的兴趣实施教育教学活动,并重点培养学生的现代民主意识和公民观念。世界各国分别建立包括学前教育、小学教育、初高中教育及大学教育的学校教育制度。国内出现了私学承担基础教育的任务和民族文化传承的任务，以儿童启蒙识字教育和书法教育为主，也接触儒学基础内容。在中华人民共和国成立后，我国颁布了系列教育政策与法规，逐步完善从学前教育、小学教育、初高中教育及大学教育的学校教育制度。随着学校教育制度的发展，提供高质量的学校教育提上议事议程。学校教育提供的支持有教师支持、同伴支持、课程与教学支持、考试评价，而学生性别、年级、学校是否有资源教室、学校所在地等背景变量对学校支持有影响。已有研究发现，我国随班就读实施过程中，学校在提供支持方面存师资培训不到位、保障体系不健全等问题。随班就读的障碍学生存在学习和发展不足等问题。随班就读学生的整体学校适应情形如何，将在第五章详细论述。

第五章　学校适应的理论与实践研究

世界经济发展呈现一体化趋势，教育的发展也呈现一体化趋势。当前世界各国已经形成了体系完备的学校教育制度，教育内容与生产生活密切相关。如何提供高质量的学校教育，也成为当前教育改革的关注点。而学校适应是衡量学校教育质量的重要指标之一，国内外研究者纷纷探究各个教育阶段的学生学校适应情形，也有研究特殊群体的学校适应情形，例如留守儿童、流动儿童、障碍儿童等群体。我国在《第一期特殊教育提升计划（2014—2016年）》《第二期特殊教育提升计划（2017—2020年）》和《"十四五"特殊教育提升行动计划》中明确提出要提高随班就读的质量，保障随班就读的障碍儿童或少年接受高质量的教育。本章首先说明国外关于学校适应的概念和分类，其次阐述学校适应的影响因素，最后分析学校适应的相关量表和学校适应的实践状况。

第一节　学校适应的理论研究

当今国际竞争激烈，归根结底还是人才的竞争，而人才主要通过学校教育来培养，学校教育质量已经成为世界各国教育改革的重点之一。学生的学校适应情形是衡量学校教育质量的重要指标之一，学生进入校园学习，面临着陌生的生活环境、人际关系及学习任务等困难，需要学生独立应对。如何帮助学生适应学校的学习和生活，为未来的生活打下基础，是值得关注的问题。

一、关于学校适应的理论

学校适应是个广义多维的概念，许多研究涉及学校适应，但未进行明确界定。学校适应，不同的学者关注的方向有所不同，有关注学前教育阶段、小学阶段的学生，也有关注大学生的学校适应。Ladd（1997）关注学前教育和小学教育阶段的学生学校适应情形，认为学校适应是学生在学校环境中感到愉快并投入学校活动中获得成功的程度。关注到学生在学校环境中的情感体验，以及学生在学校教育中获得的技能与良好的适应结果。Sangeeta（1999）认为学校适应是学生的学习成绩表现和对学习的喜爱程度。重点考察学生的学业适应情形、对学校的态度、师生关系和同伴关系等方面。Ladd 的定义被大多数研究者采纳，他认为学校适应就是在学校背景下愉快地参与学校活动并获得学业成功的状况。

丁桂凤和赵国祥（2008）认为适应是个体依据对内外环境变化的认识和体验，通过积极的自我调节，使自己的心理和行为与环境保持相互协调、和谐发展的动态心理过程。学校适应是个体对学校环境的认识和体验，通过自我调节，将自己的心理与行为与学校环境相协调一致的过程。吴武典（1997）认为学校适应是一种历程，该历程包括学校适应—学校生活压力—个体所觉察到问题情境——问题因应能力。王洋（2007）总结了多位学者关于学校适应的看法：有学者认为学校适应不仅仅是指学生的学校表现，也包括学生对学校的情感态度及其参与学校活动的程度；有学者将学校适应视作个体的行为方式符合学校的行为规范，有良好的同伴关系和正常的社会交往，有良好的学习态度、学习习惯及健康的心理状态。

由于学校适应涉及的学校环境和学生承担的任务的不同，学校适应的外延和范围也比较宽泛。国内外研究者对学校适应的研究角度与侧重点不同，对学校适应的维度划分也不同，主要涉及生活自理适应、学业适应、人际适应、情绪适应、生理适应等方面。学生在学校涉及较多的是学业和人际关系以及学生的情绪反应等。所以较多研究者从学业适应、行为适应、人际适应和情绪适应四个维度对学校适应做划分。

二、学校适应的影响因素

Ladd 等人(1996)认为学生的学校适应包含：学业表现，学校态度(学生喜欢学校和回避学校的态度)，对学校活动的参与性(包括接受教师权威、服从班级制度、履行义务)，情感体验(学生在学校环境中的孤独感和焦虑)。邹泓(1997)认为，应从学生在学校背景下的学业适应、人际适应、行为适应和情绪情感适应等方面来综合衡量学校适应。Perry 和 Weinstein (1998)认为学校适应包含学业适应、社会性—情绪适应，以及对课堂行为要求的适应。可见，目前学校适应主要从学业适应、人际适应、行为适应和情绪情感适应等方面探讨，在选择适合指标对学校适应进行研究。学业适应主要包括学业成绩测量和对学习方式方法测量；人际适应，采取同伴关系和师生关系测量；行为适应，外化为问题行为作为指标(不服管教、攻击行为、扰乱纪律)；情绪情感适应，内化行为问题作为指标(压抑、缺乏自信、焦虑)。

学校态度被认为能从整体反映学生的学校适应状况。江光荣等人(2017)将学校适应分为学业适应、社会性适应、个人适应等；学业适应包含学生的学习技能(如元认知能力、学习习惯、学习方法)、学习动机(如学习兴趣、学习自我效能感、目标定向)、学习问题(如注意力调节能力、学习障碍)等方面；社会性适应包含学生的人际适应(如同伴关系、师生关系)、学校态度(如学校喜欢、学校回避)、行为适应(如违纪行为、品行障碍)等方面；个人适应包含学生的情绪适应(如情绪反应性、挫折耐受力、情绪调节能力)、自尊等方面。

不同研究者的研究角度及侧重点有所不同，但较多研究者从学业适应、行为适应、人际适应和情绪适应。学业适应是指学生根据学习的需要通过调整自我以达到与学习环境平衡的行为过程。学业适应不仅是学生掌握知识技能的重要保证，也会影响学生学校适应的其他方面，良好的学业适应较易获得正面评价，有利于学生的其他方面学校适应。行为适应，主要是学生的积极社会行为(如助人行为)和问题行为(如攻击行为)。学生良好的行为适应，有助于学业发展和同伴关系的发展。人际关系适应，主要包括同伴关系和师生关系的适应，而建立良好的同伴关系和师生关系是学校适应的重要内容。情绪适应，是学生学校适应状况的重要指标，学生只有在学校体验到积极情绪，才能积极适应学校生活(谢德光、送雪芹，2011)。

可见，影响学校适应的因素较多，研究者较认同从学业适应、社会性适应人际适应和情绪适应方面去研究学校适应，以提升小学生的校园生活学习质量。本研究的对象是随班就读智力障碍小学生，智力障碍的核心缺陷之一是社会适应能力较差，因此研究者增加生活自理能力这项作为维度之一。学校适应的影响因素复杂多样，各因素如何影响学校适应，各因素之间是否存在相互影响，这些问题需要进一步探讨。

第二节　学校适应的实践研究

我国于 1994 年颁布《关于开展残疾儿童少年随班就读的试行办法》，将随班就读定为残疾儿童少年进入普通学校的基本政策，保证了残疾儿童少年公平接受普通教育的权利。随着随班就读工作的开展，残疾学生在普通学校接受融合教育的状况及其发展质量，越来越引起学生家长及教育研究者的关注。特殊教育发展是社会文明发展的标志之一，随着我国经济的发展，社会各界越来越重视特殊教育，对特殊教育的投入也越来越多。学校适应是衡量个体社会适应的重要指标，有非常重要的现实意义。学校是特殊儿童除了家庭以外，待得时间最长的地方，而对于学校的适应性极大程度影响特殊学生的成长。学校就像一个小型社会，是特殊学生完成学业、进行康复训练、学习社会技能和健康生活的场所。随班就读学生的学校适应，既是评价随班就读工作的基本方式，也是衡量学校融合教育发展的重要指标之一。

一、学校适应的相关测量工具

当前，关于学校适应，国内外有专门的量表，从多个维度综合反映学生的学校适应情况。国外关于学校适应的量表教师—学生评定量表(Teacher-Child Rating Scale，T-CRS)(Hightower，1986，Perkins & Hightower，2002)，教师评定学校适应量表(Teacher Rating Scale of School Adjustment，TRSSA)(Birch & Ladd，1997)，学校适应问卷(School Adjustment Questionnaire，SAQ)(Israelashvili，1997)，学校社会行为量表(School Social Behavior Scales，SSBS)(Merrell，1993，Merrell，2002)等。台湾测量学校适应的有吴武典编制的"学生在校生活状况问卷的在校行为量表"(吴武典，1997)，大陆有刘万伦等人自编的学校适应性量表(刘万伦、沃建中，2005)，袁立新、张厚粲编制的学校生活适应量表(LASS)等(袁立新、张厚粲，1996)。江光荣等人(2017)编制了"我初中小学生学校适应成套量表"，其中各学段各分量表的内部一致性系数 0.71~0.95，总量表重测信度系数 0.73~0.81，量表具有良好的结构效度和校标关联效度，分为学业适应，社会性适应和个人适应。牛爽爽、邓猛、关文军、赵勇帅和孙颖(2017)将学校适应能力分为学生生活自我管理、学习适应和自我适应三个部分。

二、学校适应的相关研究

学校适应是学生早期发展的重要过程，尤其是随班就读学生在学校的适应状况，是其发展以及心理健康状况的重要指标。提高随班就读学生的教学质量，必然要关注随班就读学生的学校适应问题。李文道、邹红和赵霞(2003)研究初中生的社会支持与学校适应的关系，发现高支持水平学生的适应质量显著高于低支持水平学生的适应质量，而教师支持、同学支持对初中生的学校适应具有显著的回归效应。

(一)影响随班就读学生学校适应的背景变量

智力障碍学生的学校适应整体水平低，智力障碍学生的学校适应在性别、年级上有显著差异；同时，低年级优先发展生活适应能力(王倩，2008)。

1. 性别与学校适应的相关性

郭思彤(2018)调查高中职身心障碍学生及教师，发现不同性别、不同程度的高中职身心障碍学生在学校适应情形有显著差异。蔡菀娟(2017)调查台中小学高年级新住民学生，发现学生对学校支持与学校适应的知觉程度因性别不同，具有显著差异。牛爽爽等(2017)调查北京市同班就读学生发展质量，研究发现同班就读学生在学校适应方面发展较好，不同性别的同班就读学生发展质量总体得分存在显著差异，女生的学校适应能力得分显著高于男生。

2. 年级与学校适应的相关性

杨净瑜(2019)调查277名高中职自闭症学生，发现不同年级自闭症学生在学习适应与师生关系方面有显著差异。谢智玲(2012)调查小学四到六年级新住民子女，发现不同性别、年级的新住民子女在学校适应、人际适应方面差异显著。张喜凤(2010)调查小学普通班自闭症学生的学校适应，发现不同年级在学校适应上未达显著差异。

3. 障碍程度与学校适应的相关性

杨净瑜(2019)调查277名高中职自闭症学生，发现不同障碍程度学生在学习适应、同伴关系方面有显著差异。牛爽爽等(2017)不同障碍类型同班就读学生发展质量存在显著差异，听力障碍、视力障碍和肢体障碍同班就读学生发展质量高于智力障碍和自闭症学生，而智力障碍学生得分显著高于自闭症学生。张喜凤(2010)调查小学普通班自闭症学生的学校适应，发现不同障碍程度在学校适应有着显著差异。

4. 资源教室或资源中心与学校适应的相关性

张圣莉(2008)发现，接受资源班服务的台东高中身心障碍学生在同伴关系比未接受资源班服务的身心障碍学生在同伴关系上适应更佳；而有无接受资源班服务在课业适应、常规适应、师生关系适应方面未达显著差异。

5. 学校区域与学校适应的相关性

林纯燕和赖志峰(2014)调查台中四年级和六年级新住民子女，发现不同就学区域、年级、性别及家庭形态的小学新住民子女，其学校适应有显著差异。

(二)随班就读学生学校适应的现状

肖秀平、刘培英、陈志雄和张丹(2014)调查广州市随班就读发展现状及政策的执行情况，发现现有随班就读政策目标执行情况不乐观；绝大多数调查对象认为随班就读对特殊儿童的教育效果不明显；多数调查对象认为随班就读学生并未对班内其他正常学生的课堂学习产生不良影响，但是也有多于1/3的样本调查对象认为会产生消极影响。景时(2013)研究发现随班就读实践中存在以下现象：(1)随班就读学生在普通教室里受到忽视与排斥，他们在普通教室内没有取得正式成员的身份，并随时存在着退学的风险；(2)普通教室中存在着根据成绩和智力划分的等级秩序，随班就读学生被认为是能力低下，而针对随班就读学生降低难度的教学方式被认为是理所应当的；(3)在普通教室中，随班就读学生能够勉强生存的动力主要来源于教师的爱心、同学的帮助和家长人情关系的维系。张喜凤和林惠芬(2011)研究小学普通班自闭症学生的学校适应与学校支持，通过调查自闭儿童的家长和班主任，发现小学自闭症学生在学校的整体适应并不理想，其中以学习适应的表现最不佳，其次是人际关系和常规适应。融合教育背景下障碍学生在社会性方面表现较好，如社交能力、语言能力、沟通技巧与行为等，但在学业发展方面目前尚未形成一致研究结果(Dessemontet，2012；Frederickson，2007)。Farmer(2012)对145名五年级随班就读学生进行霸凌行为与学校适应的相关研究发现，随班就读学生在校园中更容易成为受霸凌者，并且更容易出现内化和外化的行为问题，学校适应状况与普通学生相比更差。王雁(2004)调查发现，智力障碍学生的学业成就水平、反社会行为水平及社会能力的其他维度比普通学生差，而且轻度智力障碍学生与唐氏综合征学生的学校适应水平也有所差异。也有研究发现随班就读轻度智力障碍学生的学校适应能力总体水平较低，在学校学习生活中表现出较多的沟通困难、行为与情绪问题。

蔡宜璇和陈明聪(2016)调查大专院校智力障碍学生学校适应状况，发现无论学校生活适应与学业学习适应均属于可接受程度，但学业适应状况较差。不过，他们的学校生活适应不会因为就读年级与障碍程度而有所差异，但学业学习适应会因障碍程度的不同而有所差异。陈幸榆和吴训生(2015)调查大专校院智力障碍学生学校适应情形，发现：(1)学校适应项目较佳至差依序为"常规遵守"、"师生关系"、"学业学习"、"同伴关系"；(2)不同背景变量的大专校院智力障碍学生的学校适应：女生学校适应比起男生表现较好，轻度智力障碍学生在"学业学习"、"师生关系"以及"常规遵守"的表现较中度智力障碍学生为良好。就读不同学院及科系的智力障碍学生在"常规遵守"的表现最好。并有研究发现，轻度智力障碍随班就读学生的阅读和写作能力较差，数学学习能力较差，超过半数学生的数学运算得分率低于30%(马静静、吴筱雅，2009；张依娜，2010)

(三)学校支持与学校适应的相关研究

Lindsay(2007)认为，融合教育积极效果是微弱的，没有充分证据表明融合教育是对特殊儿童更为有效的教育方式，当务之急是研究支持特殊需要学生获得最大化教育效果的各种因素，并对其进行基于证据教学。王红霞(2011)调查发现，普通学校任课教师普遍认为随班就读学生难以有效参与课堂学习，会出现各种问题行为，在语文、数学、英文课堂上出现问题行为最多。通过比较不同安置形式下，智力障碍儿童在学业和适应性行为方面的进步情况，发现接受融合教育的学生在读写技能方面的进步情况要好于特殊学校学生，融合教育是对智力障碍学生最为合适的安置方式(Dessemontet，2012)。

(四)家庭支持与学校适应的相关研究

Claire，Naomi，Sarah 和 Rory (2018)调查家庭支持作为学校准备情况预测的作用，发现家庭支持和家庭收入(通过学生保费支持的资格衡量)每个独特预测的结果，突出了家庭背景对孩子的入学准备的重要性。父母对子女学习上的关心对子女学习适应有直接影响，而这个影响受到父母职业与教育程度的影响。曾琦、芦咏莉、邹泓、董奇和陈欣银（1997）研究父母教育方式与儿童的学校适应，发现父母的教育方式与儿童在学校的社会适应及学业成绩有密切的关系，与西方父母教育方式与儿童在相应方面行为表现的关系相似，这表明教育方式在中西方文化背景下对儿童的社会性、认知发展发挥相同的作用；父亲的教育方式与儿童认知、社会性表现的关系比母亲的教育方式与儿童的关系更强。李丰（2000）发现，学习成绩不良组的学生父母的情感温暖、理解因子得分均低于学习成绩优良组且差异有极显著性。

父母的教养方式是影响孩子整体学习状况的重要原因。黄琼仪、游锦云与吴怡慧（2018）调查发现初中普通班身心障碍学生亲子互动对师生关系、合宜行为、与学业成就均有正向影响，亲子互动通过自我概念对同伴关系有正向显著之间接效果。洪惠嘉、危芷芬（2017）通过后设分析阐述家长支持、自我效能与学业成就的关系，发现家长支持与学业成就之间有正向相关。谢智玲（2012）调查小学四到六年级新住民子女，父母支持可正向预测行为适应，学校支持与老师支持可正向预测学校适应，同学支持与父母支持可预测人际适应。

综上所述，学校适应是学生发展以及心理健康状况的重要指标，障碍学生在学校的整体适应并不理想，表现为学习适应、人际关系和常规适应等方面。学校支持与学校适应存在一定关联，家庭支持与学校适应也存在一定关联，而学校支持、家庭支持与学校适应之间存在何种关联有待深入研究。

本 章 结 语

随着世界各国对人才培养质量的日益重视，如何保障高质量的学校教育，成为教育改革的重点，而学校适应也成为教育改革关注的热点话题之一。学校适应就是在学校背景下愉快地参与学校活动并获得学业成功的状况。国内外研究者对学校适应的研究角度与侧重点不同，对学校适应的维度划分也不同，主要涉及生活自理适应、学业适应、人际适应、情绪适应、生理适应等方面。学生在学校涉及较多的是学业和人际关系以及学生的情绪反应等。所以较多研究者从学业适应、行为适应、人际适应和情绪适应四个维度对学校适应做划分。国内外学者从不同的维度出发，编制了不同教育阶段的学校适应量表，有学前教育阶段、小学教育阶段、初高中教育阶段及大学教育阶段，但是已有的学校适应量表，较多是以普通学生作为研究对象，以特殊儿童作为研究对象的学校适应量表较少。已有研究发现，融合教育或随班就读的障碍儿童，整体学校适应较差，尤其是学业适应最差。而性别、年级、障碍程度与有无资源教室等背景变量对随班就读的障碍儿童有影响，并且随班就读障碍儿童的家庭支持对其学校适应有相关性，随班就读障碍儿童的学校支持对其学校适应也有相关性。

第六章 家庭支持问卷的编制

特殊儿童的发展是个系统工作，需要多方面的支持，而家庭支持是特殊儿童成长成才的最重要的支持之一。家庭支持是随班就读智力障碍小学生的发展基础。我国在 2021 年 10 月 23 日出台了《中华人民共和国家庭教育促进法》，从法律的角度进一步明确家庭教育的重要性。1994 年 7 月国家教委印发《关于开展残疾儿童少年随班就读工作的试行办法》，强调随班就读工作的支持系统。通过阅读家庭支持相关文献，建立家庭支持的理论基础，从"信息支持"、"实质支持"和"情感支持"三个维度编制家庭支持问卷，并以"学生的性别"、"障碍程度"、"就读年级"、"家长教育程度"等为背景变量，分析影响家庭支持的不同影响因素。请学界与实务专家审查与修订量表的内容效度，完成量表初稿。本章首先说明家庭支持问卷研究步骤与统计方法，其次分析《小学随班就读智力障碍儿童家庭支持量表》的具体编制过程和信效度检验。

第一节 家庭支持问卷研究步骤与统计方法

一、家庭支持问卷的研究步骤

阅读相关文献，确定研究主题。阅读最新的特殊教育相关政策，了解随班就读政策发展方向，阅读文献探讨过去做过哪些研究以及哪些主题需要进一步研究。本研究搜集"随班就读"、"融合教育"、"家庭支持"的相关文献数据，确定研究主题：小学随班就读智力障碍儿童的家庭支持的研究。

搜集探讨相关文献，确定理论基础及研究架构。确定研究主题后，继续探讨文献，过滤文献、研读与归纳文献，发展理论架构与撰写文献探讨。确定研究大纲，拟定研究计划。研究计划包括研究背景与动机、研究目的与待答问题、文献探讨、研究方法与设计。确定研究主题，提出研究假设。

根据文献资料，自编"小学随班就读智力障碍儿童的家庭支持量表"，请学界与实务专家审查与修订量表的内容效度，完成量表初稿。经审查建构内容效度，编制预试量表。随后进行预试工作，研究者将广东省分为珠三角(广州、佛山、珠海、中山、江门)、粤西(茂名、阳江、湛江)、粤北(韶关、清远)。本研究采用纸质版和问卷星发放预试样本，其中纸质版来自清远市和广州市，电子版来自珠三角、粤北与粤西。本研究采用便利抽样方式，预试样本894份，其中家庭支持问卷回收882份，有效问卷745份，有效回收率84.5%。就预试结果进行初步信度与效度分析，最后分析结果修正量表，形成正式量表。

2014年广东省颁布《广东省特殊儿童少年随班就读资源教室建设与管理实施办法(试行)》，规定各县(市、区)教育行政部门应根据特殊儿童少年随班就读的实际需要，划片选点确定随班就读基地学校，在基地学校建设随班就读资源教室，辐射本片区随班就读学校。具体要求如下：城区以3~5所学校为一片，选择其中1所作为随班就读基地学校，建设随班就读资源教室。4万人口以上的乡镇，以乡镇中心学校为随班就读基地学校，建设随班就读资源教室；4万人口以下的乡镇，可以单独或由县(市、区)教育行政部门统筹确定随班就读基地学校，建设随班就读资源教室。

2018年我国教育部官网统计显示，随班就读小学生人数为232328人，其中一年级28298人，二年级37668人，三年级40818人，四年级42211人，五年级42194人，六年级41119人。本研究中，以我国广东省随班就读智力残疾小学生为母群，据广东省教育厅统计显示2018年共有随班就读学生23964人，而随班就读小学生有17135人，其中小学随班就读智力障碍学生有 6683 人。研究者所在单位承办 2018 年至 2019 年广东省随班就读骨干教师培训班，该培训班教师来自广东省各所学校，共有 100 名教师，剔除特校教师和初高中老师，还剩下 71 名小学教师。研究者所在院系有小学教育专业，研究者请任教小学的校友，有随班就读学生的校友协助填写问卷；研究者的学生毕业后担任普校的资源教师；此外，研究者请当地教育局特教专干协助发放电子问卷。研究者通过纸质版问卷和电子版问卷回收数据，以便利取样方式抽取 500 名随班就读学生的家长，作为本次调查对象。

选取样本，发放问卷实施调查，剔除预试的学生人数。预试家庭支持问有效问卷 745 份。本研究以学校为单位，调查随班就读智力障碍学生，在广州、顺德、中山、珠海、肇庆、茂名与湛江发放问卷 500 份，研究者在湛江市教育局拿到该市随班就读学生名单，湛江辖区的廉江市、徐闻县、麻章区、霞山区、赤坎区发放问卷较多。家长支持问卷回收 500 份，有效问卷 406 份，有效回收率 81.2%。选取广东省普通小学随班就读的学生家长发放问卷，回收问卷并分析问卷调查结果。整理统计与分析，撰写研究论文。问卷调查，采用 SPSS 22.0 统计软件包分析，根据问卷调查分析结果，撰写研究论文。

本研究用采用量化研究法，以下将从量的研究工具予以分析。研究者参考已有研究者编制的问卷，进行研究工具的编制与施测。本研究所编制的问卷有"小学随班就读智力障碍儿童的家庭支持量表"，其中背景数据分为研究对象背景数据、学校背景数据与家长背景数据，具体有：性别、年级、障碍程度、资源教室、学校所在区域、学校名称、家长教育程度。学校名称作为资料辨识的用，不列入研究变量。本研究以广东省小学随班就读智力障碍的学生为研究对象，请随班就读小学生的家长填答问卷。

二、家庭支持问卷的数据处理

本研究采用问卷调查法，在问卷回收后，以 SPSS 22.0 统计软件进行数据的处理与分析。以下关于量表编制与正式研究所采用统计方法分别说明如下：

（一）量表编制所使用的统计方法

1. 项目分析

将问卷按照总分高低排序，选出高低分组 27% 的分数，作为高低分组界限。变异数相等的"F 检定"，F 值显著，再看"不假设变异数相等"的 t 值，t 值显著，表示题项有显著性；变异数相等的"F 检定"，F 值不显著，再看"假设变异数相等"的 t 值，t 值不显著，表示该题项不具有鉴别度，可删除（吴明隆，2013）。

2. 探索性因素分析

本研究先做项目分析，剔除 p 值未达 0.05 显著性的题项，之后再以探索性因素分析中的主成分分析进行选题：（1）题项的负荷量高于 0.40；（2）每个因素至少有 3 个及以上的题项；（3）删除在两个因素上都有较高负荷量且差值小于 0.30 的题项；（4）删除题项与因素含义不一致，难以与其他题项表述含义合并为一个概念的题项；（5）因素分析后，题项不是落在原属量表者皆可删除。完成选题后，再次以主成分因素分析确立各量表的构念效度。

3. 内部一致性分析

本研究以 Cronbach's α 系数值评估各分量表与量表的信度。采用内部一致性分析，删除该题项后，分量表的 α 系数值高于分量表原先的 α 系数值，表示该题项的内部一致性相对较低，应删除该题项；而当删除该题项的 α 系数值较分量表原先的 α 系数值要低，表示该题项的内部一致性较高，应保留该题。

（二）正式量表所使用的统计方法

1. 描述性分析，以平均数、标准偏差，描述各题项。

本研究问卷采用 Likert 五点量表，以学生在各总量表和分量表得分的平均每题得分与标准偏差，说明各量表分数的集中趋势及分散趋势，从而了解小学随班就读智力障碍儿童的家庭支持的现状。

2. 独立样本 t 检定

差异性分析：分析随班就读智力障碍小学生的家庭支持的差异性。采用独立样本 t 检定，比较是否因随班就读学生的性别、障碍程度、资源教室建立与否、学校所在区域的不同，而在家庭支持方面不同。

3. 单因子多变量变异数分析

差异性分析：分析随班就读智力障碍小学生的家庭支持的差异性。采用单因子变异数分析，比较是否因随班就读学生的年级、家长教育程度的不同，在家庭支持方面有所不同。若有差异且达到显著水平（$p<0.05$），则进一步选择雪费法进行事后比较，以了解各组间的差异情形。

第二节 小学随班就读智力障碍儿童的家庭支持量表编制

一、家庭支持量表的编制过程

为达成研究目的，本研究采用问卷调查法。首先进行文献统整，建立研究理论基础与研究架构，研究者通过中国期刊网、华艺在线图书馆和EBSHOST、ERIC 搜索有关"融合教育""随班就读""家庭支持"等理念在教育研究领域的相关文献资料，归纳统整出影响因素与研究理论基础，作为本研究建立研究架构与待答问题的依据。然后进行问卷调查，收集实证数据，进行分析与探讨。问卷调查法是研究者运用统一设计的问卷，向被选取的调查对象了解情况或征询意见的调查方法。通过"小学随班就读智力障碍儿童的家庭支持问卷"调查随班就读小学生的家庭教育状况及相关影响因素。

（一）编制预试的问卷初稿

研究者参考陈逸玲（2009）编制的"小学学童家庭支持量表"，自编"小学随班就读智力障碍儿童的家庭支持量表"。"小学随班就读智力障碍儿童家庭支持量表"分为"信息支持"、"实质支持"、"情感支持"三个维度，共计 22 题，其中"信息支持"有七个题项、"实质支持"有七个题项、"情感支持"有八个题项。采用李克特氏 5 点评分量表，"非常不符合"计 1 分，"基本不符合"计 2 分，"不确定"计 3 分，"基本符合"计 4 分，"非常符合"计 5 分，得分越高表明智力障碍学生的家庭支持水平越高，三个维度得分相加是智力障碍学生的家庭支持总分。

(二)专家审查问卷的内容效度

"小学随班就读智力障碍儿童的家庭支持量表"初稿(见附录 3-2)，经过与指导专家讨论之后，请四位专家和两位资源教师(名单见表 6-1)进行内容效度的审查。根据专家反馈的审查意见，修饰题意并增减题项。

表 6-1　　　　　　　　　　　问卷审查专家学者名单

姓名	专长	职务
吴武典教授	融合教育、资优教育	台湾师范大学
胡永崇教授	学习障碍、ADHD	屏东大学
杞昭安教授	视障教育	台湾师范大学
郑荣双教授	自闭症教育	岭南师范学院
叶鸿燕老师	资源教师	湛江市第十六小学
陈俏梅老师	资源教师	清远市连南第三小学

二、家庭支持量表的信效度分析

在内容效度建立之后，进行选题工作。本研究采用三种选题方法，即项目分析、探索性因素分析法与内部一致性分析。

(一)家庭支持量表的效度分析

1. 项目分析

本研究采用便利抽样方式，预试样本 894 份，其中家庭支持问卷回收

882 份，剔除作答不全及连续相同答案作答的问卷，有效问卷 745 份，有效回收率 84.5%。将家庭支持预试有效样本 745 份。按照总分高低排序，选出高低分组 27%的分数，作为高低分组界限，学校支持问卷项目分析结果如表 6-2 所示，有鉴别度备注"○"，没有鉴别度备注"删除"，所有项目都有鉴别度。

表 6-2　　　　　　　　　　家庭支持预试问卷项目分析摘要

题项	决断值	备注	题项	决断值	备注
信息 1	17.295***	○	实质 12	20.077***	○
信息 2	18.428***	○	实质 13	12.656***	○
信息 3	15.847***	○	信息 14	21.972***	○
信息 4	15.736***	○	情感 15	18.057***	○
信息 5	21.076***	○	情感 16	16.997***	○
实质 6	13.754***	○	情感 17	26.677***	○
信息 7	20.201***	○	情感 18	21.942***	○
实质 8	18.183***	○	情感 19	19.632***	○
实质 9	16.588***	○	情感 20	18.759***	○
实质 10	16.095***	○	情感 21	20.159***	○
实质 11	13.426***	○	情感 22	21.731***	○

注：*** 表示 $p<0.001$。

2. 第一次探索性因素分析

经过项目分析，未删除题项，进行探索性因素分析，结果可知，KMO 值为 0.926；而 Bartlett 的球形检定值为 5510.249，在自由度为 231，已达显著水平（$p<0.001$），表示本研究"家庭支持量表"适合做探索性因素分析。如表 6-3 所示，第 17 题同时落在因素一与因素三内，需要删除该题；第 2 题同时落在因素二与因素三内，需要删除该题；第 14 题同时落在因素二与因素四内，需要删除该题；第 9 题同时落在因素二与因素五内，需要删除

该题；第 7 题因素负荷量未达到 0.40，需要删除该题；其余题项的因素负荷量皆大于 0.40。因此，删除上述五个题项，其余题项可保留，做第二次因素分析。

表 6-3　　　　　　　　　家庭支持量表第一次因素分析摘要

题号	因素一	因素二	因素三	因素四	因素五	备注
情感 18	0.700					
情感 20	0.690					
情感 21	0.675					
情感 22	0.641					
情感 17	0.602	0.436				＊
情感 19	0.601					
信息 1		0.668				
情感 16		0.631				
信息 2		0.563	0.503			＊
信息 15		0.559				
信息 3			0.756			
信息 4			0.677			
信息 5			0.563			
信息 7						＊
实质 13				0.793		
实质 12				0.686		
实质 11				0.567		
信息 14		0.470		0.527		＊
实质 6					0.685	
实质 8					0.676	
实质 10					0.655	
实质 9		0.433			0.577	＊

注：备注栏有"＊"符号者表示该题项同时落在两个因素内或因素负荷量未达到 0.40。

3. 第二次探索性因素分析

将第一次探索性因素分析后保留题项再次做探索性因素分析，结果如表 6-4 所示，第 20 题同时落在因素一与因素三内，需要删除该题；第 1 题同时落在因素一与因素二内，需要删除该题；其余题项的因素负荷量皆大于 0.40。因此，各分量表的题项均予以保留。因此，删除上述两个题项，其余题项可保留，做第三次因素分析。

表 6-4　　　　　　　　家庭支持量表第二次因素分析摘要

题号	因素一	因素二	因素三	因素四	备注
情感 21	0.755				
情感 19	0.727				
情感 16	0.662				
情感 18	0.636				
情感 15	0.596				
情感 22	0.544				
情感 20	0.540		0.465		*
信息 3		0.801			
信息 4		0.674			
信息 5		0.632			
信息 1	0.433	0.461			*
实质 13			0.759		
实质 12			0.623		
实质 11			0.571		
实质 6				0.705	
实质 10				0.667	
实质 8				0.580	

注：备注栏有"＊"符号者表示该题项同时落在两个因素内。

4. 第三次探索性因素分析

将第二次探索性因素分析后保留题项再次做探索性因素分析，结果如表 6-5 所示，所有题项的因素负荷量均大于 0.40，且落在原属分量表中，因此，各分量表的题项均予以保留。本研究"家庭支持量表"分为"信息支持"、"实质支持"、"情感支持"，可解释 50.434% 的全体变异数变异量。

表 6-5 　　　　　　家庭支持量表第三次因素分析摘要

题号	因素一	因素二	因素三
情感 21	0.761		
情感 19	0.747		
情感 16	0.698		
情感 15	0.633		
情感 18	0.611		
情感 22	0.510		
实质 10		0.726	
实质 13		0.640	
实质 8		0.598	
实质 12		0.595	
实质 11		0.594	
实质 6		0.539	
信息 3			0.808
信息 4			0.719
信息 5			0.586
特征值	4.914	1.507	1.144
变异量%	32.760	10.043	7.630
累积变异%	32.760	42.804	50.434

(二)家庭支持量表的信度分析

1. 内部一致性分析

家庭支持量表的内部一致性分析结果如表 6-6 所示，所有题项的删除后，不能提高所属分量表的 α 系数值。因此，所有题项均予以保留。

表 6-6　　　　　　　家庭支持量表的内部一致性分析摘要

构念	题号内容	α 系数值(如果项目已删除) 及原分量表 α 系数值
信息支持	1. 孩子不知道的事情，都会问家人	0.579
	2. 孩子遇到困难时，会向家人求助	0.540
	3. 遇到困难时，我会给孩子意见	0.628
		Alpha = 0.680
实质支持	4. 写作业时，我会帮孩子一起查数据	0.710
	5. 我会和孩子一起逛街、买东西	0.673
	6. 我会给孩子买课外书或玩具	0.669
	7. 我会帮孩子准备三餐食物	0.693
	8. 孩子需要帮助时，会最先想到家人	0.668
	9. 我会给孩子准备生活学习上所需的物品	0.685
		Alpha = 0.721
情感支持	10. 我允许孩子有自主的时间	0.776
	11. 我在教育孩子时，能以身作则	0.771
	12. 当孩子把心里话告诉我时，我会给予支持和安慰	0.764
	13. 孩子在家做错事时，我会以宽容的态度对待	0.764
	14. 我会尊重孩子的想法和决定	0.742
	15. 我会关心孩子在校状况	0.782
		Alpha = 0.798

2. 总量表信度分析

在家庭支持量表经过构念效度建立及删减题项之后，进行量表及各分量表的信度分析，本研究采用内部一致性 Cronbach's α 系数评估家庭支持问卷的可靠性。吴明隆(2013)提出良好信度系数的合理范围，总量表信度在 0.70 以上，以 0.80 以上最好；分量表的信度应在 0.60 以上，以 0.70 以上最好。家庭支持量表信度分析结果如表 6-7 所示，各量表的 Cronbach's α 系数介于 0. 680~0. 798 之间，总量表的 Cronbach's α 系数为 0. 844，显示量表的信度良好。信度分析结果显示："信息支持""实质支持""情感支持"三个分量表及总量表的内部一致性良好。

表 6-7 　　　　　　　　　　　　　家庭支持量表信度分析摘要

分量表	Cronbachα 系数
信息支持	0. 680
实质支持	0. 721
情感支持	0. 798
总量表	0. 844

本 章 结 语

家庭支持是随班就读智力障碍小学生的发展基础。为了更好地了解智力障碍小学生的家庭支持现状及其影响因素，在阅读家庭支持相关文献和最新的特殊教育相关政策，确定家庭支持的理论基础。搜集"随班就读"、"融合教育"和"家庭支持"的相关文献数据，探讨相关文献，自编"小学随班就读智力残疾学生的家庭支持量表"，从"信息支持"、"实质支持"和"情感支持"三个维度编制家庭支持问卷。并以"学生的性别"、"障碍程度"、"就读年级"、"家长教育程度"等为背景变量，分析影响家庭支持的不同影响因素。请学界与实务专家审查与修订量表的内容效度，完成量表初稿。经审查建构内容效度，编制预试量表。首先，通过预试智力障碍小学生的家庭支持问卷并回收有效问卷，采用项目分析及探索性因子分析，确保家庭支持量表的效度；其次，通过内部一致性分析和总量表信度分析，确保家庭支持量表的信度；通过信度和效度的检验，从而确保《小学随班就读智力障碍儿童的家庭支持量表》成为高质量的问卷。

第七章　学校支持问卷的编制

特殊儿童的成长成才是需要多个支持系统共同发挥作用，而学校支持最重要的支持之一。1994 年 7 月国家教委印发《关于开展残疾儿童少年随班就读工作的试行办法》，强调随班就读工作的支持系统。中华人民共和国教育部 2014 年颁布的《第一期特殊教育提升计划（2014—2016 年）》强调大力发展随班就读工作，而教育部在 2017 年颁布的《第二期特殊教育提升计划（2017—2020 年）》再次强调加强随班就读支持体系建设。通过阅读学校支持相关文献，建立学校支持的理论基础，从"教师支持"、"同伴支持"、"课程与教学支持"、"考试评价支持"四个维度编制学校支持问卷，并以"学生的性别"、"障碍程度"、"就读年级"、"学校所在区域"、"有无资源教室或资源中心"等为背景变量，分析影响学校支持的不同影响因素。请高校的特殊教育专家和基础教育学校的资源教师审查与修订量表的内容效度，完成量表初稿。本章首先说明学校支持问卷研究步骤与统计方法，其次分析《小学随班就读智力残疾学生的学校支持量表》的具体编制过程和进行信效度检验。

第一节　学校支持问卷研究步骤与统计方法

一、学校支持问卷的研究步骤

阅读相关文献，确定研究主题。阅读最新的特殊教育相关政策，了解随班就读政策发展方向，阅读文献探讨过去做过哪些研究以及哪些主题需要进一步研究。本研究搜集"随班就读"、"学校支持"、"融合教育"的相关文献数据，确定研究主题：小学随班就读智力障碍儿童的学校支持的研究。

搜集探讨相关文献，明确理论基础及研究架构。确定研究主题后，继续探讨文献，过滤文献、研读与归纳文献，发展理论架构与撰写文献探讨。确定研究大纲，拟定研究计划。研究计划包括研究背景与动机、研究目的与待答问题、文献探讨、研究方法与设计。确定研究主题，提出研究假设。

根据文献资料，自编"小学随班就读智力障碍儿童的学校支持量表"，请学界与实务专家审查与修订量表的内容效度，完成量表初稿。经审查建构内容效度，编制预试量表。随后进行预试工作，研究者将广东省分为珠三角(广州、佛山、珠海、中山、江门)、粤西(茂名、阳江、湛江)、粤北(韶关、清远)。本研究采用纸质版和问卷星发放预试样本，其中纸质版来自清远市和广州市，电子版来自珠三角、粤北与粤西。本研究采用便利抽样方式，预试样本894份，学校支持问卷预试360份，回收352份，学校支持有效问卷319份，有效回收率90.6%。就预试结果进行初步信度与效度分析，最后分析结果修正量表，形成正式量表。

为达成研究目的，本研究采用问卷调查法。首先进行文献统整，建立研究理论基础与研究架构，研究者通过中国期刊网、华艺在线图书馆和EBSHOST、ERIC搜索有关"融合教育"、"随班就读"、"学校支持"等理念在教育研究领域的相关文献资料，归纳统整出学校支持的影响因素与研究理论基础，作为本研究建立研究架构。然后进行问卷调查，收集实证数据，进行分析与探讨。问卷调查法是研究者运用统一设计的问卷，向被选取的调查对象了解情况或征询意见的调查方法。通过"小学随班就读智力障碍儿童的学校支持问卷"，调查随班就读小学生的学校支持状况及相关影响因素。

2014年广东省颁布《广东省特殊儿童少年随班就读资源教室建设与管理实施办法(试行)》，规定各县(市、区)教育行政部门应根据特殊儿童少年随班就读的实际需要，划片选点确定随班就读基地学校，在基地学校建设随班就读资源教室，辐射本片区随班就读学校。《第一期特殊教育提升计划(2014—2016年)》和《特殊教育提升计划(2017—2020年)》以及2021年12月颁布的《"十四五"特殊教育发展提升行动计划》均提出要加快发展资源教室，为随班就读工作的开展提供强有力的保障。通过纸质版问卷和"问卷星"电子版问卷回收数据，以便利取样方式抽取500名随班就读学生的班主任或资源教师，作为本次调查对象。

选取样本，发放问卷实施调查，剔除预试的学生人数。预试学校支持有效问卷319份。本研究以学校为单位调查随班就读智力障碍学生，在广州、顺德、中山、珠海、肇庆、茂名与湛江发放问卷500份，研究者在湛江市教育局拿到该市随班就读学生名单，湛江辖区的廉江市、徐闻县、麻章区、霞山区、赤坎区发放问卷较多。学校支持问卷回收500份，剔除作答不全及连续相同答案作答的问卷，学校支持有效问卷428份，有效回收率85.6%。选取广东省普通小学随班就读学生的班主任或资源教师发放问卷，回收问卷并分析问卷调查结果。整理统计与分析，撰写研究论文。问卷调查，采用SPSS 22.0统计软件包分析，根据问卷调查分析结果，撰写研究论文。

二、学校支持问卷的数据处理

本研究采用问卷调查法，在问卷回收后，以SPSS 22.0统计软件进行数据的处理与分析。以下关于量表编制与正式研究所采用统计方法分别说明如下：

(一)量表编制所使用的统计方法

1. 项目分析

将问卷按照总分高低排序，选出高低分组27%的分数，作为高低分组界限。变异数相等的"F检定"，F值显著，再看"不假设变异数相等"的t值，t值显著，表示题项有显著性；变异数相等的"F检定"，F值不显著，再看"假设变异数相等"的t值，t值不显著，表示该题项不具有鉴别度，可删除(吴明隆，2013)。

2. 探索性因素分析

本研究先做项目分析，剔除 p 值未达 0.05 显著性的题项，之后再以探索性因素分析中的主成分分析进行选题：(1)题项的负荷量高于 0.40；(2)每个因素至少有 3 个及以上的题项；(3)删除在两个因素上都有较高负荷量且差值小于 0.30 的题项；(4)删除题项与因素含义不一致，难以与其他题项表述含义合并为一个概念的题项；(5)因素分析后，题项不是落在原属量表者皆可删除。完成选题后，再次以主成分因素分析确立各量表的构念效度。

3. 内部一致性分析

本研究以 Cronbach's α 系数值评估各分量表与量表的信度。采用内部一致性分析，删除该题项后，分量表的 α 系数值高于分量表原先的 α 系数值，表示该题项的内部一致性相对较低，应删除该题项；而当删除该题项的 α 系数值较分量表原先的 α 系数值要低，表示该题项的内部一致性较高，应保留该题。

(二)正式量表所使用的统计方法

1. 描述性分析，以平均数、标准偏差，描述各题项。

本研究问卷采用 Likert 五点量表，以学生在各总量表和分量表得分的平均每题得分与标准偏差，说明各量表分数的集中趋势及分散趋势，从而了解小学随班就读智力障碍学生的学校支持的现状。

2. 独立样本 t 检定

差异性分析：分析随班就读智力障碍小学生的学校支持的差异性。采用独立样本 t 检定，比较是否因随班就读学生的性别、障碍程度、资源教室建立与否、学校所在区域的不同，在学校支持方面有所不同。

3. 单因子多变量变异数分析

差异性分析：分析随班就读智力障碍小学生的学校支持的差异性。采用单因子变异数分析，比较是否因随班就读学生的年级、家长教育程度的不同，在学校支持有所不同。若有差异且达到显著水平（$p<0.05$），则进一步选择雪费法进行事后比较，以了解各组间的差异情形。

4. 相关分析与回归分析

研究者以 SPSS 22.0 统计软件进行数据分析，以积差相关了解广东省小学随班就读智力障碍儿童的家庭支持与学校支持的相关情形。以多元回归分析，探讨小学随班就读智力障碍儿童的家庭支持与学校支持的预测力。

第二节 小学随班就读智力障碍儿童的学校支持量表编制

一、学校支持量表的编制过程

本研究用采用量化研究法，以下将从量的研究工具予以分析。研究者参考已有研究者编制的问卷，进行研究工具的编制与施测。本研究所编制的问卷有"小学随班就读智力障碍儿童的学校支持量表"，其中背景数据分为研究对象背景数据、学校背景数据与家长背景数据，具体有：性别、年级、障碍程度、资源教室、学校所在区域、学校名称、家长教育程度。学校名称作为资料辨识之用，不列入研究变量。本研究以广东省小学随班就读智力障碍的学生为研究对象，请随班就读小学生的班主任填答问卷。

（一）预试样本

广东省分为珠三角（广州、佛山、珠海、中山、江门）、粤西（茂名、阳江、湛江）、粤北（韶关、清远）。本研究采用纸质版和问卷星发放预试样本，其中纸质版来自清远市和广州市，电子版来自珠三角、粤北与粤西。本研究采用便利抽样方式，预试学校支持问卷 360 份，回收 352 份，剔除作答不全及连续相同答案作答的问卷，学校支持有效问卷 319 份，有效回收率 90.6%；学校适应有效问卷 315 份，有效回收率 89.5%。具体见表 7-1。

表 7-1　　　　　　　　　　　　　预试样本人数

区域	家庭支持	学校支持	学校适应
珠三角	230	126	126
粤西	294	109	109
粤北	221	127	127
合计	745	352	352
有效回收率	84.5%	90.6%	89.5

（二）编制学校支持的预试问卷初稿

研究者参考 Furm 和 Buhrmester（1992）开发的关系网络问卷（Network of Relationships Inventory，NRI），自编"小学随班就读智力障碍儿童的学校支持问卷"。"小学随班就读智力障碍儿童的学校支持问卷"分为"教师支持""同伴支持""课程与教学支持""考试评价支持"四个维度，共计 32 题。采用李克特氏 5 点评分量表，"非常不符合"计 1 分，"基本不符合"计 2 分，"不确定"计 3 分，"基本符合"计 4 分，"非常符合"计 5 分，得分越高表明智力残疾学生的学校支持水平越高，四个维度得分相加是智力障碍学生的学校支持总分。

（三）专家审查内容效度

研究者邀请四位高校专家和两位小学资源教师做内容效度，名单如表 6-1 所示。"小学随班就读智力障碍儿童的学校支持量表"初稿（见附录 3-1），经过与指导专家讨论之后，请专家和资源教师进行内容效度的审查。根据专家审查反馈的意见，修饰题意并增减题项。

二、学校支持问卷信效度分析

在内容效度建立之后，进行选题工作。本研究采用三种选题方法，即项目分析、探索性因素分析法与内部一致性分析。项目分析，变异数相等的"F检定"，F值显著，再看"不假设变异数相等"的t值，t值显著，表示题项有显著性；变异数相等的"F检定"，F值不显著，再看"假设变异数相等"的t值，t值不显著，表示该题项不具有鉴别度，可删除（吴明隆，2013）。进行因素分析，如果某题项的因素负荷量未达0.40或是该题项已不落在原先的分量表中，则该题项予以删除。内部一致性分析指该题项删除后，分量表的α系数值高于分量表原先的α系数值，则表示该题项的内部一致性相对较低，可删除该题项；当删除该题项后的α系数值较分量表原先的α系数低，表示该题项的内部一致性较高，可保留该题项（吴明隆，2013）。

（一）学校支持量表的效度分析

1. 项目分析

将学校支持预试有效样本319份，按照总分高低排序，选出高低分组27%的分数，作为高低分组界限，学校支持问卷项目分析结果如表7-2所示，有鉴别度备注"○"，没有鉴别度备注"删除"，所有项目都有鉴别度。

表 7-2　　　　　　　　　　学校支持预试问卷项目分析摘要

题项	决断值	备注	题项	决断值	备注
教师 1	7.374 **	○	同伴 11	11.234 ***	○
教师 2	10.780 **	○	同伴 12	15.809 ***	○
教师 3	10.208 **	○	同伴 13	11.112 ***	○
教师 4	11.015 **	○	同伴 14	13.361 ***	○
教师 5	9.598 ***	○	同伴 15	12.441 **	○
教师 6	11.757 ***	○	同伴 16	11.994 **	○
教师 7	13.387 ***	○	同伴 17	14.691 **	○
教师 8	9.537 ***	○	课程 18	12.764 **	○
同伴 9	13.439 ***	○	课程 19	16.148 ***	○
同伴 10	13.655 ***	○	课程 20	13.123 ***	○

续表

题项	决断值	备注	题项	决断值	备注
课程 21	14.566***	○	考评 25	10.096***	○
课程 22	14.487***	○	考评 26	11.880***	○
考评 23	10.132***	○	考评 27	10.065***	○
考评 24	11.372***	○	考评 28	12.211***	○

注：*** 表示 $p<0.001$。

2. 第一次探索性因素分析

经过项目分析剩余题项，进行探索性因素分析，由主成份分析结果可知，KMO 值为 0.932；而 Bartlett 的球形检定值为 6085.448，在自由度为 378，已达显著水平（$p<0.001$），表示本研究"学校支持量表"极适合做探索性因素分析。如表 7-3 所示，除了落在"课程与教学支持"分量表中的第 26、27、28 题原属于"考试评价支持"分量表的题项，其余题项因素负荷量皆大于 0.40，并落在原属的分量表中。因此，删除上述三个题项，其余题项可保留，做第二次因素分析。

表 7-3　　　　　　　　　学校支持量表第一次因素分析摘要

题号	同伴支持	课程支持	教师支持	考评支持	备注
同伴 14	0.781				
同伴 17	0.777				
同伴 12	0.763				
同伴 9	0.762				
同伴 16	0.755				
同伴 13	0.709				
同伴 10	0.699				
同伴 15	0.683				
同伴 11	0.667				

续表

题号	同伴支持	课程支持	教师支持	考评支持	备注
课程 20		0.880			
课程 21		0.851			
课程 19		0.822			
课程 22		0.805			
考评 26		0.791			*
考评 28		0.675			*
考评 27		0.608			*
课程 18		0.513			
教师 6			0.764		
教师 7			0.756		
教师 1			0.738		
教师 4			0.712		
教师 5			0.686		
教师 3			0.660		
教师 2			0.659		
教师 8			0.578		
考评 23				0.712	
考评 24				0.707	
考评 25				0.654	

注：备注栏有"＊"符号者表示该题项并非落在原分量表内。

3. 第二次探索性因素分析

将第一次探索性因素分析后保留题项再次做探索性因素分析，结果如表7-4所示，所有题项的因素负荷量均大于0.40，且落在原属分量表中，因此，保留各分量表的题项。本研究"学校支持量表"四个因素为"教师支持"、"同伴支持"、"课程与教学支持"、"考试评价支持"，可解释66.270%全体变异数变异量。

表 7-4　　　　　　　　　学校支持量表第二次因素分析摘要

题号	因素一	因素二	因素三	因素四
同伴 17	0.779			
同伴 14	0.777			
同伴 12	0.763			
同伴 9	0.763			
同伴 16	0.759			
同伴 13	0.712			
同伴 10	0.698			
同伴 15	0.686			
同伴 11	0.661			
教师 6		0.761		
教师 7		0.752		
教师 1		0.738		
教师 4		0.708		
教师 5		0.688		
教师 3		0.662		
教师 2		0.658		
教师 8		0.587		
课程 20			0.873	
课程 21			0.857	
课程 19			0.821	
课程 22			0.818	
课程 18			0.532	
考评 23				0.749
考评 24				0.748
考评 25				0.690
特征值	10.638	2.814	1.911	1.205
变异量%	42.552	11.256	7.644	4.819
累积变异%	42.552	53.807	61.451 66.270	66.270

(二)学校支持量表的信度分析

1. 内部一致性分析

学校支持量表的内部一致性分析结果如表 7-5 所示，其中"课程与教学支持"分量表中第 18 题删除后，可提高所属分量表 α 系数值。因此，该题项予以删除。

表 7-5　　　　　　　　学校支持量表的内部一致性分析摘要

构念	题 号 内 容	项目已删除 α 值 及原分量表 α 值
教师支持	1. 老师会表扬帮助该生的同学	0.882
	2. 老师让同学组成帮扶小组，帮助该生	0.883
	3. 老师会指派同学当该生的小老师，帮助该生	0.885
	4. 老师会鼓励该生发展自己的兴趣和爱好	0.880
	5. 老师会向学校反映该生的困难与需要	0.883
	6. 老师会鼓励他/她和其他同学互助合作	0.874
	7. 老师会注意培养该生良好的人际关系	0.875
	8. 老师会定期与家长沟通与回馈该生在校情况	0.890
		Alpha = 0.895
同伴支持	9. 同学愿意和该生一起玩	0.920
	10. 同学愿意成为他的小老师，在学习上帮助该生	0.921
	11. 同学会帮他/她做笔记或借笔记给该生看	0.926
	12. 分组活动时，同学愿意和该生同一组	0.918
	13. 进行室外活动时，同学愿意协助该生参与活动	0.923
	14. 同学愿意借给该生学习数据	0.918
	15. 有困难时，该生可以向同学求助	0.924
	16. 该生心情不好时，同学会安慰该生	0.920
	17. 同学会愿意和该生聊天	0.920
		Alpha = 0.929

续表

构念	题号内容	项目已删除 α 值及原分量表 α 值
课程与教学支持	18. 学校的学习辅具，能符合该生的需求	0.914*
	19. 学校会根据该生的能力，调整课程的难易程度	0.865
	20. 上课的课程内容，教材会根据该生的需要调整	0.863
	21. 老师会因为该生而设计特别的课堂活动	0.866
	22. 老师因为该生的需要而调整教学方法	0.874
考试评价支持	23. 学校鼓励学生多元潜能发展，不以成绩作为衡量学生的唯一标准	Alpha=0.900 0.765
	24. 学校除考试外，还会根据该生平时表现或作业来评定学业成绩	0.678
	25. 学校和老师会把该生的进步当作是成绩的一部分	0.793
		Alpha=0.817

注：在 α 系数值后有"＊"符号者表示该题项需删除。

2. 总量表信度分析

在学校支持量表经过构念效度建立及删减题项之后，进行量表及各分量表的信度分析，本研究采用内部一致性 Cronbach's α 系数评估学校支持问卷的可靠性与有效性。吴明隆(2013)提出良好信度系数的合理范围，总量表信度在 0.70 以上，以 0.80 以上最好；分量表的信度应在 0.60 以上，以 0.70 以上最好。学校支持量表信度分析结果如表 7-6 所示，各量表的 Cronbach's α 系数介于 0.817~0.929 之间，总量表的 Cronbach's α 系数为 .938，显示量表的信度良好。信度分析结果显示："教师支持"、"同伴支持"、"课程与教学支持"、"考试评价支持"四个分量表及总量表的内部一致性较好。

表 7-6　　　　　　　　　　学校支持量表信度分析摘要

分量表	Cronbachα 系数
教师支持	0.895
同伴支持	0.929
课程与教学支持	0.914
考试评价支持	0.817
总量表	0.938

本 章 结 语

随着二期特殊教育发展提升计划的实施以及"十四五"特殊教育发展提升行动计划的提出，我国越来越强调对随班就读学生的支持系统建设，尤其强调要加大是以资源教室为主的学校支持。学校支持是随班就读智力障碍小学生成长成才的重要保障。为了更好地了解智力障碍小学生的学校支持现状及其影响因素，在阅读学校支持相关文献和最新的特殊教育相关政策，确定学校支持的理论基础。搜集"随班就读"、"融合教育"、"学校支持"的相关文献数据，自编"小学随班就读智力障碍儿童的学校支持量表"，从"教师支持""同伴支持""课程与教学支持"和"考试与评价支持"四个维度编制学校支持的问卷。并以"学生的性别"、"障碍程度"、"就读年级"、"有无资源教室"、"学校所在区域"等为背景变量，分析影响学校支持的不同因素。请学界与实务专家审查与修订量表的内容效度，完成量表初稿。经审查建构内容效度，编制预试量表。首先，通过预试智力障碍小学生的学校支持问卷并回收有效问卷，采用项目分析及探索性因子分析，确保学校支持问卷的效度；其次，通过内部一致性分析和总量表信度分析，确保学校支持问卷的信度；从而确保《小学随班就读智力障碍儿童的学校支持量表》成为高质量的问卷。

第八章　学校适应问卷的编制

　　1987年12月，国家教委印发《全日制弱智学校(班)教学计划的通知》，明确提出"在普及初等教育的过程中，大多数轻度弱智儿童已经进入当地普通小学随班就读……对这种形式应当继续予以扶持，并帮助教师改进教学方法，加强个别辅导，使随班就读的弱智儿童能够学有所得。"这是我国相关文件中第一次出现"随班就读"一词，通过各种形式的支持，让随班就读智力障碍学生学有所得，国家开始重视随班就读智力障碍学生的学校适应的情形。1994年7月国家教委印发《关于开展残疾儿童少年随班就读工作的试行办法》，强调随班就读工作的支持系统。中华人民共和国教育部2014年颁布的《第一期特殊教育提升计划(2014—2016年)》强调每30万人口的地方建立一所特殊教育学校，大力发展随班就读工作。教育部在2017年颁布的《第二期特殊教育提升计划(2017—2020年)》再次强调加强随班就读支持体系建设，提高随班就读的质量。2021年教育部颁布了《"十四五"特殊教育发展提升行动计划》强调推进融合教育、提升支撑能力的基本思路，促进特殊教育高质量发展。而随班就读学生的高质量发展，首先表现为高质量的学校适应。通过阅读学校适应和智力障碍学生的相关文献，建立学校适应的理论基础，从"学业适应"、"人际适应"、"常规适应"、"生活自理"四个维度编制家庭支持问卷，并以"学生的性别"、"障碍程度"、"就读年级"、"家长教育程度"等为背景变量，分析影响学校适应的不同影响因素。并请学界与实务专家审查与修订量表的内容效度，完成量表初稿。本章首先说明学校适应问卷研究步骤与统计方法，其次分析《小学随班就读智力障碍儿童的学校适应量表》的具体编制过程和信效度检验。

第一节 研究架构与样本统计

一、研究的架构图

本研究旨在探究小学随班就读智力障碍儿童的家庭支持、学校支持与其学校适应的现况及相关性。学校支持包括教师支持、同伴支持、课程与教学支持与考试评价支持等四个维度，家庭支持包括信息支持、实质支持及情感支持等三个维度，学校适应分为学业适应、人际适应、常规适应和生活自理等四个维度。研究的概念架构图如图 8-1 所示。

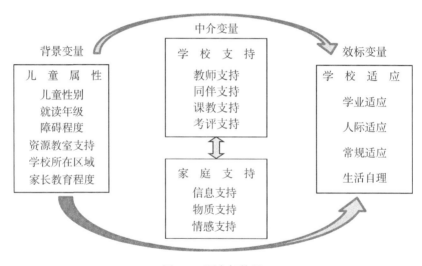

图 8-1 研究架构图

本研究背景变量为"性别"、"就读年级"、"学校所在区域"、"家长教育程度"、"资源教室支持"等；中介变量为"家庭支持"、"学校支持"，其中家庭支持包含"信息支持"、"实质支持"与"情感支持"等三个变量；而学校支持包含"教师支持"、"同伴支持"、"课程与教学支持"与"考试评价支持"等四个变量；效标变量为学校适应，分为"学业适应"、"人际适应"、"常规适应"及"生活自理"等四个变量。

为了探究小学随班就读智力障碍儿童的家庭支持、学校支持与其学校适应的关系。依据 Bronfenbrenner(1979)生态系统理论,个体发展嵌套于相互影响的系列环境系统,这些系统与个体相互作用,并影响着个体发展。研究者将家庭支持与学校支持设定为彼此相互影响,以双箭头表示;并分别直接影响学校适应,以单箭头表示。根据已有研究将学校适应分为学业适应、人际适应、常规适应和生活自理适应等四个维度(Perry &Weinstein,1998;邹泓,1997)。已有研究者认为学校支持包括:教师支持、同伴支持、课程与教学支持、考试评价支持(Smith, Polloway, Patton, Dowdy, 1995;Wood, 1992;卿素兰等, 2005)。根据已有研究将家庭支持分为情感支持、实质支持、信息支持(Collins, Dunkel-Schetter, Lobel, & Scrimshaw, 1993;Schaefer, Coyne, & Lazarus, I981;Thoits, 1985)。

本研究用采用量化研究法,以下将从量的研究工具予以分析参考已有研究者编制的问卷,进行研究工具的编制与施测。本研究所编制的问卷有"小学随班就读智力障碍儿童的学校支持量表"、"小学随班就读智力障碍儿童的家庭支持调查量表"和"小学随班就读智力障碍儿童的学校适应调查量表",其中背景数据分为研究对象背景数据、学校背景数据与家长背景数据,具体有:性别、年级、障碍程度、资源教室、学校所在区域、学校名称、家长教育程度。学校名称作为资料辨识的用,不列入研究变量。本研究以广东省小学随班就读智力障碍的学生为研究对象,请随班就读小学生的班主任、资源教师和家长填答问卷。

二、研究样本的统计

本研究旨在探究小学随班就读智力障碍儿童的家庭支持、学校支持与其学校适应的现况及相关性,本研究以问卷调查方式,进行量化数据的搜集。为达成研究目的,本研究采用问卷调查法。首先进行文献统整,建立研究理论基础与研究架构,研究者通过中国期刊网、华艺在线图书馆和EBSHOST、ERIC 搜索有关"融合教育"、"随班就读"、"学校支持"、"家庭支持"与"学校适应"等理念在教育研究领域的相关文献资料,归纳统整出影响因素与研究理论基础,作为本研究建立研究架构与待答问题的依据。然后进行问卷调查,收集实证数据,进行分析与探讨。

问卷调查法是运用统一设计的问卷,向被选取的调查对象了解情况或征询意见的调查方法。通过"小学随班就读智力障碍儿童的家庭支持问卷""小学随班就读智力障碍儿童的学校支持问卷"和"小学随班就读智力障碍儿童的学校适应问卷",调查随班就读小学生学校适应状况及相关影响因素。

(一)预试样本

研究者将广东省分为珠三角(广州、佛山、珠海、中山、江门)、粤西(茂名、阳江、湛江)、粤北(韶关、清远)。本研究采用纸质版和问卷星发放预试样本,其中纸质版来自清远市和广州市,电子版来自珠三角、粤北与粤西。本研究采用便利抽样方式,预试样本894份,其中家庭支持问卷回收882份,剔除作答不全及连续相同答案作答的问卷,有效问卷745份,有效回收率84.5%。学校支持问卷和学校适应问卷都是预试360份,回收352份,剔除作答不全及连续相同答案作答的问卷,学校支持有效问卷319份,有效回收率90.6%;学校适应有效问卷315份,有效回收率89.5%。

(二)正式样本

1. 正式样本回收情况

吴明隆(2011)认为,地区性研究以500人到1000人作为研究样本较适合。本研究以学校为单位,调查随班就读智力障碍儿童,在广州、顺德、中山、珠海、肇庆、茂名与湛江发放问卷500份,研究者在湛江市教育局拿到该市随班就读学生名单,湛江辖区的廉江市、徐闻县、麻章区、霞山区、赤坎区发放问卷较多。家长支持问卷回收500份,剔除作答不全及连续相同答案作答的问卷,有效问卷406份,有效回收率81.2%。学校支持问卷和学校适应问卷都是回收 500 份, 剔除作答不全及连续相同答案作答的问卷, 学校支持有效问卷 428 份, 有效回收率 85.6%; 学校适应有效问卷 431 份, 有效回收率 86.2%。家庭支持问卷要学校支持问卷及学校适应问卷匹配, 确保是一个学生的数据, 最后得到 305 份匹配的有效问卷。正式样本如表 8-1 所示, 三个问卷样本都是以粤西地区居多。

表 8-1　　　　　　　　　　正式样本人数

区域	家庭支持	学校支持	学校适应
珠三角	195	198	198
粤西	201	205	205
粤北	104	107	107
合计	500	500	500
有效回收率	81.2%	85.6%	86.2%

2. 正式样本中不同背景变量的分布情况

本研究通过叙述性统计分析, 对研究对象背景数据进行次数分配, 以了解本研究样本的特性, 研究对象背景变量分布情况如表 8-2 所示。

所在年级, 一二年级有 121 人(占 39.7%), 三四年级有 106 人(占 34.8%), 五六年级有 78 人(占 25.6%), 合计有 305 人。就年级分布来看, 一、二年级与三、四年级样本人数接近, 五、六年级人数相差不大, 样本在年级分布上较平均。学生性别, 男生有 211 人(占 69.2%), 女生有 94 人(占 30.8%), 就学生性别分布来看, 男生的样本量多于女生的样本量。障碍程度方面, 轻度智力障碍有 172 人(占 56.4%), 中度智力障碍有 133 人(占 43.6%), 就障碍程度而言, 轻度智力障碍的样本量要略多于中度智力障碍的样本量。

资源教室或资源中心, 有资源教室或资源中心的学校 149 所(占 48.9%), 无资源教室或资源中心的 156 所(占 51.1%), 就有无资源教室或资源中心而言, 无资源教室或资源中心的样本量略多于有资源教室或资源中心的样本量。学校所在地，城市(市、县、区)有 127 所(占 41.6%)，农村(镇、乡、村)有 178 所(占 58.4%%)，合计 305 所。就学校所在地而言，农村学校的样本量多于城市学校的样本量。

父母教育程度，初中及以下的有 174 人(占 57.0%)，高中的有 63 人(占 20.7%)，大专/本科有 62 人(占 20.3%)，研究生及以上有 6 人(占 2.0%)，合计 305 人。鉴于研究生及以上只有 6 人，研究者将其并入大专/本科共计 68 人(占 58.4%)改称大专及以上；将原先父母教育程度分为四类，改为三类：初中及以下、高中、大专及以上。就父母教育程度而言，父母教育程度以初中及以下教育程度为主，父母教育程度较差。

表 8-2　　　　小学随班就读智力障碍学生的背景资料($n=305$)

背景变量	次数	百分比
1~2 年级	121	39.7%
3~4 年级	106	34.8%
5~6 年级	78	25.6%
男生	211	69.2%
女生	94	30.8%
轻度障碍	172	56.4%
中度障碍	133	43.6%
有资源教室或资源中心	149	48.9%
无资源教室或资源中心	156	51.1%
城市学校(市、县、区)	127	41.6%
农村学校(镇、乡、村)	178	58.4%
父母最高学历(初中及以下)	174	57.0%
父母最高学历(高中)	63	20.7%
父母最高学历(大专及以上)	68	22.3%

第二节　学校适应问卷研究步骤与统计方法

一、学校适应问卷的研究步骤

阅读相关文献，确定研究主题。阅读最新的特殊教育相关政策，了解随班就读政策发展方向，阅读文献探讨过去做过哪些研究以及哪些主题需要进一步研究。本研究搜集"随班就读"、"融合教育"、"学校适应"、"智力障碍"的相关文献数据，确定研究主题：小学随班就读智力障碍儿童学校适应的研究。搜集探讨相关文献，将理论基础及研究架构。确定研究主题后，继续探讨文献，过滤文献、研读与归纳文献，发展理论架构与撰写文献探讨。确定研究大纲，拟定研究计划。研究计划包括研究背景与动机、研究目的与待答问题、文献探讨、研究方法与设计。确定研究主题，提出研究假设。

根据文献资料，自编"小学随班就读智力障碍儿童的学校适应量表"，请高校特殊教育专家与基础教育学校的班主任或资源教师审查与修订量表的内容效度，完成量表初稿。经审查建构内容效度，编制预试量表。随后进行预试工作，研究者将广东省分为珠三角(广州、佛山、珠海、中山、江门)、粤西(茂名、阳江、湛江)、粤北(韶关、清远)。本研究采用纸质版和问卷星发放预试样本，其中纸质版来自清远市和广州市，电子版来自珠三角、粤北与粤西。本研究采用便利抽样方式，学校适应问卷预试360，回收352份，学校适应有效问卷315份，有效回收率达89.5%。就预试结果进行初步信度与效度分析，最后分析结果修正量表，形成正式量表。

选取样本，发放问卷实施调查，剔除预试的学生人数。预试学校适应有效问卷315份。本研究以学校为单位，调查随班就读智力障碍学生，在广州、顺德、中山、珠海、肇庆、茂名与湛江发放问卷500份，研究者在湛江市教育局拿到该市随班就读学生名单，湛江辖区的廉江市、徐闻县、麻章区、霞山区、赤坎区发放问卷较多。学校支持问卷和学校适应问卷都是回收 500 份，剔除作答不全及连续相同答案作答的问卷，学校支持有效问卷 428 份，有效回收率达 85.6%；学校适应有效问卷 431 份，有效回收率达 86.2%。确保是分量表数据是一个学生的数据，最后得到 305 份匹配的有效问卷。选取广东省普通小学随班就读学生发放问卷，回收问卷并分析问卷调查结果。

整理统计与分析，撰写研究论文。问卷调查，采用 SPSS 22.0 统计软件包分析，根据问卷调查分析结果，撰写研究论文。

二、学校适应问卷的数据处理

本研究采用问卷调查法，在问卷回收后，以 SPSS 22.0 统计软件进行数据的处理与分析。以下关于量表编制与正式研究所采用统计方法分别说明如下：

一、量表编制所使用的统计方法

(一)项目分析

将问卷按照总分高低排序，选出高低分组 27% 的分数，作为高低分组界限。变异数相等的"F 检定"，F 值显著，再看"不假设变异数相等"的 t 值，t 值显著，表示题项有显著性；变异数相等的"F 检定"，F 值不显著，再看"假设变异数相等"的 t 值，t 值不显著，表示该题项不具有鉴别度，可删除(吴明隆，2013)。

(二)探索性因素分析

本研究先做项目分析，剔除 p 值未达 0.05 显著性的题项，之后再以探索性因素分析中的主成份分析进行选题：(1)题项的负荷量高于 0.40；(2)每个因素至少有 3 个及以上的题项；(3)删除在两个因素上都有较高负荷量且差值小于 0.30 的题项；(4)删除题项与因素含义不一致，难以与其他题项表述含义合并为一个概念的题项；(5)因素分析后，题项不是落在原属量表者皆可删除。完成选题后，再次以主成分因素分析确立各量表的构念效度。

(三)内部一致性分析

本研究以 Cronbach's α 系数值评估各分量表与量表的信度。采用内部一致性分析，删除该题项后，分量表的 α 系数值高于分量表原先的 α 系数值，表示该题项的内部一致性相对较低，应删除该题项；而当删除该题项的 α 系数值较分量表原先的 α 系数值要低，表示该题项的内部一致性较高，应保留该题。

二、正式量表所使用的统计方法

(一)描述性分析，以平均数、标准偏差，描述各题项。

本研究问卷采用 Likert 五点量表，以学生在各总量表和分量表得分的平均每题得分与标准偏差，说明各量表分数的集中趋势及分散趋势，从而了解小学随班就读智力残疾学生学校适应的现状。

(二)独立样本 t 检定

差异性分析：分析随班就读智力障碍小学生的家庭支持、学校支持与其学校适应的差异性。采用独立样本 t 检定，比较是否因随班就读学生的性别、障碍程度、资源教室建立与否、学校所在区域的不同，在学校适应方面是否有所不同。

(三)单因子多变量变异数分析

差异性分析：分析随班就读智力障碍小学生的学校适应的差异性。采用单因子变异数分析，比较是否因随班就读学生的年级、家长教育程度的不同，在学校适应方面有所不同。若有差异且达到显著水平($p<0.05$)，则进一步选择雪费法进行事后比较，以了解各组间的差异情形。

(四)相关分析与回归分析

研究者以 SPSS 22.0 统计软件进行数据分析,以积差相关了解广东省小学随班就读智力障碍儿童的家庭支持、学校支持与其学校适应的相关情形。以多元回归分析,探讨小学随班就读智力障碍儿童的家庭支持、学校支持对其学校适应的显著性。

第三节　小学随班就读智力障碍儿童的学校适应量表编制

一、学校适应量表的编制过程

(一)问卷编制过程

1. 编制预试问卷初稿

研究者参考江光荣、应梦婷、林秀彬、韦辉、张汉强(2017)编制的"中小学学生学校适应量表"。自编"小学随班就读智力障碍儿童的学校适应量表"。"小学随班就读智力障碍儿童的学校适应量表"分为"学业适应"、"人际适应"、"常规适应"、"生活自理"四个维度,共计26题,其中"学业适应"有6题、"人际适应"有9题、"常规适应"有6题、"生活自理"有5题。采用李克特氏5点评分量表,"非常不符合"计1分,"基本不符合"计2分,"不确定"计3分,"基本符合"计4分,"非常符合"计5分,"学业适应"、"人际适应"、"生活自理"得分越高表明学生的学校适应水平越高;"常规适应"是反向计分,得分越高表明智力障碍小学生的学校适应水平越低,四个维度得分相加是智力障碍小学生的学校适应总分。

2. 专家审查内容效度

"小学随班就读智力障碍儿童的学校适应量表"初稿(见附录3-1),经过于指导专家讨论之后,请四位高校特殊教育专家和两位基础教育学校的资源教师(名单见表 3-3-1)进行内容效度的审查。根据专家反馈的审查意见，修饰题意并增减题项。

(二)问卷信效度分析

在内容效度建立之后，进行分析工作。本研究采用两种分析方法，即项目分析、探索性因素分析法与内部一致性分析。

1. 项目分析

将学校适应适应预试有效样本 315 份，按照总分高低排序，选出高低分组 27% 的分数，作为高低分组界限，学校适应问卷项目分析结果如表 8-3 所示，有鉴别度备注"○"，没有鉴别度备注"删除"，所有项目都有鉴别度。

表 8-3　　　　　　　　　　学校适应预试问卷项目分析摘要

题项	决断值	备注	题项	决断值	备注
学业 1	12.875***	○	人际 14	12.820***	○
学业 2	17.083***	○	人际 15	12.156***	○
学业 3	15.609***	○	常规 16	4.565***	○
学业 4	22.843***	○	常规 17	9.018***	○
学业 5	20.954***	○	常规 18	7.042***	○
学业 6	12.266***	○	常规 19	8.570***	○
人际 7	13.052***	○	常规 20	7.709***	○
人际 8	16.215***	○	常规 21	6.318***	○
人际 9	15.398***	○	自理 22	6.729***	○
人际 10	14.171***	○	自理 23	9.642***	○
人际 11	12.592***	○	自理 24	14.347***	○
人际 12	10.821***	○	自理 25	12.372***	○
人际 13	14.371***	○	自理 26	10.261***	○

注：*** 表示 $p < 0.001$。

2. 第一次探索性因素分析

经过项目分析，未删除题项，进行探索性因素分析，由主成分分析结果可知，KMO 值为 0.928；而 Bartlett 的球形检定值为 5363.458，在自由度为 325，已达显著水平（$p<0.001$），表示本研究"学校适应量表"极适合做探索性因素分析。如表 8-4 所示，"学校适应量表"中的第 9 题、第 15 题、第 14 题同时落在因素一与因素二内，需要删除以上三个题项；第 16 题同时落在因素三与因素四内，需删除该题项；第 3 题同时因素一与因素三内，需要删除该题项；第 21 题同时落在因素四与因素五内，需要删除该题；第 1 题同时在因素一与因素五内，需要删除该题项，因素五内没有题项，故删除因素五。其余题项的因素负荷量皆大于 0.40，并落在原先所属的分量表中。因此，删除上述七个题项，其余题项可保留，做第二次因素分析。

表 8-4　　　　　　　　　　学校适应量表第一次因素分析摘要

题号	因素一	因素二	因素三	因素四	因素五	备注
人际 12	0.833					
人际 11	0.796					
人际 13	0.774					
人际 10	0.763					
人际 7	0.637					
人际 9	0.604	0.419				*
人际 15	0.554	0.417				*
人际 8	0.552					
人际 14	0.545	0.492				*
自理 25		0.799				
自理 24		0.782				
自理 23		0.753				
自理 22		0.731				
自理 26		0.680				

续表

题号	因素一	因素二	因素三	因素四	因素五	备注
学业 6			0.772			
学业 5			0.735			
学业 2			0.707			
学业 4			0.702			
常规 16			0.522	0.408		＊
学业 3	0.507		0.515			＊
常规 18				0.863		
常规 19				0.827		
常规 17				0.820		
常规 20				0.775		
常规 21				0.511	0.486	＊
学业 1	0.401				0.462	＊

注：备注栏有"＊"符号者表示该题项并同时落在两个因素内。

3. 第二次探索性因素分析

由主成分分析结果可知，KMO 值为 0.906；而 Bartlett 的球形检定值为 3775.677，在自由度为 171，已达显著水平（$p<0.000$），表示本研究"学校适应量表"极适合做探索性因素分析。有表 8-5 所示，"学校适应量表"中的第 7 题、第 8 题同时落在因素一与因素二内，需要删除以上两个题项。其余题项的因素负荷量皆大于 0.40，并落在原先所属的分量表中。因此，删除上述两个题项，其余题项可保留，做第三次因素分析。

表 8-5　　　　　　　　学校适应量表第二次因素分析摘要

题号	因素一	因素二	因素三	因素四	备注
学业 6	0.830				
学业 5	0.800				

题号	因素一	因素二	因素三	因素四	备注
学业 4	0.758				
学业 2	0.721				
人际 7	0.544	0.513			*
人际 8	0.478	0.436			*
人际 12		0.852			
人际 11		0.807			
人际 10		0.759			
人际 13		0.739			
自理 25			0.792		
自理 22			0.779		
自理 23			0.777		
自理 24			0.769		
自理 26			0.657		
常规 18				0.885	
常规 19				0.840	
常规 17				0.835	
常规 20				0.794	

注：备注栏有"＊"符号者表示该题项并同时落在两个因素内。

4. 第三次探索性因素分析

将第二次探索性因素分析后保留题项再次做探索性因素分析，结果如表8-6所示，所有题项的因素负荷量均大于0.40，且落在原属分量表中，因此，各分量表的题项均予以保留。本研究"学校适应量表"的四个因素为"学业适应"、"人际适应"、"常规适应"、"生活自理"，可解释73.037%的全体变异数变异量。

表 8-6　　　　　　　　学校适应量表第三次因素分析摘要

题号	因素一	因素二	因素三	因素四
自理 25	0.796			
自理 23	0.782			
自理 22	0.776			
自理 24	0.773			
自理 26	0.662			
学业 6		0.828		
学业 5		0.801		
学业 4		0.768		
学业 2		0.740		
常规 18			0.884	
常规 19			0.841	
常规 17			0.832	
常规 20			0.799	
人际 12				0.857
人际 11				0.820
人际 10				0.763
人际 13				0.741
特征值	6.810	2.542	1.804	1.260
变异量%	40.059	14.953	10.614	7.411
累积变异%	40.059	55.012	65.626	73.037

5. 内部一致性分析

学校适应量表的内部一致性分析结果如表 8-7 所示，所有题项的删除后，不能提高所属分量表的 α 系数值。因此，所有题项均予以保留。

表 8-7　　　　　　　　学校适应量表的内部一致性分析摘要

构念	题号内容	α 系数值（项目已删除）及原分量表 α 系数值
学业适应	1. 该生上课时，会专心听课	0.866
	2. 该生上课会自己抄笔记	0.842
	3. 该生会独立完成自己的功课/作业，准时交作业	0.842
	4. 该生能掌握课堂所学的基本知识技能，考试达到及网格线以上	0.886
		Alpha=0.891
人际适应	5. 该生在班级有要好的同学	0.859
	6. 该生和大多数同学相处愉快	0.843
	7. 该生下课后，会和同学一起玩	0.840
	8. 该生会和同学表现出分享行为	0.854
		Alpha=0.882
常规适应	9. 该生上课时，会随意离开座位	0.841
	10. 该生上课时，会干扰同学，如拿同学东西、打同学等	0.827
	11. 该生上课时，会随意说话或发出怪声	0.841
	12. 该生下课后，会做危险行为，如爬栏杆等	0.868
		Alpha=0.879
生活自理	13. 该生会穿戴好衣鞋	0.857
	14. 该生会根据天气变化增减衣物	0.845
	15. 该生自己会整理书桌	0.810
	16. 该生自己会整理书包	0.812
	17. 该生会保持衣物整洁	0.853
		Alpha=0.865

6. 总量表信度分析

在学校适应量表经过构念效度建立及删减题项之后，进行量表及各分量表的信度分析，本研究采用内部一致性 Cronbach's α 系数评估学校适应问卷的可靠性与有效性。吴明隆(2013)提出良好信度系数的合理范围，总量表信度在 0.70 以上，以 0.80 以上最好；分量表的信度应在 0.60 以上，以 0.70 以上最好。学校适应量表信度分析结果如表 8-8 所示，各量表的 Cronbach's α 系数介于 0.865~0.891 之间，总量表的 Cronbach's α 系数为 0.902，显示量表的信度良好。信度分析结果显示："学业适应"、"人际适应"、"常规适应"和"生活自理"四个分量表及总量表的内部一致性颇好。

表 8-8 学校适应量表信度分析摘要

分量表	Cronbach α 系数
学业适应	0.891
人际适应	0.882
常规适应	0.879
生活自理	0.865
总量表	0.902

本 章 结 语

《第一期特殊教育提升计划(2014—2016)》强调随班就读的支持保障系统建设，而随《第二期特殊教育发展提升计划(2017—2020 年)》以及《"十四五"特殊教育发展提升行动计划》更强调提高随班就读的质量，随班就读学生的学校适应情形是随班就读质量的重要体现。为了更好地了解随小学班就读智力障碍儿童的学校适应现状及其影响因素，在阅读学校适应、智力障碍相关文献和最新的特殊教育相关政策，确定学校适应的理论基础。搜集"随班就读"、"融合教育"、"学校适应"、"智力障碍"的相关文献数据，自编"小学随班就读智力障碍儿童的学校适应量表"，

从"教师支持"、"同伴支持"、"课程与教学支持"和"考试与评价支

持"四个维度编制学校支持的问卷，并以"学生的性别"、"障碍程度"、"就读年级"、"有无资源教室"、"学校所在区域"、"家长教育程度"等为背景变量，分析影响学校适应的不同因素。请高校的特殊教育专家与基础教育学校的班主任或资源教师审查与修订量表的内容效度，完成量表初稿。经审查建构内容效度，编制预试量表。首先，通过预试随班就读智力障碍小学生的学校适应问卷并回收有效问卷，采用项目分析及探索性因子分析，确保学校适应问卷的效度；其次，通过内部一致性分析和总量表信度分析，确保学校适应问卷的信度，从而确保《小学随班就读智力障碍儿童的学校适应量表》成为高质量的问卷。

第九章　小学随班就读智力障碍儿童的家庭支持、学校支持及其学校适应的关系分析

本章将依据问卷调查所搜集的资料，进行研究结果分析与讨论。分为四个部分：(1)小学随班就读智力障碍儿童的家庭支持、学校支持、学校适应的现状分析；(2)不同背景变量的小学随班就读智力障碍儿童的家庭支持、学校支持、学校适应的差异情形；(3)小学随班就读智力障碍儿童的家庭支持、学校支持、学校适应的相关性与预测力；(4)综合讨论。

第一节　小学随班就读智力障碍儿童的家庭支持、学校支持与其学校适应的现状

本研究发放并回收家长问卷 500 份，剔除作答不全及连续相同答案作答的问卷，有效问卷 406 份，有效回收率达 81.2%。学校支持问卷和学校适应问卷都是发放并回收 500 份，剔除作答不全及连续相同答案作答的问卷，学校支持有效问卷 428 份，有效回收率达 85.6%；学校适应有效问卷 431 份，有效回收率达 86.2%。确保家庭支持问卷、学校支持问卷及学校适应问卷的数据都来自同一个学生，最后得到 305 份匹配的有效问卷。以学生在分量表和总量表得分的平均数、标准偏差来了解小学随班就读智力障碍儿童的家庭支持、学校支持、学校适应的现状。

一、小学随班就读智力障碍儿童的家庭支持现状分析

本研究以平均数及标准偏差等描述性统计分析来了解小学随班就读智力障碍儿童家庭支持量表及各分量表的现状。小学随班就读智力障碍儿童的家庭支持量表及各分量表的得分情形，如表 9-1 所示，"家庭支持"总量表得分，其平均值为 61.25 分，标准偏差为 7.70 分，每题平均得分 4.08分大于理论平均数 3.00 分。就总量表而言，家庭支持平均得分为 4.08 分，显示小学随班就读智力障碍儿童的家庭支持情形良好。

学生在各分量表平均每题得分均大于理论平均分 3.00 分，分别为"信息支持"是 3.99 分、"实质支持"是 3.96 分、"情感支持"是 4.25 分；随班就读智力障碍小学生在家庭支持方面，得到支持力度大小顺序为"情感支持""信息支持""实质支持"；家长认为给予随班就读智力障碍小学生在家庭支持的"情感支持"，是介于基本符合至非常符合之间；"信息支持""实质支持"，是介于不确定至基本符合之间。

表 9-1　　　小学随班就读智力障碍儿童的家庭支持现状分析

变项名称	题数	人数	平均数	标准偏差	平均每题得分
信息支持	3	305	11.96	2.14	3.99
实质支持	6	305	23.77	3.94	3.96
情感支持	6	305	25.52	3.37	4.25
整体家庭支持	15	305	61.25	7.70	4.08

二、小学随班就读智力障碍儿童的学校支持现状分析

本研究以平均数、及标准偏差等描述性统计分析来了解小学随班就读智力障碍儿童的学校支持量表及各分量表的现状。小学随班就读智力障碍儿童的学校支持量表及各分量表的得分情形，如表 9-2 所示，"学校支持"总量表得分，其平均值为 96.37 分，标准偏差为 14.75 分，每题平均得分

4.06 分大于理论平均数 3 分。就总量表而言，学校支持平均得分为 4.06 分，显示小学随班就读智力障碍儿童的学校支持情形良好。

各分量表平均每题得分均大于 3 分，分别为"教师支持"是 4.32 分、"同伴支持"是 3.96 分、"课程与教学支持"是 3.44 分、"考试评价支持"是 4.13 分；随班就读智力障碍小学生在学校支持方面，得到支持大小顺序为"教师支持"、"考试评价支持"、"同伴支持"和"课程与教学支持"；教师认为给予随班就读智力障碍小学生在学校支持方面的"教师支持"、"考试评价支持"和"整体学校支持"，是介于基本符合至非常符合之间；"同伴支持"、"课程与教学支持"，是介于不确定至基本符合之间。

表 9-2　　　　小学随班就读智力障碍儿童的学校支持现状分析

变项名称	题数	人数	平均数	标准偏差	平均每题得分
教师支持	8	305	34.59	4.79	4.32
同伴支持	9	305	35.60	6.82	3.96
课程与教学支持	4	305	13.77	3.89	3.44
考试评价支持	3	305	12.40	2.39	4.13
整体学校支持	24	305	96.37	14.75	4.06

三、小学随班就读智力障碍儿童的学校适应现状分析

本研究以平均数、及标准偏差等描述性统计分析来了解小学随班就读智力障碍儿童的学校适应量表及各分量表的现状。小学随班就读智力障碍儿童的学校适应量表及各分量表的得分情形，如表 9-3 所示，"学校适应总量表"得分，其平均数为 59.31 分，标准偏差为 14.03 分，每题平均得分 3.49 分大于理论平均数 3.00 分。就总量表而言，学校适应平均得分为 3.49 分，显示小学随班就读智力障碍儿童的学校适应情形良好。

学生在各分量表的平均每题得分"人际适应"为 3.61 分、"常规适应"为 3.63 分、"生活自理"为 3.78 分，均大于理论平均分 3.00 分；而"学业

适应"为2.88分，小于理论平均分3.00分；随班就读智力障碍小学生在学校适应方面，其适应程度顺序为"生活自理"、"人际适应"、"常规适应"、"学业适应"。教师认为随班就读智力障碍小学生学校适应的"人际适应"、"常规适应"、"生活自理"，是介于基本符合至非常符合之间；而"学业适应"是介于基本不符合至不确定之间。

表9-3　　　　小学随班就读智力障碍儿童的学校适应现状分析

变项名称	题数	人数	平均数	标准偏差	平均每题得分
学业适应	4	305	11.50	4.49	2.88
人际适应	4	305	14.43	3.84	3.61
常规适应	4	305	14.51	4.20	3.63
生活自理	5	305	18.88	4.48	3.78
整体学校适应	17	305	59.31	14.03	3.49

四、小学随班就读智力障碍儿童的家庭支持、学校支持与其学校适应的现状

小学随班就读智力障碍儿童的家庭支持、学校支持与其学校适应的得分情形，如表9-4所示，"整体家庭支持"的平均值为61.25分，每题平均得分4.08分；"整体学校支持"的平均值为96.37分，每题平均得分4.06分；"整体学校适应"的平均值为59.31分，每题平均得分3.49分。"整体家庭支持""整体学校支持"和"整体学校适应"的平均值大于理论平均数3.00分，显示小学随班就读智力障碍儿童的整体家庭支持、整体学校支持情形皆是良好，但其整体学校适应情形并不理想。

小学随班就读智力障碍儿童获得的整体家庭支持要高于整体学校支持，在家庭支持与学校支持得分是介于基本符合至非常符合之间，而教师认为小学随班就读智力障碍儿童的学校适应情形是介于不确定至基本符合之间。小学随班就读智力障碍儿童获得的家庭支持维度中，家长认为给予

孩子最多的是"情感支持"，而在学校支持中，教师认为给予学生最多的是"教师支持"；学生获得的家庭支持与学校支持各维度中，按照得分高低顺序是"教师支持"、"情感支持"、"考试评价支持"、"信息支持"、"同伴支持"、"实质支持"和"课程与教学支持"，而学生在学校适应方面，适应最差的是"学业适应"。

表9-4　　　　小学随班就读智力障碍儿童的家庭支持、
学校支持与其学校适应现状摘要

变项名称	题数	人数	平均数	标准偏差	平均每题得分
信息支持	3	305	11.96	2.14	3.99
实质支持	6	305	23.77	3.94	3.96
情感支持	6	305	25.52	3.37	4.25
整体家庭支持	15	305	61.25	7.70	4.08
教师支持	8	305	34.59	4.79	4.32
同伴支持	9	305	35.60	6.82	3.96
课程与教学支持	4	305	13.77	3.89	3.44
考试评价支持	3	305	12.40	2.39	4.13
整体学校支持	24	305	96.37	14.75	4.06
学业适应	4	305	11.50	4.49	2.88
人际适应	4	305	14.43	3.84	3.61
常规适应	4	305	14.51	4.20	3.63
生活自理	5	305	18.88	4.48	3.78
整体学校适应	17	305	59.31	14.03	3.49

第二节　不同背景变量的小学随班就读智力障碍儿童的家庭支持、学校支持与其学校适应的差异情形

本节依据问卷调查所搜集资料进行统计分析，分别就"年级"、"性别"、"障碍程度"、"资源教室或资源中心"、"学校所在地"、"父母教育

程度"等背景变量，分析不同背景小学随班就读智力障碍儿童的家庭支持、学校支持、学校适应的差异情形。具体分析说明如下。

一、不同背景变量的小学随班就读智力障碍儿童的家庭支持差异情形

（一）年级

不同年级在家庭支持量表三个分量表"信息支持"、"实质支持"、"情感支持"及"家庭支持总量表"的差异情形，如表9-5所示。不同年级学生在家庭支持量表的整体家庭支持无显著差异（$p > 0.05$）。"信息支持"、"实质支持"、"情感支持"和"整体家庭支持"变异数分析考验的 F 值为 0.111、1.358、2.129、0.771（$p > 0.05$），均未达 0.05 显著水平，表示不同年级学生在获得家庭支持方面没有显著不同。总体来说，不管是低、中、高年级学生，获得"整体家庭支持"、"信息支持"、"实质支持"和"情感支持"差异不显著。

表9-5　　　　不同年级学生在"家庭支持"上的 F 检定分析摘要

变项名称	组别	人数	平均数	标准偏差	F 值
信息支持	1. 1~2 年级	121	12.02	2.023	0.111
	2. 3~4 年级	106	11.93	2.085	
	3. 5~6 年级	78	11.88	2.385	
实质支持	1. 1~2 年级	121	24.23	3.721	1.358
	2. 3~4 年级	106	23.49	3.970	
	3. 5~6 年级	78	23.45	4.208	
情感支持	1. 1~2 年级	121	25.50	3.332	2.129
	2. 3~4 年级	106	25.09	3.215	
	3. 5~6 年级	78	26.13	3.591	
整体家庭支持	1. 1~2 年级	121	61.76	7.309	0.771
	2. 3~4 年级	106	60.52	7.739	
	3. 5~6 年级	78	61.46	8.254	

(二)性别

不同性别在家庭支持量表的三个分量表"信息支持"、"实质支持"、"情感支持"及"家庭支持总量表"的差异情形，如表 9-6 所示。不同性别的学生在家庭支持量表的总体家庭支持无显著差异($p>0.05$)。"信息支持"、"实质支持"、"情感支持"、"整体家庭支持"的 t 检定值为 0.406、0.291、0.477、0.245($p>0.05$)，均未达 0.05 的显著水平，表示不同性别的学生在获得家庭支持方面没有显著不同。总体来说，不管是男学生还是女同学，获得的"整体家庭支持"、"信息支持"、"实质支持"、"情感支持"差异不明显。

表 9-6　　　　不同性别学生在"家庭支持"上的 t 检定分析摘要

变项名称	组别	人数	平均数	标准偏差	t 值
信息支持	1. 男	211	11.99	211	0.406
	2. 女	94	11.88	94	
实质支持	1. 男	211	23.73	211	0.291
	2. 女	94	23.87	94	
情感支持	1. 男	211	25.46	211	0.477
	2. 女	94	25.66	94	
整体家庭支持	1. 男	211	61.18	211	0.245
	2. 女	94	61.41	94	

(三)障碍程度

不同障碍程度在家庭支持量表的三个分量表"信息支持"、"实质支持"、"情感支持"及家庭支持总量表的差异情形，如表 9-7 所示。不同障碍程度学生的整体家庭支持有显著差异($p<0.01$)。"信息支持"、"实质支持"、"情感支持"的 t 检定值分别为 4.057($p<0.001$)、2.661($p<0.01$)、

1.383，表示不同障碍程度学生在获得家庭支持的"情感支持"方面有显著差异；不同障碍程度学生在"实质支持"、"信息支持"有显著差异，轻度智力障碍学生获得的"实质支持"、"信息支持"要显著优于中度智力障碍学生。总体来说，轻度智力障碍学生与中度智力障碍学生获得的"情感支持"无显著差异；而在获得"整体家庭支持"、"实质支持"、"信息支持"方面有显著差异，轻度智力障碍学生显著优于中度智力障碍学生。

表 9-7　　　不同障碍程度学生在"家庭支持"上的 t 检定分析摘要

变项名称	组别	人数	平均数	标准偏差	t 值
信息支持	1. 轻度	172	12.40	1.847	4.057***
	2. 中度	133	11.39	2.348	
实质支持	1. 轻度	172	24.30	3.855	2.661**
	2. 中度	133	23.10	3.962	
情感支持	1. 轻度	172	25.76	3.147	1.383
	2. 中度	133	25.22	3.633	
整体家庭支持	1. 轻度	172	62.45	7.085	3.126**
	2. 中度	133	59.71	8.206	

注：** 表示 $p<0.01$，*** 表示 $p<0.001$。

(四)父母教育程度

不同父母教育程度在家庭支持量表的三个分量表"信息支持"、"实质支持"、"情感支持"及家庭支持总量表的差异情形，如表 9-8 所示。不同父母教育程度学生在家庭支持量表的总体家庭支持无显著差异($p>0.05$)。"信息支持"、"实质支持"、"情感支持"变异数分析考验的 F 值分别为0.172、0.113、0.124，均未达 0.05 的显著水平，表示不同父母教育程度的学生在获得"信息支持"、"实质支持"、"情感支持"及"整体家庭支持"方面无显著差异。

表 9-8　　不同父母教育程度学生在"家庭支持"上的 F 检定分析摘要

变项名称	组别	人数	平均数	标准偏差	F 值
信息支持	1. 初中及以下	174	11.90	2.217	0.172
	2. 高中	63	12.06	1.857	
	3. 大专及以上	68	12.01	2.189	
实质支持	1. 初中及以下	174	23.72	3.686	0.113
	2. 高中	63	23.98	3.722	
	3. 大专及以上	68	23.71	4.744	
情感支持	1. 初中及以下	174	25.55	3.040	0.124
	2. 高中	63	25.63	3.539	
	3. 大专及以上	68	25.35	4.014	
整体家庭支持	1. 初中及以下	174	61.17	7.349	0.127
	2. 高中	63	61.68	7.662	
	3. 大专及以上	68	61.07	8.672	

二、不同背景变量小学随班就读智力障碍儿童的学校支持差异情形

(一)年级

不同年级在学校支持量表的四个分量表"教师支持""同伴支持""课程与教学支持""考试评价支持"及学校支持总量表的差异情形,如表 9-9 所示。不同年级的学生在学校支持量表的整体学校支持没有显著差异($p>0.05$)。"教师支持""同伴支持""课程与教学支持""考试评价支持"变异数分析考验的 F 值为 1.753、9.955、0.322、0.832($p>0.05$),均未达 0.05 的显著水平,表示不同年级的学生在获得"教师支持"、"同伴支持"、"课程与教学支持"、"考试评价支持"及"整体学校支持"方面没有显著差异。

表 9-9　　　　　不同年级学生在"学校支持"上的 F 检定分析摘要

变项名称	组别	人数	平均数	标准偏差	F 值
教师支持	1.1~2 年级	121	34.16	5.227	1.753
	2.3~4 年级	106	34.47	4.538	
	3.5~6 年级	78	35.44	4.338	
同伴支持	1.1~2 年级	121	35.43	6.883	0.955
	2.3~4 年级	106	35.14	6.851	
	3.5~6 年级	78	36.50	6.693	
课程与教学支持	1.1~2 年级	121	13.91	4.008	0.322
	2.3~4 年级	106	13.53	3.855	
	3.5~6 年级	78	13.90	3.789	
考试评价支持	1.1~2 年级	121	12.33	2.468	0.832
	2.3~4 年级	106	12.25	2.411	
	3.5~6 年级	78	12.69	2.223	
整体学校支持	1.1~2 年级	121	95.83	15.457	1.147
	2.3~4 年级	106	95.40	14.734	
	3.5~6 年级	78	98.53	13.579	

(二)性别

不同性别在学校支持量表的四个分量表"教师支持"、"同伴支持"、"课程与教学支持"、"考试评价支持"得分的平均数与标准偏差,如表 9-10 所示。不同性别的学生在学校支持量表的整体学校支持没有显著差异($p > 0.05$)。"教师支持"、"同伴支持"的 t 检定值分别为 0.349、0.586($p > 0.05$),"教师支持"、"同伴支持"均未达 0.05 的显著水平,表示不同性别的学生在获得"教师支持"、"同伴支持"方面没有显著差异。"课程与教学支持"、"考试评价支持"的 t 检定值分别为 3.546($p < 0.001$)、2.715($p < 0.01$),"课程与教学支持"、"考试评价支持"均达 0.001 或 0.01 的显著水

平，表示不同性别的学生在获得"课程与教学支持"、"考试评价支持"方面有显著差异，女生获得的"课程与教学支持"与"考试评价支持"多于男生获得的"课程与教学支持"与"考试评价支持"。

表9-10　　　　不同性别学生在"学校支持"上的 t 检定分析摘要

变项名称	组别	人数	平均数	标准偏差	t 值
教师支持	1. 男	211	34.65	4.986	0.349
	2. 女	94	34.46	4.335	
同伴支持	1. 男	211	35.45	7.087	0.586
	2. 女	94	35.95	6.214	
课程与教学支持	1. 男	211	13.28	3.992	3.546 ***
	2. 女	94	14.87	3.427	
考试评价支持	1. 男	211	12.15	2.538	2.715 **
	2. 女	94	12.95	1.903	
整体学校支持	1. 男	211	95.54	15.446	1.469
	2. 女	94	98.22	12.948	

注：** 表示 $p<0.01$，*** 表示 $p<0.001$。

(三)障碍程度

不同障碍程度在学校支持量表的四个分量表"教师支持"、"同伴支持"、"课程与教学支持"、"考试评价支持"得分的平均数与标准偏差，如表9-11所示。不同障碍程度的学生在学校支持量表的整体学校支持没有显著差异($p>0.05$)。"教师支持"、"同伴支持"、"课程与教学支持"、"考试评价支持"的 t 检定值分别为1.814、2.861($p<0.01$)、0.146、0.640，"教师支持"、"课程与教学支持"、"考试评价支持"均未达0.05的显著水平，表示不同障碍程度的学生在获得"教师支持"、"课程与教学支持"、"考试评价支持"方面没有显著差异。"同伴支持"达0.01显著水平，表示不同障

碍程度的学生在获得"同伴支持"方面有显著差异，轻度智力障碍学生获得"同伴支持"要优于中度智力障碍学生。

表 9-11 不同障碍程度学生在"学校支持"上的 t 检定分析摘要

变项名称	组别	人数	平均数	标准偏差	t 值
教师支持	1. 轻度	172	35.03	4.495	1.814
	2. 中度	133	34.03	5.105	
同伴支持	1. 轻度	172	36.60	5.959	2.861**
	2. 中度	133	34.31	7.630	
课程与教学支持	1. 轻度	172	13.80	3.875	0.146
	2. 中度	133	13.74	3.927	
考试评价支持	1. 轻度	172	12.32	2.408	0.640
	2. 中度	133	12.50	2.363	
整体学校支持1. 男	1. 轻度	172	97.76	13.616	1.877
	2. 中度	133	94.57	15.977	

注: ** 表示 $p < 0.01$。

(四)有无资源教室或资源中心

有无资源教室或资源中心在学校支持量表的四个分量表"教师支持"、"同伴支持"、"课程与教学支持"和"考试评价支持"得分的平均数与标准偏差，如表 9-12 所示。有无资源教室或资源中心的学生在学校支持量表的总体学校支持无显著差异（$p > 0.05$）。"教师支持"、"同伴支持"、"课程与教学支持"和"考试评价支持"的 t 检定值分别为 0.225、1.309、0.244、0.474（$p > 0.05$），均未达 0.05 的显著水平，表示有无资源教室或资源中心的学生在获得"教师支持"、"同伴支持"、"课程与教学支持"和"考试评价支持"方面没有显著差异。总体来说，有无资源教室或资源中心的学校，其学生获得的整体学校支持"教师支持"、"同伴支持"、"课程与教学支持"和"考试评价支持"，没有显著差异。

表 9-12　　　有无资源教室学生在"学校支持"上的 t 检定分析摘要

变项名称	组别	人数	平均数	标准偏差	t 值
教师支持	1. 有	149	34.53	4.885	0.225
	2. 无	156	34.65	4.709	
同伴支持	1. 有	149	35.08	6.703	1.309
	2. 无	156	36.10	6.921	
课程与教学支持	1. 有	149	13.72	3.857	0.244
	2. 无	156	13.83	3.935	
考试评价支持	1. 有	149	12.46	2.321	0.474
	2. 无	156	12.33	2.453	
整体学校支持	1. 有	149	95.79	14.699	0.665
	2. 无	156	96.92	14.829	

(五)学校所在地

不同学校所在地在学校支持量表的四个分量表"教师支持"、"同伴支持"、"课程与教学支持"和"考试评价支持"得分的平均数与标准偏差，如表 9-13 所示。不同学校所在地的学生在学校支持量表的整体学校支持有显著差异($p<0.01$)。"教师支持"、"同伴支持"、"课程与教学支持"和"考试评价支持"的 t 检定值为 2.461、2.339、2.245、1.542，"教师支持"、"同伴支持"和"课程与教学支持"均达 0.05 的显著水平，表示不同学校所在地的学生在获得"教师支持"、"同伴支持"和"课程与教学支持"方面有显著差异，城市学校的智力障碍小学生获得"教师支持"、"同伴支持"和"课程与教学支持"方面支持优于农村学校的智力障碍小学生。"考试评价支持"的 t 检定值为 1.542，未达 0.05 的显著水平，表示不同学校所在地的学生在获得"考试评价支持"方面没有显著差异。总体来说，学校所在地是城市

的学校与学校所在地是农村的学校相比，其学生获得的"整体学校支持"、"教师支持"、"同伴支持"和"课程与教学支持"都会相应的更多。

表 9-13　　不同学校所在地学生在"学校支持"上的 t 检定分析摘要

变项名称	组别	人数	平均数	标准偏差	t 值
教师支持	1. 城市	127	35.39	4.377	2.461*
	2. 农村	178	34.03	4.997	
同伴支持	1. 城市	127	36.68	7.218	2.339*
	2. 农村	178	34.84	6.439	
课程与教学支持	1. 城市	127	14.36	3.876	2.245*
	2. 农村	178	13.35	3.858	
考试评价支持	1. 城市	127	12.65	2.180	1.542
	2. 农村	178	12.22	2.514	
整体学校支持	1. 城市	127	99.07	14.527	2.732**
	2. 农村	178	94.44	14.648	

注：* 表示 $p<0.05$，** 表示 $p<0.01$。

三、不同背景变量小学随班就读智力障碍儿童的学校适应差异情形

（一）年级

不同年级在学校适应量表的四个分量表"学业适应"、"人际适应"、"常规适应"和"生活自理"得分的平均数与标准偏差，如表 9-14 所示。不同年级的学生在学校适应量表的整体学校适应没有显著差异（ $p>0.05$ ）。"学业适应"、"人际适应"、"常规适应"和"生活自理"变异数分析考验的 F 值分别为 0.010、0.146、4.403（ $p<0.05$ ）、2.037，"学业适应"、"人际适应"和"生活自理"均未达 0.05 的显著水平，表示不同年级的学生在"学

业适应"、"人际适应"和"生活自理"方面适应没有显著差异。"常规适应"变异数分析考验的 F 值达 0.05 的显著水平，表示不同年级的学生在"常规适应"方面适应有显著差异。用 Scheffe 法做事后比较，发现 1~2 年级学生"常规适应"与 5~6 年级学生有显著差异，5~6 年级学生"常规适应"优于 1~2 年级学生。总体来说，不同年级的学生在总体学校适应方面没有显著差异，但是学生的年级越高，"常规适应"方面适应会越好。

表 9-14　　　不同年级学生在"学校适应"上的 F 检定分析摘要

变项名称	组别	人数	平均数	标准偏差	F 值	事后比较
学业适应	1. 1~2 年级	121	11.55	4.583	0.010	
	2. 3~4 年级	106	11.48	4.408		
	3. 5~6 年级	78	11.46	4.512		
人际适应	1. 1~2 年级	121	14.53	3.941	0.146	
	2. 3~4 年级	106	14.45	3.316		
	3. 5~6 年级	78	14.23	4.363		
常规适应	1. 1~2 年级	121	13.86	4.407	4.403*	
	2. 3~4 年级	106	14.42	4.087		
	3. 5~6 年级	78	15.64	3.824		3>1
生活自理	1. 1~2 年级	121	18.42	4.602	2.037	
	2. 3~4 年级	106	18.78	4.353		
	3. 5~6 年级	78	19.72	4.396		
整体学校适应	1. 1~2 年级	121	58.36	14.844	0.888	
	2. 3~4 年级	106	59.13	13.515		
	3. 5~6 年级	78	61.05	13.430		

注：* 表示 $p < 0.05$。

(二)性别

不同性别在学校适应量表的四个分量表"学业适应"、"人际适应"、

"常规适应"和"生活自理"得分的平均数与标准偏差，如表9-15所示。不同性别的学生在学校适应量表的整体学校适应有显著差异（$p<0.05$）。"学业适应"、"人际适应"、"常规适应"和"生活自理"的 t 检定值分别为 1.994（$p<0.05$）、1.518、1.785、1.509，"人际适应"、"常规适应"和"生活自理"均未达 0.05 的显著水平，表示不同性别的学生在"人际适应"、"常规适应"和"生活自理"方面适应没有显著差异。"学业适应"的 t 检定值为 1.994（$p<0.05$），达 0.05 的显著水平，表示不同性别的学生在"学业适应"方面适应有显著差异，女生在"学业适应"方面适应显著优于男生"学业适应"。总体来说，男女学生在"整体学校适应"、"学业适应"方面有显著差异，女生在"整体学校适应"和"学业适应"方面优于男生"整体学校适应"和"学业适应"。

表9-15   不同性别学生在"学校适应"上的 t 检定分析摘要

变项名称	组别	人数	平均数	标准偏差	t 值
学业适应	1. 男	211	11.16	4.283	1.994*
	2. 女	94	12.27	4.860	
人际适应	1. 男	211	14.20	3.733	1.518
	2. 女	94	14.93	4.054	
常规适应	1. 男	211	14.22	4.300	1.785
	2. 女	94	15.15	3.913	
生活自理	1. 男	211	18.62	4.371	1.509
	2. 女	94	19.46	4.687	
整体学校适应	1. 男	211	58.21	13.474	2.074*
	2. 女	94	61.80	14.989	

注：* 表示 $p<0.05$。

（三）障碍程度

不同障碍程度在学校适应量表"学业适应"、"人际适应"、"常规适应"和"生活自理"得分的平均数与标准偏差,如表9-16所示。不同障碍程度学生在学校适应量表的整体学校适应有显著差异($p<0.001$)。"学业适应"、"人际适应"、"常规适应"和"生活自理"的 t 检定值分别为5.425、4.682、2.997、5.559,均达0.001或0.01的显著水平,表示不同障碍程度的学生在"学业适应"、"人际适应"、"常规适应"和"生活自理"方面适应有显著差异。总体来说,不同障碍程度在"整体学校适应"、"学业适应"、"人际适应"和"常规适应"、"生活自理"方面有显著差异,轻度智力障碍学生适应情形均优于中度智力的学生。

表9-16 不同障碍程度学生在"学校适应"上的 t 检定分析摘要

变项名称	组别	人数	平均数	标准偏差	t 值
学业适应	1. 轻度	172	12.67	4.173	5.425***
	2. 中度	133	9.98	4.445	
人际适应	1. 轻度	172	15.33	3.326	4.682***
	2. 中度	133	13.26	4.154	
常规适应	1. 轻度	172	15.13	4.078	2.997**
	2. 中度	133	13.70	4.232	
生活自理	1. 轻度	172	20.10	3.930	5.559***
	2. 中度	133	17.30	4.664	
整体学校适应	1. 轻度	172	63.23	12.788	5.839***
	2. 中度	133	54.25	13.990	

注:** 表示 $p<0.01$,*** 表示 $p<0.001$。

(四)有无资源教室或资源中心

资源教室或资源中心建立与否在学校适应量表的四个分量表"学业适应"、"人际适应"、"常规适应"和"生活自理"得分的平均数与标准偏差,如表9-17所示。有无资源教室或资源中心的学生在学校适应量表的"整体学校适应"没有显著差异($p>0.05$)。"学业适应"、"人际适应"、"常规适应"和"生活自理"的 t 检定值分别为 1.065、1.509、0.537、0.586、1.102，均未达 0.05 的显著水平，表示有无资源教室或资源中心的学生在"学业适应"、"人际适应"、"常规适应"和"生活自理"方面适应没有显著差异。总体来说，有无资源教室或资源中心，学生在"整体学校适应"、"学业适应"、"人际适应"、"常规适应"和"生活自理"无显著差异。

表 9-17　有无资源教室或资源中心在"学校适应"上的 t 检定分析摘要

变项名称	组别	人数	平均数	标准偏差	t 值
学业适应	1. 有	149	11.22	4.279	1.065
	2. 无	156	11.77	4.681	
人际适应	1. 有	149	14.09	3.785	1.509
	2. 无	156	14.75	3.882	
常规适应	1. 有	149	14.38	4.109	0.537
	2. 无	156	14.63	4.294	
生活自理	1. 有	149	18.72	4.239	0.586
	2. 无	156	19.03	4.707	
整体学校适应	1. 有	149	58.41	13.339	1.102
	2. 无	156	60.18	14.654	

(五)学校所在地

不同学校所在地在学校适应量表的四个分量表"学业适应"、"人际适应"、"常规适应"和"生活自理"得分的平均数与标准偏差，如表 9-18 所示。不同学校所在地学生在学校适应量表的"整体学校适应"有显著差异($p<0.05$)，城市学校学生"整体学校适应"要优于农村学校学生。"学业适应"、"人际适应"、"常规适应"和"生活自理"的 t 检定值分别为 2.300、2.217、1.175、1.074，"学业适应"和"人际适应"达 0.05 的显著水平，表

示不同学校所在地学生在"学业适应"和"人际适应"方面适应有显著差异；"常规适应"和"生活自理"，未达到显著水平（$p>0.05$），不同学校所在地学生"常规适应"和"生活自理"无显著差异。总体来说，城市学校与农村学校，学生在"整体学校适应"、"学业适应"和"人际适应"方面有显著差异，城市学校的学生在"整体学校适应"、"学业适应"和"人际适应"方面于农村学校的学生。学校所在地，对学生"常规适应"和"生活自理"影响不显著。

表9-18　　不同学校所在地学生在"学校适应"上的 t 检定分析摘要

变项名称	组别	人数	平均数	标准偏差	t 值
学业适应	1. 城市	127	12.22	4.971	2.300*
	2. 农村	178	10.99	4.049	
人际适应	1. 城市	127	15.00	3.740	2.217*
	2. 农村	178	14.02	3.873	
常规适应	1. 城市	127	14.84	3.969	1.175
	2. 农村	178	14.27	4.352	
生活自理	1. 城市	127	19.20	4.552	1.074
	2. 农村	178	18.65	4.426	
整体学校适应	1. 城市	127	61.27	14.238	2.064*
	2. 农村	178	57.92	13.754	

注：* 表示 $p<0.05$。

四、不同背景变量的小学随班就读智力障碍儿童的家庭支持、学校支持与其学校适应差异情形的总体表现

不同背景变量的小学随班就读智力障碍儿童在家庭支持、学校支持与其学校适应方面有差异，研究者合并各背景变量的小学随班就读智力障碍儿童在家庭支持、学校支持与其学校适应方面的差异情形，如表9-19所示。

（1）不同年级在家庭支持总量表及各分量表表现均无差异，在学校支持总量表及各分量表表现也无差异；而不同年级在学校适应的常规适应分量表（$p<0.05$）有显著差异，5~6年级学生常规适应比1~2年级智力障碍学生要适应的更好一些；在学校适应总量表及其他分量表表现均无显著差异。

（2）不同性别在家庭支持总量表及各分量表表现均无差异，不同性别在学校支持的课程与教学支持分量表（$p<0.001$）、考试评价支持分量表（$p<0.01$）有显著差异，女生表现优于男生，在学校支持总量表及其他分量表表现均无显著差异；不同性别在学校适应量表的学业适应分量表（$p<0.05$）及整体学校适应表现（$p<0.05$）有显著差异，女生表现优于男生，在学校适应总量表及其他分量表表现均无显著差异。

（3）不同障碍程度在家庭支持总量表（$p<0.001$）、信息支持分量表（$p<0.01$）及实质支持分量表（$p<0.01$）表现均有显著差异，轻度智力障碍学生表现优于中度智力障碍学生，在情感支持分量表无显著差异；不同障碍程度在学校支持的同伴支持分量表（$p<0.01$）有显著差异，轻度智力障碍学生表现优于中度智力障碍学生，在学校支持总量表及其他分量表表现均无显著差异；不同障碍程度在整体学校适应表现及学校适应各分量表表现均有显著差异（$p<0.001$），轻度智力障碍学生表现优于中度智力障碍学生。

（4）不同父母教育程度在家庭支持总量表及各分量表表现均无差异。

（5）有无资源教室或中心在学校支持总量表及各分量表表现均无差异，有无资源教室或中心在学校适应总量表及各分量表表现均无差异。

（6）不同学校所在地在学校支持总量表（$p<0.01$）、教师支持分量表（$p<0.05$）、同伴支持分量表（$p<0.05$）、课程与教学支持分量表（$p<0.05$）表现均有差异，城市学生表现优于农村学生表现，不同学校所在地在学校支持的考试评价支持分量表无显著差异；不同学校所在地在整体学校适应（$p<0.05$）、学校适应量表的学业适应分量表（$p<0.05$）及人际适应分量表表现（$p<0.05$）有显著差异，城市学生表现优于农村学生表现，不同学校所在地在学校适应的常规适应及生活资料分量表表现均无显著差异。

表 9-19　　不同背景变量在家庭支持、学校支持与学校适应差异情形合并摘要

变项名称	学生背景变量			家长背景变量	学校背景变量	
支持系统 学校适应	年级 F 值	性别 t 值	障碍程度	父母教育 程度 F 值	有无资源 教室或中心	学校 所在地
信息支持	0.111	0.406	4.057***	0.172		
实质支持	1.358	0.291	2.661**	0.113		
情感支持	2.129	0.477	1.383	0.124		
整体家庭支持	0.771	0.245	3.126**	0.127		
教师支持	1.753	0.349	1.814		0.225	2.461*
同伴支持	0.955	0.586	2.861**		1.309	2.339*
课程与教学支持	0.322	3.546***	0.146		0.244	2.245*
考试评价支持	0.832	2.715**	0.640		0.474	1.542
整体学校支持	1.147	1.469	1.877		0.665	2.732**
学业适应	0.010	1.994*	5.425***		1.065	2.300*
人际适应	0.146	1.518	4.682***		1.509	2.217*
常规适应	4.403*	1.785	2.997**		0.537	1.175
生活自理	2.037	1.509	5.559***		0.586	1.074
整体学校适应	0.888	2.074*	5.839***		1.102	2.064*

注：* 表示 $p<0.05$，** 表示 $p<0.01$，*** 表示 $p<0.001$。

第三节　小学随班就读智力障碍儿童的家庭支持、学校支持与其学校适应的相关性

本节主要在讨论小学随班就读智力障碍儿童的家庭支持、学校支持与学校适应的相关情形，以皮尔森积差相关来考验是否存在相关，进而分别进行讨论。本研究家庭支持包括信息支持、实质支持与情感支持；学校支持包括教师支持、同伴支持、课程与教学支持与考试评价支持；学校适应包括学业适应、人际适应、常规适应与生活自理。

一、小学随班就读智力障碍儿童的家庭支持与其学校适应的相关性

由表9-20可以看出，小学随班就读学生家庭支持的三个层面和学校适应的四个层面部分显著相关，家庭支持与学校适应各层面之间的相关系数范围是0.236~0.579。

表9-20 小学随班就读智力障碍儿童的家庭支持与学校适应的相关性

层面名称	学业适应	人际适应	常规适应	生活自理	整体学校适应
信息支持	0.447**	0.486**	0.418**	0.557**	0.579**
实质支持	0.370**	0.371**	0.343**	0.431**	0.460**
情感支持	0.236**	0.296**	0.388**	0.341**	0.381**
整体家庭支持	0.416**	0.454**	0.461**	0.524**	0.563**

注：** 表示 $p<0.01$。

从家庭支持各层面与学校适应各层面的相关情形，做如下叙述：

（1）家庭支持的信息支持层面，与学业适应、人际适应、常规适应、生活自理及整体学校适应呈现正相关，相关系数范围是0.418~0.579，相关系数达0.01显著水平。

（2）家庭支持的实质支持层面，与学业适应、人际适应、常规适应、生活自理及整体学校适应呈现正相关，相关系数范围是0.343~0.460，相关系数达0.01显著水平。

（3）家庭支持的情感支持层面，与学业适应、人际适应、常规适应、生活自理及整体学校适应呈现正相关，相关系数范围是0.236~0.381，相关系数达0.01显著水平。

（4）整体家庭支持层面，与学业适应、人际适应、常规适应、生活自理及整体学校适应呈现正相关，相关系数范围是0.416~0.563，相关系数达0.01的显著水平。

综上所述，小学随班就读智力障碍儿童的整体家庭支持及家庭支持三个层面都与其整体学校适应及学校适应四个层面有显著正相关，应加大对小学随班就读智力障碍儿童的家庭支持，促进其学校适应，从而实现小学随班就读智力障碍儿童的成长成才。

二、小学随班就读智力障碍儿童的学校支持与其学校适应的相关性

由表 9-21 可以看出，小学随班就读学生学校支持的四个层面和学校适应的四个层面部分显著相关，家庭支持与学校适应各层面之间相关系数是 0.136~0.638。

表 9-21　　小学随班就读智力障碍儿童的学校支持与学校适应的相关性

层面名称	学业适应	人际适应	常规适应	生活自理	整体学校适应
教师支持	0.136[*]	0.312[**]	0.191[**]	0.241[**]	0.263[**]
同伴支持	0.422[**]	0.638[**]	0.326[**]	0.431[**]	0.545[**]
课程与教学支持	0.351[**]	0.375[**]	0.223[**]	0.259[**]	0.364[**]
考试评价支持	0.151[**]	0.192[**]	0.221[**]	0.179[**]	0.224[**]
整体学校支持	0.356[**]	0.526[**]	0.307[**]	0.375[**]	0.470[**]

注：[*] 表示 $p<0.05$，[**] 表示 $p<0.01$。

从学校支持各层面与学校适应各层面的相关情形，做如下叙述：

(1)学校支持的教师支持层面，与学业适应、人际适应、常规适应、生活自理及整体学校适应呈现正相关，相关系数范围是 0.136~0.312。教师支持与人际适应、常规适应、生活自理及整体学校适应，相关系数达 0.01 的显著水平。教师支持层面与学业适应，相关系数 0.05 的显著水平。

(2)学校支持的同伴支持层面，与学业适应、人际适应、常规适应、生活自理及整体学校适应呈现正相关，相关系数范围是 0.326~0.638，相关系数达 0.01 显著水平。

（3）学校支持的考试评价支持，与学业适应、人际适应、常规适应、生活自理及整体学校适应呈现正相关，相关系数范围是 0.223~0.375，相关系数达 0.01 的显著水平。

（4）整体学校支持层面，与学业适应、人际适应、常规适应、生活自理及整体学校适应呈现正相关，相关系数范围是 0.307~0.526，相关系数达 0.01 的显著水平。

综上所述，小学随班就读智力障碍儿童的整体学校支持及学校支持三个层面都与其整体学校适应及学校适应四个层面有显著正相关，但教师支持与整体学校适应及学校适应四个层面的相关程度最低。这可能是教师支持没有发挥应有的作用有关，崔艳萍等（2012）调查山西 5 所随班就读小学，发现智力障碍儿童随班就读存在学习和发展不足、师资培训不到位、保障体系不健全等问题。应加大对小学随班就读智力障碍儿童的学校支持，尤其是教师支持，促进其学校适应，从而实现小学随班就读智力障碍儿童的成长成才。

三、小学随班就读智力障碍儿童的家庭支持与其学校支持的相关性

由表 9-22 可以看出，小学随班就读学生学校支持的四个层面和家庭支持的三个层面部分显著相关，家庭支持与学校适应各层面之间相关系数是 0.242~0.532。

表 9-22　　小学随班就读智力障碍儿童的家庭支持与学校支持的相关性

层面名称	教师支持	同伴支持	课程教学	考试评价	整体学校支持
信息支持	0.328**	0.425**	0.242**	0.253**	0.408**
实质支持	0.332**	0.330**	0.280**	0.329**	0.387**
情感支持	0.453**	0.432**	0.329**	0.431**	0.503**
整体家庭支持	0.459**	0.476**	0.354**	0.427**	0.532**

注：** 表示 $p<0.01$。

从家庭支持各层面与学校支持各层面的相关情形，做如下叙述：

（1）家庭支持的信息支持，与教师支持、同伴支持、课程与教学支持、考试评价及整体学校适应呈正相关，相关系数范围是 0.242～0.425，相关系数达 0.01 的显著水平。

（2）家庭支持的实质支持，与教师支持、同伴支持、课程与教学支持、考试评价及整体学校适应呈正相关，相关系数是 0.280～0.387，相关系数达 0.01 的显著水平。

（3）家庭支持的情感支持，与教师支持、同伴支持、课程与教学支持、考试评价及整体学校适应呈正相关，相关系数是 0.329～0.303，相关系数达 0.01 的显著水平。

（4）整体家庭支持层面，与教师支持、同伴支持、课程与教学支持、考试评价及整体学校适应呈正相关，相关系数是 0.354～0.532，相关系数达 0.01 的显著水平。

综上所述，小学随班就读智力障碍儿童的整体家庭支持及家庭支持三个层面都与其整体学校支持及学校适应四个层面有显著正相关，应加大对小学随班就读智力障碍儿童的家庭支持与学校支持力度，实现家校合作一体化，从而促进小学随班就读智力障碍儿童的成长。

第四节　小学随班就读智力障碍儿童的家庭支持、学校支持对其学校适应的预测力

为了更清楚了解小学随班就读智力障碍儿童的家庭支持、学校支持对其学校适应所具有的影响，本研究逐步回归的分析方法：（1）以家庭支持：包含信息支持、实质支持、情感支持和整体家庭支持为预测变项，以学校适应为效标变项，进行统计分析，期待能找出预测小学随班就读智力障碍儿童学校适应的重要变项；（2）以学校支持：包括教师支持、同伴支持、课程与教学支持、考试评价支持和整体学校支持为预测变项，以学校适应为效标变项，进行统计分析，期待能找出预测小学随班就读智力障碍儿童

学校适应的重要变项；（3）以家庭支持：包含信息支持、实质支持、情感支持和整体家庭支持为预测变项，以学校支持为效标变项，进行统计分析，期待能找出预测小学随班就读智力障碍儿童学校支持的重要变项；（4）以学校支持：包括教师支持、同伴支持、课程与教学支持、考试评价支持和整体学校支持为预测变项，以家庭支持为效标变项，进行统计分析，期待能找出预测小学随班就读智力障碍儿童家庭支持的重要变项。

一、小学随班就读智力障碍儿童的家庭支持对其学校适应的预测力

依据表 9-19 相关分析摘要表可知：小学随班就读智力障碍儿童的家庭支持与其学校适应之间，具有显著相关性，因而进一步用多元回归分析，如表 9-23 所示。可借由"整体家庭支持"来预测小学随班就读智力障碍儿童的学校适应情形（$F = 89.852$，$p < 0.001$），且其预测的解释量达 3.8%。在家庭支持分层面上，信息支持在预测学校适应上有达显著性（$F = 152.680$，$p < 0.001$），且其预测的解释量达 33.5%。

总之，加大对小学随班就读智力障碍儿童的整体家庭支持，尤其是强化信息支持，有助于提高其学校适应能力。

表 9-23　　　以"家庭支持"预测"学校适应"的回归分析摘要

变项名称	变异来源（SV）	离均差平方和（SS）	自由度（df）	均方（MS）	F 值	R^2 变更
信息支持	回归	20055.234	1	20055.234	152.680***	0.335
	残差	39800.549	303	131.355		
	总计	59855.784	304			
整体家庭支持	回归	22329.776	2	11164.888	89.852***	0.038
	残差	37526.008	302	124.258		
	总计	59855.784	304			

注：*** 表示 $p < 0.001$。

二、小学随班就读智力障碍儿童的学校支持对其学校适应的预测力

依据表 9-20 相关分析摘要表可知：小学随班就读智力障碍儿童的学校支持与其学校适应之间，具有显著相关性，因而进一步用多元回归分析，如表 9-24 所示。可借由"学校支持"的"同伴支持"、"教师支持"和"课程与教学支持"来预测小学随班就读智力障碍儿童的学校适应情形。同伴支持在预测学校适应上有达显著性（$F = 128.060$，$p<0.001$），且其预测的解释量达 29.7%；教师支持在预测学校适应上有达显著性（$F = 68.064$，$p<0.001$），且其预测的解释量达 1.4%；课程与教学支持在预测学校适应上有达显著性（$F = 47.994$，$p<0.001$），且其预测的解释量达 1.3%。"同伴支持"、"教师支持"和"课程与教学支持"来预测小学随班就读智力障碍儿童的学校适应情形，显示同伴支持对小学随班就读智力障碍儿童的学校适应具有较大的预测力。

总之，加大对小学随班就读智力障碍儿童的同伴支持、教师支持及课程与教学支持，尤其是发挥同伴支持的作用，有助于提高其学校适应能力。

表 9-24 以"学校支持"预测"学校适应"的回归分析摘要

变项名称	变异来源（SV）	离均差平方和（SS）	自由度（df）	均方（MS）	F 值变更	R^2变更
同伴支持	回归	17782.043	1	17782.043	128.060***	0.297
	残差	42073.740	303	138.857		
	总计	59855.784	304			
教师支持	回归	18597.484	2	9298.742	68.064***	0.014
	残差	41258.299	302	136.617		
	总计	59855.784	304			
课程与教学支持	回归	19367.399	3	6455.800	47.994***	0.013
	残差	40488.385	301	134.513		
	总计	59855.784	304			

注：*** 表示 $p<0.001$。

三、小学随班就读智力障碍儿童的家庭支持对其学校支持的预测力

依据表 9-22 相关分析摘要表可知：小学随班就读智力障碍儿童的家庭支持与其学校支持之间，具有显著相关性，因而进一步用多元回归分析，如表 9-25 所示。可借由"整体家庭支持"来预测小学随班就读智力障碍儿童的学校支持情形（$F = 119.353$，$p < 0.001$），且其预测的解释量达 28.3%。在家庭支持分层面上，实质支持在预测学校支持上有达显著性（$F = 65.312$，$p < 0.001$），且其预测的解释量达 1.9%。

总之，加大对小学随班就读智力障碍儿童的整体家庭支持，尤其是给予实质支持，有助于其获得较多学校支持。

表 9-25　　　　以"家庭支持"预测"学校支持"的回归分析摘要

变项名称	变异来源（SV）	离均差平方和（SS）	自由度（df）	均方（MS）	F 值	R²变更
整体家庭支持	回归	18695.823	1	18695.823	119.353***	0.283
	残差	47463.049	303	156.644		
	总计	66158.872	304			
实质支持	回归	19975.591	2	9987.795	65.312***	0.019
	残差	46183.281	302	152.925		
	总计	66158.872	304			

注：*** 表示 $p < 0.001$。

四、小学随班就读智力障碍儿童的学校支持对其家庭支持的预测力

依据表 9-22 相关分析摘要表可知：小学随班就读智力障碍儿童的学校支持与其家庭支持之间，具有显著相关性，因而进一步用多元回归分析，

如表 9-26 所示。可借由"整体学校支持"来预测小学随班就读智力障碍儿童的家庭支持情形($F=119.353$，$p<0.001$)，且其预测的解释量达 28.3%。

总之，整体学校支持对小学随班就读智力障碍儿童的家庭支持有预测力，加大对小学随班就读智力障碍儿童的整体学校支持，有助其获得较多家庭支持。

表 9-26　　　　　以"学校支持"预测"家庭支持"的回归分析摘要

变项名称	变异来源 （SV）	离均差平方和 （SS）	自由度 （df）	均方（MS）	F 值变更	R^2 变更
整体学校支持	回归	5096.666	1	5096.666	119.353***	0.283
	残差	12938.895	303	42.703		
	总计	18035.561	304			

注：*** 表示 $p<0.001$。

本 章 结 语

小学随班就读智力障碍儿童的家庭支持、学校支持及其学校适应的整体现状属于中上水平。小学随班就读智力障碍儿童的家庭支持中"情感支持"获得度最高，"信息支持"与"实质支持"获得度较一般。小学随班就读智力障碍儿童的学校支持中"教师支持"获得度最高，"考试评价支持"获得度良好，而"同伴支持"与"课程与教学支持"获得度较一般。小学随班就读智力障碍儿童的学校适应中"生活自理"表现最好，"常规适应"与"人际适应"表现良好，而"学业适应"表现较差。不同障碍程度的小学随班就读智力障碍儿童在家庭支持的差异达显著水平，轻度智力障碍小学生获得家庭支持较好。性别、障碍程度、学校所在的小学随班就读智力障碍儿童在学校支持的差异达显著水平，女生、轻度智力障碍及城市学校的小学生获得学校支持较好。年级、性别、障碍程度及学校所在地的小学随班就读智力障碍儿童在学校适应的差异达显著水平，5~6年级、女生、轻度智力障碍及城市学校的小学生学校适应较好。小学随班就读智力障碍儿童的家庭支持、学校支持与学校适应之间呈正相关。小学随班就读智力障碍儿童的家庭支持、学校支持对学校适应具预测力。

第十章　随班就读智力障碍儿童学校适应的提升途径

通过调查广东省小学随班就读智力障碍儿童的学校适应，分析家庭支持现状和影响因素，学校支持的现状及影响因素，学校适应现状及影响因素，并且分析了家庭支持、学校支持对其学校适应的预测性。需要对比调查研究发现与已有研究者的发现之间的差异。本章节首先将从两个方面进行综合讨论：(1)小学随班就读智力障碍儿童的家庭支持、学校支持及其学校适应的研究结果；(2)小学随班就读智力障碍儿童的家庭支持、学校支持及其学校适应的研究过程。其次，本研究在探讨小学随班就读智力障碍儿童的家庭支持、学校支持及学校适应在不同变项上的差异情形，并分析小学随班就读智力障碍儿童的家庭支持、学校支持及学校适应的相关性及预测情形。最后，将叙述研究结果，并提出相关建议。

第一节　随班就读智力障碍儿童学校适应的综合分析

一、研究结果讨论

(一)小学随班就读智力障碍儿童的家庭支持、学校支持及其学校适应的现况

1. 小学随班就读智力障碍儿童的家庭支持现状分析

小学随班就读智力障碍儿童在"家庭支持"总量表得分，其平均值为

61.25 分，标准偏差为 7.70 分，每题平均得分 4.08 分大于理论平均数 3.00 分。就总量表而言，家庭支持平均得分为 4.08 分，显示小学随班就读智力障碍儿童的家庭支持情形良好。学生在家庭支持的获得程度，依高低顺序为：情感支持(平均每题得分 = 4.25)、信息支持(平均每题得分 = 3.99)、实质支持(平均每题得分 = 3.96)。随班就读智力障碍小学生在家庭支持方面，得到支持程度大小顺序为"情感支持"、"信息支持"和"实质支持"。家长认为给予随班就读智力障碍小学生在家庭支持的"情感支持"，是介于基本符合至非常符合之间；"信息支持"和"实质支持"，是介于不确定至基本符合之间。

本研究结果与 Hoagwood(2010) 及陈毓茹(2005)、吴宥靓(2009) 的研究结果一致，情感性支持是最重要的。Hoagwood(2010) 认为家庭支持是一种服务，为需要的儿童提供认知、情感、精神支持，让儿童更具活力，更好适应发展问题。陈毓茹(2005) 认为家庭支持是一种情感性支持。吴宥靓(2009) 探讨一位十岁获得最高领导人奖的重度视觉障碍儿童的家庭教养历程，发现建立正向态度的原因的一是家庭充满爱的能量。家庭给予小学随班就读智力障碍儿童的情感支持、信息支持和实质支持都重要，但情感支持发挥着更重要的作用。

2. 小学随班就读智力障碍儿童的学校支持现状分析

"学校支持"总量表得分，其平均值为 96.37 分，标准偏差为 14.75 分。就总量表而言，学校支持平均得分为 4.06 分，高于理论平均分 3.00 分，显示小学随班就读智力障碍儿童的学校支持情形良好。学生获得学校支持程度，依高低顺序为：教师支持(平均每题得分 = 4.32)、考试评价支持(平均每题得分 = 4.13)、同伴支持(平均每题得分 = 3.96)、课程与教学支持(平均每题得分 = 3.44)。教师认为给予随班就读智力障碍小学生的学校支持总量表之中的"教师支持"、"考试评价支持"和"整体学校支持"，是介于基本符合至非常符合之间；"同伴支持"和"课程与教学支持"，是介于不确定至基本符合之间。

本研究结果与 Sakizetal(2012) 及柴晓运和龚少英(2015)、李琳、张珊珊和刘文(2011)研究结果一致，教师支持对学生的学业发展、学业投入和适应具有积极作用。蔡菀娟(2017)调查台中小学新住民学童学校支持以教师支持最高，其次为同伴支持。本研究结果还与朱峰(2016)、Gary，Robin，Jennifer 和 Keith(2007)发现一致。朱峰(2016)调查南京某小学随班就读的听障学生，发现的相关教育教学辅助设备不够齐全、特殊教育辅助技能欠缺；Gary，Robin，Jennifer 和 Keith(2007)调查中学阶段同伴对智力障碍学生态度，发现智力障碍同学仅能参与非学业性课程，且其他同学不愿意与智力障碍同学有社会互动。不同障碍类别、不同学习阶段的特教学生，在获得"同伴支持"与"课程与教学支持"方面的现状均不容乐观。

3. 小学随班就读智力障碍儿童的学校适应现状分析

"学校适应"总量表得分，其平均值为 59.31 分，标准偏差为 14.03分。就总量表而言，学校适应平均得分为 3.49 分，大于理论平均数 3.00分，显示小学随班就读智力障碍儿童的学校适应情形不理想。学生的学校适应程度，依高低顺序为：生活自理(平均每题得分 = 3.78)、常规适应(平均每题得分 = 3.63)、人际适应(平均每题得分 = 3.61)、学业适应(平均每题得分 = 2.88)。教师认为随班就读智力障碍小学生的学校适应量表中"人际适应"、"常规适应"和"生活自理"，是介于基本符合至非常符合之间；而"学业适应"是介于基本不符合至不确定之间，"学业适应"情形最差。

本研究结果与张喜凤和林惠芬(2011)、郑津妃和张正芬(2014)的研究结果一致，小学生在学校以学习适应的表现最不佳，其次是人际关系和常规适应。张喜凤和林惠芬(2011)调查小学普通班自闭症学生，发现其学习适应表现最不佳，其次是人际关系与常规适应。蔡菀娟(2017)调查台中小学新住民学童学校适应以常规适应最好，其次为同伴关系、师生关系，而学习适应最差。蔡宜璇和陈明聪(2016)调查大专院校智力障碍学生的学校适应状况，发现无论学校生活适应与学业学习适应均属于可接受程度，但学业适应状况较差。不同学段的智力障碍学生、不同障碍类型的小学生都会存在学业适应不佳的表现，尤其是随班就读的智力障碍学生由于在智力方面及社会适应方面的不足，在与认知相关的学业适应方面表现更差。

（二）不同背景变量的小学随班就读智力障碍儿童在家庭支持、学校支持及学校适应的差异情形

1. 不同背景变量的小学随班就读智力障碍儿童的家庭支持差异分析

（1）不同年级。

调查发现，不同年级的学生在家庭支持量表的"信息支持"、"实质支持"、"情感支持"和"整体家庭支持"没有显著差异。该研究发现与张秀莲（2009）、黄兰婷（2012）和李佳容（2018）调查发现结果不一致。张秀莲（2009）调查台北县 977 位小学生，发现学生就读年级对家长参与有显著影响。黄兰婷（2012）调查初中生自我概念、家庭支持与偏差行为的相关性研究，发现不同年级初中学生，家庭支持有部分显著差异存在，会不同程度影响到对家庭支持的感知。李佳容（2018）调查小学资源班学生的家长支持，发现年级在家庭支持方面有显著差异。不同年级的普通小学生、资源班小学生和初中生获得的家庭支持有显著差异。本研究对象是轻中度智力障碍学生，可能由于轻其自身的智力不足及社会适应能力不足，需要持续给予家庭支持，尤其是生活自理与学业支持，导致不同年级学生的家庭支持没有显著差异。

（2）不同性别。

调查发现，不同性别的学生在家庭支持量表的"整体家庭支持"、"信息支持"、"实质支持"和"情感支持"方面没有显著差异。该研究发现与李佳容（2018）发现一致。李佳容（2018）调查小学资源班学生家长支持，发现性别在家庭支持方面没有显著差异。该研究发现与陈淑燕（2014）、张秀莲（2009）与黄兰婷（2012）发现结果不一致。陈淑燕（2014）调查台北市初中生，发现家庭支持因性别不同有显著差异。张秀莲（2009）调查台北县 977 位小学生，发现学生性别对家长参与有显著影响，女生优于男生。黄兰婷（2012）调查普通初中生自我概念、家庭支持与偏差行为的相关性研究，发现性别在家庭支持显著差异存在，女生优于男生。普通小学生和初中生因性别不同在获得家庭支持方面有显著差异，而特殊学生性别不同在获得家

庭支持方面差异不显著。无论男女特殊孩子，其因障碍而导致的需求是类似的，随班就读的智力障碍小学生，由于存在智力及社会适应方面的缺陷，家庭给予的支持聚焦于这两个方面，会使得不同性别智力障碍学生获得的家庭支持无显著差异。

（3）不同障碍程度。

调查发现，轻度智力障碍学生与中度智力障碍学生获得的"情感支持"无显著差异；而在获得"整体家庭支持"、"实质支持"和"信息支持"方面有显著差异，轻度智力障碍学生显著优于中度智力障碍学生。这与李佳容（2018）发现一致。李佳容（2018）调查小学资源班学生家长支持，发现障碍程度在家庭支持方面有显著差异。随班就读轻、中度智力障碍小学生，都需要家庭给予情感支持；而由于智力障碍程度不同，小学随班就读轻度智力障碍学生在学业方面需要更多的支持，中度智力障碍小学生以生活适应课程为主，轻、中度智力障碍小学生所学习的课程不同，所需支持也不同。

（4）不同父母教育程度。

调查发现，不同父母教育程度的学生在获得"信息支持"、"实质支持"、"情感支持"及"整体家庭支持方面"无显著差异。该研究发现与陈淑燕（2014）、黄兰婷（2012）、蒋宜政（2009）与李佳容（2018）的研究结论不一致。陈淑燕（2014）调查台北市初中生家庭支持、情绪调节和学习行为的研究，发现家庭支持因家长教育程度不同而显著差异。父母教育程度影响家庭支持（黄兰婷，2012）。蒋宜政（2009）调查嘉南普通高中生，发现家庭支持因家长教育程度不同有显著差异。蒋宜政（2009）调查嘉南地区普通高中生家庭支持、亲子衣服与生涯自我效能的研究，发现不同父母亲教育程度高中生在家庭支持有显著差异。普通的初中生和高中生因不同父母教育程度而获得家庭支持有显著差异，教育阶段不同，教学需要不同，且普通孩子与特殊孩子的需要也不同。李佳容（2018）调查小学资源班学生家庭支持因父母教育程度不同而呈现显著差异。可能是研究者选取样本大量是农村，且样本中"初中及以下"教育程度的家长是 174 人，"高中"是 63 人和"大专及以上"是 68 人，样本中"初中及以下"人数是"高中"、"大专及以上"人数的两倍多。智力障碍孩子因智力低下及社会适应能力低下，需要持续给予大量家庭支持，尤其是生活自理与学业支持，导致不同父母教育程度给予孩子的家庭支持没有显著差异。

2. 不同背景变量的小学随班就读智力障碍儿童的学校支持差异分析

(1) 不同年级。

调查发现，不同年级的学生在获得"教师支持"、"同伴支持"、"课程与教学支持"、"考试评价支持"及"整体学校支持"方面没有显著差异。这与蔡菀娟(2017)发现一致。蔡菀娟(2017)调查台中小学新住民学童学校支持，发现不同年级在获得学校支持方面无显著差异。可能由于智力障碍学生自身的智力不足及社会适应能力不足，需要持续给予学校支持，尤其是学业支持与生活自理方面，导致不同年级学生的学校支持差异不显著。

(2) 不同性别。

调查发现，表示不同性别的学生在获得"教师支持"、"同伴支持"和"整体学校支持"方面没有显著差异。不同性别的学生在获得"课程与教学支持"和"考试评价支持"方面有显著差异，女生获得的"课程与教学支持"和"考试评价支持"多于男生获得的"课程与教学支持"和"考试评价支持"。这与蔡菀娟(2017)发现一致，不同性别的台中小学新住民学童获得的学校支持方面有显著差异，女生获得的学校支持优于男生。这可能受到传统文化及性别角色的期望，男生要求独立，而女生依赖性强，遇事大多寻求他人支持，所以女生易于得到学校支持。

(3) 不同障碍程度。

表示不同障碍程度的学生在获得"教师支持"、"课程与教学支持"和"考试评价支持"方面没有显著差异。不同障碍程度的学生在获得"同伴支持"方面有显著差异，轻度智力障碍学生获得"同伴支持"要优于中度智力障碍学生。该研究结果与张喜凤、林惠芬(2011)研究结果一致，学生障碍程度会影响其学校支持，轻度障碍学生感受到学校支持较高。

(4) 有无资源教室或资源中心。

有无资源教室或资源中心的学校，其学生获得的"整体学校支持"、

"教师支持"、"同伴支持"、"课程与教学支持"和"考试评价支持"，没有显著差异。资源教室能为普通班身心障碍学生提供更直接的服务（蔡瑞美，2000）。资源教室或资源中心可以为随班就读学生提供基本的康复训练与学业、生活辅导等，有资源教室或资源中心的学校提供的相关支持会更多。研究发现没有显著差异，这可能是虽然建立了资源教室，但又普遍缺乏合格特殊教育师资，资源教室的硬件设施不足，未从办公咨询区、教学指导区和康复训练区三个方面划分资源教室的功能，实际未发挥资源教室的作用。李娜和张福娟（2008）调查上海市资源教室建设现状，发现资源教室建设时间比较短，积累经验也比较有限。王和平（2005）对已经设立资源教室的学校中的教师进行调查后发现，50.54%的非资源教师认为，学校根本没有必要设立资源教室，55.43%的非资源教师认为，目前学校设立资源教室是由于上级部门的行政命令。冉娜娜和阳泽（2016）研究资源教室存在问题，认为资源教师制定和实施"资源教室"计划的能力不强，很多学校只是象征性的对普通教师进行短暂的培训之后就要求其上岗，使得他们当中的很多人都还不能够胜任这一职务。冯雅静和朱楠（2018）认为资源教师队伍的整体性和专业性严重不足，导致资源教室支持服务质量堪忧。资源教室未给予实质性支持，是有无资源教室或资源中心，学生获得的"整体学校支持"、"教师支持"、"同伴支持"、"课程与教学支持"和"考试评价支持"，没有显著差异的重要原因。

（5）不同学校所在地。

表示不同学校所在地的学生在获得"考试评价支持"方面没有显著差异；在获得"整体学校支持"、"教师支持"、"同伴支持"和"课程与教学支持"有显著差异，城市的学校比农村的学校，其学生获得更多"整体学校支持"、"教师支持"、"同伴支持"和"课程与教学支持"。蔡菀娟（2017）发现一致，其调查台中小学新住民学童学校支持因学校所在地不同而有显著差异。这可能是城市学校拥有的软硬件设施较好，获得的支持也更多，相应给予随班就读智力障碍学生的"整体学校支持"、"教师支持"、"同伴支持"和"课程与教学支持"也会更多。

3. 不同背景变量的小学随班就读智力障碍儿童的学校适应差异分析

（1）不同年级。

不同年级的学生在学校适应量表的"整体学校适应"、"学业适应"、"人际适应"和"生活自理"没有显著差异。这与蔡菀娟（2017）、蔡宜璇和陈明聪（2016）、张喜凤（2010）发现一致。蔡菀娟（2017）发现不同年级台中小学新住民学童整体学校支持无显著差异。蔡宜璇和陈明聪（2016）调查大专院校智力障碍学生学校适应状况，发现他们的学校生活适应不会因为就读年级而有所差异。张喜凤（2010）调查小学普通班自闭症学生学校适应，发现不同年级在学校适应未达显著差异。不同年级的学生在"常规适应"方面适应有显著差异，1~2 年级学生"常规适应"与 5~6 年级学生有显著差异，5~6 年级学生"常规适应"优于 1~2 年级学生。该研究结果与杨净瑜（2019）、谢智玲（2012）研究结果不一致。杨净瑜（2019）调查 277 名高中职自闭症学生，发现不同年级自闭症学生在学习适应与师生关系方面有显著差异。谢智玲（2012）调查小学四到六年级新住民子女，发现不同年级的新住民子女在学校适应、人际适应方面差异显著。可能是随着年级升高，学生的认知情绪行为等方面都得到进步，适应了学校学习生活，"常规适应"方面适应会来越好。

（2）不同性别。

不同性别的学生在"人际适应"、"常规适应"和"生活自理"方面适应没有显著差异。这与谢智玲（2012）研究不一致，其调查小学四到六年级新住民子女，发现不同年级的新住民子女在学校适应、人际适应方面差异显著。不同性别的学生在"整体学校适应"和"学业适应"方面适应有显著差异。女生在"整体学校适应"和"学业适应"方面优于男生。该研究结果与郭思彤（2018）、蔡菀娟（2017）、牛爽爽等（2017）、陈幸榆和吴训生（2015）研究发现一致，女生的学校适应能力得分显著高于男生。林翠玲（2011）研究发现女生且为新移民中心学校的新移民子女，在学校适应的表现较好。陈幸榆和吴训生（2015）调查大专校院智力障碍学生学校适应情形，发现女生学校适应比起男生要好。

（3）不同障碍程度。

不同障碍程度的学生在"整体学校适应"、"学业适应"、"人际适应"、"常规适应"和"生活自理"方面有显著差异，轻度智力障碍学生"整体学校适应"、"学业适应"、"人际适应"、"常规适应"和"生活自理"情形均优于中度智力障碍。该研究结果与杨净瑜（2019）、牛爽爽等（2017）、马卫晶和袁茵（2017）、张喜凤和林惠芬（2011）研究发现一致，轻度智力障碍学生学校适应优于中度智力障碍学生。张喜凤和林惠芬（2011）调查小学普通班自闭症学生，发现学生障碍程度会影响其学校适应。张喜凤（2010）调查小学普通班自闭症学生学校适应，发现不同障碍程度在学校适应有达显著差异。该研究结果与蔡宜璇和陈明聪（2016）研究发现有部分一致且部分不一致，其调查大专院校智力障碍学生学校适应状况，发现他们的学校生活适应不会因为障碍程度而有所差异，但学业学习适应会因障碍程度的不同而有所差异。陈幸榆和吴训生（2015）调查大专校院智力障碍学生学校适应情形，发现轻度智力障碍学生在"学业学习"、"师生关系"以及"常规遵守"的表现较中度智力障碍学生为良好。不同学段的智力障碍学生会因障碍程度而在学校适应方面存在显著差异；而不同障碍类别且不同障碍程度的小学生在学校适应方面也存在显著差异。

（4）有无资源教室或资源中心。

有无资源教室或资源中心，学生在"整体学校适应"、"学业适应"、"人际适应"、"常规适应"和"生活自理"无显著差异。该研究结果与张圣莉（2008）发现大部分一致，有无接受资源班服务的台东高中身心障碍学生在课业适应、常规适应、师生关系适应方面未达显著差异，但接受资源班服务的在同伴关系比未接受资源班服务的身心障碍学生在同伴关系上适应较佳。资源教室或资源中心可以为随班就读学生提供基本的康复训练与学业、生活辅导等，有资源教室或资源中心的学校提供的相关支持会更多。调查没有显著差异，这可能是建立了资源教室，但实际未发挥资源教室的作用，资源教室形同虚设。王和平（2005）调查已经设立资源教室学校的教师，发现半数以上的非资源教师认为，学校根本没有必要设立资源教室，目前学校设立资源教室是由于上级部门的行政命令。冉娜娜和阳泽(2016)认为资源教师制定和实施"资源教室"计划的能力不强，很多学校只是象征性的对普通教师进行短暂的培训之后就要求其上岗，使得他们当中的很多人都还不能够胜任这一职务。冯雅静和朱楠(2018)认为资源教师队伍的整体性和专业性严重不足，导致资源教室支持服务质量堪忧。资源教室未给予实质性支持，学生学校适应方面的支持不足，也是有无资源教室或资源中心，学生在"整体学校适应""学业适应""人际适应""常规适应"和"生活自理"无显著差异的重要原因。

(5)不同学校所在地。

不同学校所在地学生"常规适应"和"生活自理"无显著差异，在"整体学校适应""学业适应"和"人际适应"方面有显著差异，城市学校的学生在"整体学校适应""学业适应"和"人际适应"方面优于农村学校的学生。该研究结果与林纯燕和赖志峰(2014)、蔡菀娟(2017)研究结果一致，城市学校的学生学校适应较好。蒋忠惠(2015)调查大专院校智能障碍学生学校支持服务现况与需求，发现不同区域在学校支持方面有显著差异。林翠玲(2011)研究发现学校位于乡镇地区且为新移民中心学校的新移民子女，在学校适应的表现较好。这可能是城市学校拥有的软硬件设施较好，获得的支持也更多，相应给予随班就读智力障碍学生"整体学校适应""学业适应"和"人际适应"的支持也会更多，随班就读智力障碍小学生"整体学校适应""学业适应"和"人际适应"的能力也会更好。

(三)小学随班就读智力障碍儿童的家庭支持、学校支持及学校适应的相关性与预测力

1. 小学随班就读智力障碍儿童的家庭支持、学校支持及学校适应的相关性

(1)小学随班就读智力障碍儿童的家庭支持及学校适应的相关性。

家庭支持的信息支持、实质支持、情感支持及整体家庭支持，与学业适应、人际适应、常规适应、生活自理及整体学校适应呈现正相关，相关

系数达 0.01 显著水平。从以上结果发现，小学智力障碍儿童的整体家庭支持越高，其整体学校适应越佳。这与 Claire，Naomi，Sarah 和 Rory（2018）、邱梅芳和黄玉枝（2017）、洪惠嘉和危芷芬（2017）调查家庭支持对学校适应相关结果相一致，家庭支持与学业成就之间有正向相关。Claire，Naomi，Sarah & Rory（2018）调查家庭支持作为学校准备情况预测的作用，发现家庭支持独特预测的结果，突出了家庭背景对孩子的入学准备的重要性。洪惠嘉、危芷芬（2017）通过后设分析家长支持、自我效能与学业成就，发现家长支持与学业成就之间有正向相关。调查台中小学高年级新住民学生，发现学校支持与学校适应呈正相关，学校支持对学校适应具预测力（蔡菀娟，2017；蔡孟勋，2013）。

（2）小学随班就读智力障碍儿童的学校支持及学校适应的相关性。

学校支持的教师支持、同伴支持、课程与教学支持及考试评价支持，与学业适应、人际适应、常规适应、生活自理及整体学校适应呈现正相关，相关系数 0.05 或 0.01 的显著水平。从以上结果发现，小学智力障碍儿童的整体学校支持越高，其学业适应越佳。这与邱梅芳和黄玉枝（2017）、蔡菀娟（2017）、蔡孟勋（2013）、张喜凤和林惠芬（2011）调查学校支持对学业适应相关的结果相一致，学校支持及学校适应有正向相关。张喜凤和林惠芬（2011）调查小学普通班自闭症学生，发现导师和学校整体提供的支持越高，自闭症学生的人际关系越佳，学校的整体适应也越好。邱梅芳和黄玉枝（2017）调查初中普通班听障生，发现学校提供生活适应支持、学校教学支持影响听障生的常规适应、人际适应、学业适应。张喜凤和林惠芬（2011）调查小学普通班自闭症学生，发现导师和学校整体提供的支持越高，自闭症学生的人际关系越佳，学校的整体适应也越好。

（3）小学随班就读智力障碍儿童的家庭支持及学校支持的相关性。

家庭支持的信息支持、情实质支持、情感支持及整体家庭支持，与教师支持、同伴支持、课程与教学支持、考试评价及整体学校适应呈现正相关，相关系数达 0.01 显著水平。从以上结果发现，小学智力障碍儿童的整体家庭支持越高，其学校支持也越佳；尤其是信息支持和实质支持。这与蔡孟勋(2013)调查家庭支持对学业适应相关的结果相一致，家庭支持及学校支持有正向相关。

2. 小学随班就读智力障碍儿童的家庭支持、学校支持及学校适应的预测力

(1)小学随班就读智力障碍儿童的家庭支持及其学校适应的预测力。

研究发现，家庭支持与信息支持对小学随班就读智力障碍儿童的学校适应具有预测力，其中以信息支持具有较大的预测力。该研究结果与谢智玲(2012)、洪惠嘉和危芷芬(2017)的研究结果一致，家长支持与学业成就之间有正向相关，家庭支持可正向预测行为适应，家庭支持可预测人际适应。

(2)小学随班就读智力障碍儿童的学校支持及学校适应的预测力。

研究发现，"同伴支持""教师支持"和"课程与教学支持"可以预测小学随班就读智力障碍儿童的学校适应情形，其中"同伴支持"对小学随班就读智力障碍儿童的学校适应具有较大预测力。该研究结果与 Ladd（1990）、谢智玲(2012)、郭雯靖与边玉芳(2013)、郭继东和牛睿欣(2017)研究结果一致，同伴支持对其学习成绩有显著预测作用，学生拥有越多同伴或朋友，则学生对学校的喜欢程度越高，其在学校的表现就会越好。有研究调查台中小学高年级新住民学生，发现学校支持对学校适应具预测力(蔡菀娟，2017；蔡孟勋，2013)。

(3)小学随班就读智力障碍儿童的家庭支持及学校支持的预测力。

研究发现，"整体家庭支持""实质支持"可以预测小学随班就读智力障碍儿童的学校支持情形，其中"整体家庭支持"在预测学校支持上具有较大预测力。加大对小学随班就读智力障碍儿童的整体家庭支持，尤其是给予实质支持，有助于其获得较多学校支持。

(4)小学随班就读智力障碍儿童的学校支持及家庭支持的预测力。

研究发现，"整体学校支持"可以预测小学随班就读智力障碍儿童的家庭支持情形，且"整体学校支持"在预测家庭支持上具有较大预测力。加大对小学随班就读智力障碍儿童的整体学校支持，有助其获得较多家庭支持。

二、研究过程讨论

(一)研究限制

本研究旨在探讨小学随班就读智力障碍儿童的学校支持、家庭支持与学校适应的关系，现将研究范围与限制分述如下。

1. 研究对象

本研究以 2018 年广东省小学随班就读 6683 名智力障碍儿童为研究母群，以便利抽样方式抽取 500 名随班就读智力障碍小学生作为研究样本。目前我国官方统计特殊教育数据，仍然以智力障碍、视障、听障及其他精神类障碍为主。研究者在调查过程中，发现实际随班就读的特教孩子，还有自闭症、注意力缺陷多动症，尤其自闭症居多，仅次于智力障碍学生。本次研究对象是广东省随班就读智力障碍小学生，无法推论到其他障碍类的随班就读小学生，也无法推论到其他省份的随班就读智力障碍小学生，所得研究结果在推论的广度上有一定限制。以后，研究者会修正小学随班就读智力障碍儿童的家庭支持、学校支持与其学校适应问卷，以自闭症为研究对象，了解自闭症儿童的家庭支持、学校支持与其学校适应现状及其关系。

2. 研究方法

本研究以问卷调查法为主，研究者自编家庭支持、学校支持及其学校适应三份量表。量化研究辅助以质性研究，既有深度也有广度，本研究原计划采用访谈法，了解家长具体给予随班就读智力障碍小学生哪些支持，而学校又具体给予随班就读智力障碍小学生哪些支持，这些支持是如何作用于其学校适应的。以后，可以补充质性研究数据。本研究以便利抽样方式选取具有代表性的样本，没有做到随机抽样，没有做到分层抽样。在研究实务上，抽样的样本能否正确反应母群特性，有待进一步研究。

3. 研究工具

本研究在检测小学随班就读智力障碍儿童的家庭支持、学校支持与其学校适应时，采用自编自陈式量表，受试者可能基于防卫心理及社会期许效应，或受个人情绪、主观认知、文字理解等内在因素的影响，容易导致研究结果的误差。尤其是班主任、资源教师、与家长在填写问卷时，会受到文字理解影响和主观认知影响，导致研究结果误差。研究者邀请四位高校专家和两位资源教师审核内容效度，也邀请了三位家长做内容效度审核，但是家长反馈审核意见是没有意见。可邀请教育程度较高的家长做内容效度审核，此外，可减少每个分量表的题量，减少受试者的答题时间，提高答题质量。研究者请班主任或资源教师将家长问卷解释给家长听，在其理解之后再作答家庭支持问卷。学校支持问卷和学校适应问卷，作答的班主任或资源教师，研究者通过微信联系，及时解答作答问卷的相关问题。

(二)研究困境

本研究以 2018 年广东省小学随班就读 6683 名智力障碍学生为研究母群，抽样 500 名随班就读智力障碍小学生作为分析样本。样本量越大越适合做多种分析，尤其是适合用结构方程做路径分析。

1. 问卷发放方式

研究者采用纸质问卷和电子版问卷两种方式发放问卷，两种发放方式各有优缺点。纸质问卷回收质量较高，但需要输入数据到系统，花费时间较长，需要通过快递回收数据；电子版问卷回收速度快，且不用输入数据，问卷星可以导出数据，省时省力，但是问卷填答质量不高。研究者需审核所有问卷数据，连续相同答案作答的，视作无效问卷。研究者主要以电子版问卷为主，通过问卷星回收问卷。

2. 问卷有效回收

研究者自编小学随班就读智力障碍儿童的家庭支持、学校支持及其学校适应问卷，其中家庭支持问卷是需要家长作答，而学校支持及其学校适应是需要资源教师或班主任作答。随班就读智力障碍小学生，首先要知道哪些学校有随班就读小学生，其次要确保有随班就读的智力障碍小学生。研究者从湛江市教育局和广东省教育厅拿到官方数据，了解到有随班就读小学生的学校。再找认识的资源教师或任课老师，研究者所在学院有小学教育专业和特殊教育专业，且组建了校友群，研究者请校友帮忙。班主任或资源教师比较配合作答问卷，因为大部分班主任或资源教师是研究者所在学院毕业的学生或是研究者负责的广东省特教骨干教师培训项目的学员。而家长不愿意配合作答问卷的居多，研究者给每位作答问卷的家长一份小礼物。

3. 数据处理方式

研究者学过 SPSS，但长时间不适用，有些生疏；研究者购买了吴明隆老师主编的《SPSS 统计应用学习实务》，按照书籍操作 SPSS 22.0。而研究者未学过 AMOS 结构方程模式，研究者虽然购买了吴明隆老师主编的《AMOS 结构方程模式的操作与应用》，但是无法熟练操作 AMOS，研究者自学 AMOS 并请精通 AMOS 操作的老师给予支持。由于有效回收数据只有305 份，刚达到可以做结构方程分析的数量，但是跑出来的数据模型不太理想，研究者最后放弃路径分析。以后，可以增加样本量，再做路径分析。

(三)研究心得

本研究以问卷调查法探讨小学随班就读智力障碍儿童的家庭支持、学校支持与其学校适应的关系。自编家庭支持量表，家长背景变量有家长受教育程度，可增加家庭收入及家长教育方式，探讨不同背景变量在家庭支持方面的差异。采用调查法做研究，需要有大量支持，研究者请教育部门给予支持，获得随班就读小学分布情况；请负责资源指导中心的特殊教育学校给予支持，以资源指导中心名义发放问卷；此外，还请各区教育局，以教育局名义发放问卷。回收问卷的过程是个焦急等待的过程，每天查看问卷星，期待够 500 份。

第二节　随班就读智力障碍儿童学校适应的基本现状

依据调查结果，以下将从小学随班就读智力障碍儿童的家庭支持、学校支持与其学校适应的现况、不同背景变量的小学随班就读智力障碍儿童的家庭支持、学校支持与其学校适应的差异情形和小学随班就读智力障碍儿童的家庭支持、学校支持与其学校适应的相关与预测情形三个方面予以阐述小学随班就读智力障碍儿童学校适应的基本现状。

一、小学随班就读智力障碍儿童的家庭支持、学校支持与其学校适应的现况

(一)小学随班就读智力障碍儿童的家庭支持情形中上，获得情感支持最多

小学随班就读智力障碍儿童的家庭支持情形良好。随班就读智力障碍小学生在家庭支持方面，得到支持程度大小顺序为"情感支持""信息支持"和"实质支持"。家长认为给予随班就读智力障碍小学生在家庭支持的"情感支持"，是介于基本符合至非常符合之间；"信息支持"和"实质支持"，是介于不确定至基本符合之间。

(二)小学随班就读智力障碍儿童的学校支持情形中上，获得教师支持最多

小学随班就读智力障碍儿童的学校支持情形良好。学生获得学校支持程度，依高低顺序为："教师支持""考试评价支持""同伴支持"和"课程与教学支持"。教师认为给予随班就读智力障碍小学生在学校支持的"教师支持""考试评价支持"和"整体学校支持"，是介于基本符合至非常符合之间；"同伴支持"和"课程与教学支持"，是介于不确定至基本符合之间。

(三)小学随班就读智力障碍儿童的学校适应情形中上，学业适应状况较差

小学随班就读智力障碍儿童的学校适应情形良好。学生的学校适应程度，依高低顺序为："生活自理""常规适应""人际适应"和"学业适应"。

教师认为随班就读智力障碍小学生学校适应的"人际适应""常规适应"和"生活自理"，是介于基本符合至非常符合之间；而"学业适应"是介于基本不符合至不确定之间。

二、不同背景变量的小学随班就读智力障碍学生的家庭支持、学校支持与其学校适应的差异情形

(一)不同背景变量的小学随班就读智力障碍学生家庭支持的差异情形

(1)年级、性别、父母教育程度在家庭支持量表的"信息支持""实质支持""情感支持"及"整体家庭支持"方面没有显著差异。

(2)障碍程度在"情感支持"方面无显著差异；在"整体家庭支持""实质支持"和"信息支持"方面有显著差异，轻度智力障碍学生显著好于中度智力障碍学生。

(二)不同背景变量的小学随班就读智力障碍学生的学校支持差异

(1)年级、有无资源教室或资源中心在学校支持量表的"教师支持""同伴支持""课程与教学支持""考试评价支持"及"整体学校支持"方面没有显著差异。

(2)性别在学校支持量表的"教师支持""同伴支持"和"整体学校支持"方面没有显著差异，在"课程与教学支持"和"考试评价支持"方面有显著差异，女生优于男生。

(3)障碍程度在学校支持量表的"教师支持""课程与教学支持"和"考试评价支持"方面没有显著差异，在"同伴支持"方面有显著差异，轻度智力障碍学生获得"同伴支持"要优于中度智力障碍学生。

(4)学校所在地在学校支持量表的"考试评价支持"方面没有显著差异；在"整体学校支持""教师支持""同伴支持"和"课程与教学支持"有显著差异，城市的学校优于农村的学校。

(三)不同背景变量的小学随班就读智力障碍学生的学校适应差异

(1)年级在学校适应量表的"整体学校适应""学业适应""人际适应"和"生活自理"没有显著差异,在"常规适应"方面适应有显著差异,5~6年级优于1~2年级学生。

(2)性别在学校适应量表的"人际适应""常规适应"和"生活自理"没有显著差异,在"整体学校适应"和"学业适应"有显著差异,女生优于男生。

(3)障碍程度在学校适应量表的"整体学校适应""学业适应""人际适应""常规适应"和"生活自理"方面有显著差异,轻度智力障碍学生优于中度智力障碍。

(4)有无资源教室或资源中心,在学校适应量表的"整体学校适应""学业适应""人际适应""常规适应"和"生活自理"无显著差异。

(5)学校所在地在学校适应量表的"常规适应"和"生活自理"无显著差异,在"整体学校适应""学业适应"和"人际适应"方面有显著差异,城市学校优于农村学校。

三、小学随班就读智力障碍儿童的家庭支持、学校支持与其学校适应的相关与预测情形

(一)小学随班就读智力障碍儿童的家庭支持、学校支持及其学校适应的相关情形

(1)家庭支持的信息支持、实质支持、情感支持及整体家庭支持,与学业适应、人际适应、常规适应、生活自理及整体学校适应呈现正相关,小学智力障碍儿童的整体家庭支持越高,其整体学校适应越佳。

(2)学校支持的教师支持、同伴支持、课程与教学支持及考试评价支持,与学业适应、人际适应、常规适应、生活自理及整体学校适应呈现正相关,小学智力残疾学生的整体学校支持越高,其学业适应适应越佳。

(3)家庭支持的信息支持实质支持、情感支持及整体家庭支持,与教

师支持、同伴支持、课程与教学支持、考试评价及整体学校适应呈现正相关，小学智力障碍学生的整体家庭支持越高，其学校支持也越佳；尤其是信息支持和实质支持。

(二)小学随班就读智力障碍儿童的家庭支持、学校支持对其学校适应的预测情形

(1)研究发现家庭支持与信息支持对小学随班就读智力障碍儿童的学校适应具有预测力，其中信息支持具有较大的预测力。

(2)小学随班就读智力障碍儿童的"同伴支持""教师支持"和"课程与教学支持"可以预测小学随班就读智力障碍儿童的学校适应情形，其中同伴支持具有较大的预测力。

第三节　随班就读智力障碍儿童学校适应的提升路径

依据研究结论，家庭支持、学校支持影响随班就读智力障碍学生的学校适应。如何提高小学随班就读智力障碍学生的学校适应能力，研究者将从提出以下参考建议：

一、对研究结论的建议

(一)对主管教育行政机关的建议

1. 加强城乡一体化建设，保障资源分配均衡

城市学校的学生在"整体学校支持""教师支持""同伴支持"和"课程与教学支持"方面显著优于农村学校学生。而城市学校的学生在"整体学校适应""学业适应"和"人际适应"方面显著优于农村学校。城乡教育资源分配不均，导致偏乡的随班就读智力障碍学生获得学校支持显著弱于城市学生，而在学校适应方面，偏乡的随班就读智力障碍学生也显著弱于城市学

生。当前我国政府非常重视特殊教育，给予的经费支持力度很大，需要教育行政机关，在特教资源分配方面给予偏乡随班就读学校更多支持，提高随班就读智力障碍学生的学校支持与学校适应能力。(1)增加偏乡随班就读教师补助，提高教师工作积极性。(2)实行城乡教师轮岗制，弥补偏乡学校师资偏弱不足。(3)增加资金扶持力度，强化偏乡学校硬件设施建设。

2. 积极建设资源教室，强化资源教室功能

研究发现有无资源教室或资源中心在学校支持方面没有显著差异，有无资源教室或资源中心在学校适应方面也无显著差异。而调查样本中没有建立资源教室的居多，即使建立资源教室也未充分发挥资源教室的功能，给予随班就读智力障碍学生相应的支持。《广东省特殊儿童少年随班就读资源教室建设与管理实施办法》，明确规定城区以3~5所学校为一片，建立随班就读资源教室；4万人口以上的乡镇，以乡镇中心学校为基地建立资源教室；4万人口以下的乡镇，教育行政部门统筹建立资源教室。主管教育行政机关应积极建立资源教室，并完善资源教室配备，随班就读学校配备特教专业的资源教师，发挥资源教室功能。(1)为随班就读学生提供基本的康复训练与学业、生活辅导等。(2)为随班就读教师提供参考数据、经验支持和课程资源。(3)为家长提供特殊儿童教育训练方法及咨询指导服务。

3. 制定家长参与法规，定位家长权利职责

家庭支持与学校适应呈现正相关，整体家庭支持与信息支持对小学随班就读智力障碍儿童的学校适应具有预测力。《中华人民共和国婚姻法》第20条规定：父母对子女有抚养教育的义务。该规定要求承担抚养教育费用的义务，未规定掌握孩子教育成长所需知识、技能和能力的义务。特殊教育是个系统工程，而家长支持是该系统重要环节，发挥家校合作力量，提供随班就读智力障碍小学生的教育质量。(1)家长参与随班就读智力障碍小学生的教育安置。(2)家长参与随班就读智力障碍小学生的 IEP 制定。

（3）家长配合学校，提供信息辅导智力障碍小学生。

（二）对小学行政与教师的建议

1. 举办亲职教育课程，增强家长参与作用

学校支持与家庭支持都与学校适应正相关，需要发挥家长作用，实现教育合力育人作用。而调查发现57.0%的家长教育程度是初中及以下，教育程度整体偏低。通过亲职教育改变家长教育观念，增强家长抚养、教育孩子的知识和技能。学校可举办亲职教育课程，强化家长角色意识，为学生创造稳定的社会环境，确保学生健康成长。畅通联系管道，实现信息互动；平等对待家长，掌握沟通艺术，家长参与管理，实现家校配合。（1）发挥家长学校作用，教授儿童发展相关的教育学及心理学知识。（2）举办定期亲子活动，推动家校合作，加强亲子关系。（3）整合高校的相关教育资源，为家长亲职教育提供强有力的保障。

2. 照顾特殊学生需求，实施多元辅导策略

调查发现小学随班就读智力障碍学生学校适应情形良好，学业适应状况最差。"教师支持"和"课程与教学支持"可以预测小学随班就读智力障碍学生的学校适应情形。5~6年级"常规适应"显著优于1~2年级的学生。女生在"整体学校适应"和"学业适应"方面显著优于男生。轻度智力障碍学生"整体学校适应""学业适应""人际适应""常规适应"和"生活自理"方面显著优于中度智力障碍。教师需要针对特殊学生不同需求给予多元辅导，以促进随班就读智力障碍小学生的学校适应。（1）加强小学随班就读智力障碍学生学业辅导，给予课程与教学支持。（2）加强低年级小学随班就读智力障碍学生行为辅导，提高常规适应能力。（3）加强小学随班就读中度智力障碍学生各方面辅导，提高整体学校适应能力。

3. 发挥同伴辅导作用，建立良好人际关系

"同伴支持""教师支持"和"课程与教学支持"可以预测小学随班就读智力障碍学生学校适应情形，其中同伴支持具有较大的预测力。Hoxby

(2000)认为同伴作用有：（1）互相学习，互相指导；（2）学生行为影响同伴；（3）教师对同伴的回馈也产生同伴影响。同伴的背景、同伴的行为及同伴的产出或行为都会产生影响，尤其是同伴对学业成绩的影响较大。因此，学校班主任为随班就读智力障碍小学生配备优质的同伴，学业辅导、行为辅导及心理辅导，建立良好的人际关系。

(三)对家长的建议

1. 正视家长参与作用，厘清家长参与程度

家庭支持与学校适应呈现正相关，整体家庭支持与信息支持对小学随班就读智力障碍学生的学校适应具有预测力，其中信息支持具有较大的预测力。而调查家庭支持，发现支持程度大小顺序为"情感支持""信息支持"和"实质支持"，"信息支持"是介于不确定至基本符合之间。现代是知识爆炸时期，信息化时代，需要大量的信息支持，研究发现家长的教育程度偏低，需要家长提高自身学习能力，主动学习特殊儿童的教育学及心理学的相关知识，给予随班就读智力障碍学生更多的信息支持，以便提高孩子的学校适应能力。

2. 依据孩子障碍程度，家长给予相应支持

家庭支持与学校适应呈现正相关，而不同障碍程度在"整体家庭支持""实质支持"和"信息支持"方面有显著差异，轻度智力障碍学生显著好于中度智力障碍学生。1994年《萨拉曼卡宣言》提出全纳教育的概念，让更多特殊孩子可以进入普通学校，与普通孩子一起接受教育。在"零拒绝原则"的要求，一些中度智力障碍的学生也进入普通学校随班就读。中度智力障碍的孩子，在社会适应能力方面弱于轻度智力障碍的孩子，而信息支持对学校适应具有较大的预测力，障碍程度在学校适应方面具有显著差异，轻度智力障碍学生优于中度智力障碍学生。因此，针对中度智力障碍的小学生，需要家长给予更多的信息支持与实质支持，促进孩子学校适应能力的提高，适应学校生活与学习。

二、对研究过程的建议

(一)在研究对象方面

(1)可研究其他障碍类别随班就读学生的学校适应情况。本研究仅对随班就读智力障碍学生做探讨，可以增加其他不同障碍类别学生的研究，当前自闭症的人数越来越多，可以作为研究对象。

(2)可扩大研究范围，本研究仅仅是研究广东省。本研究对象仅限于广东省随班就读的智力障碍小学生，可以扩大研究范围，例如可研究其他障碍类别的小学生，或研究其他省份的智力障碍小学生。

(二)在研究内容方面

(1)研究变量，本研究以学生性别、年级、障碍程度、父母教育程度、资源教室、学校所在地作为研究变量，未来研究可增加变项，例如家长教育方式、家庭社经地位等，进一步了解不同变项对小学随班就读智力障碍儿童的学生家庭支持、学校支持及其学校适应影响。

(2)研究内容，本研究发现信息支持对学校适应具有较大的预测力，未来研究可将信息支持层面细分，深入研究信息支持如何发挥预测作用的。

(三)在研究方法方面

(1)本研究采用问卷调查法，未采用质性研究法，进行深入探讨，建议未来研究可采用量的研究与质的研究相结合的方法，研究更有实用价值。

(2)由于样本量较少，本研究分析采用 SPSS 分析相关性及预测力，未来研究可扩大样本量，采用 AMOS 分析因果模式。例如分析家庭支持三个层面与学校适应四个层面的因果关系，学校支持四个层面与学校适应四个层面的因果关系。通过因果关系的分析，进一步明确具体哪些方面的支持是非常重要的，有效指导教学实践工作。

本 章 结 语

通过问卷调查广东小学随班就读智力障碍儿童的家长、班主任或资源教师，了解小学随班就读智力障碍儿童的家庭支持、学校支持及其学校适应的现状。调查发现，小学随班就读智力障碍儿童的整体现状属于中上水平。小学随班就读智力障碍儿童的家庭支持情形中上，获得情感支持最多；小学随班就读智力障碍儿童的学校支持情形中上，获得教师支持最多；小学随班就读智力障碍儿童的学校适应情形中上，生活自理表现最好，学业适应状况较差。不同背景变量在家庭支持、学校支持及其学校适应方面的差异有不同表现。轻度智力障碍小学生获得家庭支持较好，女生、轻度智力障碍及城市学校的小学生获得学校支持较好，5～6年级、女生、轻度智力障碍及城市学校的小学生学校适应较好。小学随班就读智力障碍儿童的家庭支持、学校支持与学校适应之间呈正相关，小学随班就读智力障碍儿童的家庭支持、学校支持对学校适应具预测力。

主管教育行政机关可以强化城乡一体化建设，保障资源分配均衡；积极建设资源教室，强化资源教室功能；制定家长参与法规，定位家长权利职责。小学行政与教师可以举办亲职教育课程，增强家长参与作用；照顾特殊学生需求，实施多元辅导策略；发挥同伴辅导作用，建立良好人际关系。家长可以正视家长参与作用，厘清家长参与程度；依据孩子障碍程度，家长给予相应支持。

参 考 文 献

参考期刊

[1]丁勇，李秀芬．把握融合教育的时代特征，探索我国特色的融合教育的路[J]．现代特殊教育，2017(6)：19-21.

[2]尹敏敏，袁茵．论随班就读视觉残疾学生的融合教育[J]．南京特教学院学报，2010(2)：21-25.

[3]牛爽爽，邓猛，关文军，赵勇帅，孙颖．北京市同班就读学生发展质量研究[J]．中国特殊教育，2017(5)：3-8.

[4]王天苗．心智发展障碍幼儿家庭支持实施成效及其相关问题的研究[J]．特殊教育研究学刊，1995(12)：75-103.

[5]王和平．随班就读资源教师职责及工作绩效评估[J]．中国特殊教育，2005(7)：37-41.

[6]王洙，杨希洁，张冲．残疾儿童随班就读质量影响因素的调查[J]．中国特殊教育，2006(5)：3-13.

[7]王红霞，彭欣，王艳杰．北京市海淀区小学融合教育现状调查研究报告[J]．中国特殊教育，2011(4)：37-42.

[8]王雁．学校支持体系视野下农村留守儿童教育问题研究．浙江青年专修学院学报[J]，2012(4)：27-30.

[9]王丽萍．"融合教育"理念下的聋生"随班就读"．考试周刊[J]．2016(32)：21-23.

[10]冉娜娜，阳泽．我国资源教室建设中的问题及解决策略[J]．绥化学

院学报，2016（10）：17-20.

[11]民进中央．完善残疾儿童随班就读政策[J]．民主，2017（5）：25-26.

[12]申仁洪．论随班就读的家庭支持[J]．中国特殊教育，2006（2）：3-7.

[13]石茂林．无障碍校园环境建设[J]．南京特教学院学报，2011（3）：10.

[14]回春妹．融合教育背景下听障学生随班就读的个案研究[J]．现代特殊教育，2016（11）：65-67.

[15]朱佳妮，姚莉萍，陈超翰．随班就读轻度智力落后学生学校范围内社会支持现状的调查[J]．中国特殊教育，2004，47（5），11-15.

[16]朴永馨．努力发展有中国特色的特殊教育学科[J]．特殊教育研究，1998（1）：1-3.

[17]朴永馨．融合与随班就读[J]．教育研究与实验，2004（4）：37-40.

[18]江小英，牛爽爽，邓猛．北京市普通中小学融合教育基本情况调查报告[J]．现代特殊教育（高教），2016（7）：22-27.

[19]江光荣，应梦婷，林秀彬，韦辉，张汉强．《中国中小学生学校适应成套量表》的编制[J]．中国临床心理学杂志，2017（3）：435-444.

[20]吴武典．初中偏差行为学生学校生活适应的探讨[J]．教育心理学报，1997（29）：25-50.

[21]李文道、邹红、赵霞．初中生的社会支持与学校适应的关系[J]．心理发展与教育，2003（3）：73-81.

[22]李坤崇．谈如何及早发现适应欠佳儿童[J]．国教之友，1995（8）：24-34.

[23]李拉．中国随班就读政策演进30年：历程、困境与对策[J]．中国特殊教育，2015（10）：16-20.

[24]李娜，张福娟．上海市随班就读学校资源教室建设和运作现状的调查研究[J]．中国特殊教育，2008（10）：66-71.

[25]李琳，张珊珊，刘文．1~3年级小学生气质、师生关系与学业成绩的关系[J]．内蒙古师范大学学报（教育科学版），2011，24（10），62-65.

[26]李燕，郑莎莎，王忠旭. 学前随班就读智力残疾儿童课堂适应现状调查研究[J]. 现代特殊教育(高教)，2016(2)：29-33.

[27]李丰，李夏，付莉. 父母教养方式与青少年学习成绩的关系[J]. 齐鲁医学杂志，2000(1)：27-28.

[28]杜成. 家长在随班就读支持保障体系中角色与功能的分析[J]. 南京特教学院学报，2012(1)：19-23.

[29]肖水源.《社会支持评定量表》的理论基础与研究应用[J]. 临床精神医学杂志，1994(2)：1-12.

[30]肖秀平，刘培英，陈志雄，张丹. 特殊儿童随班就读发展现状和政策执行研究[J]. 教育导刊，2014(4)：22-26.

[31]肖非. 中国的随班就读：历史、现状、展望. 中国特殊教育，2005(3)：3-7.

[32]于素红. 上海市普通学校随班就读工作现状的调查研究[J]. 中国特殊教育，2012(4)：3-9.

[33]林宏炽，张玮珊. 身心障碍者生态观生涯发展理论的运用与启示：以智能障碍者职业重建为例[J]. 身心障碍研究季刊，2005，3(2)，88-101.

[34]林纯燕，赖志峰. 小学新住民子女学校适应与幸福感相关的研究[J]. 学校行政，2014(92)：205-230.

[35]邱梅芳，黄玉枝. 初中普通班听觉残疾学生学校适应及相关因素的研究——以特殊教育长期追踪数据库为例[J]. 屏东大学学报，2017(4)：1-47.

[36]侯晶晶. 中国残疾儿童随班就读的影响因素研究[J]. 教育研究与实验，2015(5)：49-57.

[37]宣兆凯. 家庭教育研究的理论方法模型——家庭支持系统[J]. 教育研究，1999(11)：63-66.

[38]洪惠嘉，危芷芬. 台湾学生自我效能、家长支持与学业成就的内容分析与后设分析研究[J]. 市北教育学刊，2017(12)：73-107.

[39]范军华. 当前聋儿随班就读存在的问题与对策[J]. 青年文学家, 2011
（10）：222-223.

[40]卿素兰, 刘在花. 农村特殊儿童随班就读支持系统与评价探析[J].
中国特殊教育, 2005(10)：68-72.

[41]孙杨, 邱阳, 孙哲. 学校：中小学生学校适应的保障[J]. 现代中小
学教育, 2010(7)：55-57.

[42]柴晓运, 龚少英. 中学生数学学习投入：感知到的数学教师支持与数
学自我概念的作用[J]. 中国特殊教育, 2015(6)：3-7.

[43]袁立新、张厚粲. 初中学生学校生活适应量表的编制. 增刊[J]. 北京
师范大学学报（自然科学版）, 1996(32)：90.

[44]马月成, 邓明润. 试论特殊儿童随班就读的问题与对策[J]. 学周刊,
2017(12)：6-57.

[45]马卫晶. 袁茵. 孤独症儿童课堂学习适应现状研究[J]. 绥化学院学
报, 2017(4)：70-74.

[46]崔艳萍, 丁相平, 杨生源, 王彤梅. 山西省智力残疾儿童随班就读的
现状、问题及发展[J]. 山西大同大学学报(自然科学版), 2012, 28
（5）：71-78.

[47]张喜凤, 林惠芬. 小学普通班自闭症学生学校适应与学校支持的研
究——以中部地区为例[J]. 特殊教育与复建学报, 2011(12)：25-46.

[48]张福娟, 曾凡林. 残障儿童家庭教育环境研究[J]. 心理科学, 2000
（1）：48-51.

[49]张瀚云, 郭乃文. 身心障碍者就业协助的家庭支持度问卷的建立及应
用[J]. 临床心理学刊, 2014, 8(1)：77-78.

[50]曹婕琼, 昝飞. 美国、日本、中国大陆地区融合教育的比较与思考
[J]. 中国特殊教育, 2003(4)：69-73.

[51]许沁. 基本满足残疾儿童入学[J]. 解放日报, 2015(5)：7-8.

[52]郭雯靖, 边玉芳. 初二学生感知到的社会支持与学习成绩的关系——
学业自我概念的中介作用[J]. 心理科学, 2013(3)：627-631.

[53]郭新星.四年级随班就读学生班级管理的教育实践研究[J].中国教育学刊,2016(2):5-7.

[54]郭继东,牛睿欣.英语学习中的师生支持及其与学习成绩的关系研究[J].外语与翻译,2017,24(1):67-71.

[55]陈功,郭超,陈新民.全国两次残疾人抽样调查设计和方法的比较分析[J].人口与发展,2014,20(4):45-51.

[56]陈幸榆,吴训生.大专校院智力障碍学生学校适应的调查研究[J].障碍者理解半年刊,2015,14(2):67-90.

[57]陈云英,陈海平,彭光霞.教师对弱智儿童随班就读的态度调查[J].特殊儿童与师资研究,1994(2):1-6.

[58]曾琦,芦咏莉,邹泓,董奇,陈欣银.父母教育方式与儿童的学校适应[J].心理发展与教育.1997(2):46-51.

[59]童琳,顾定倩,周利华,米思.随班就读与融合教育——基于教育公平视角的比较[J].绥化学院学报,2017(1):12-16.

[60]华国栋.差异教学论[J].北京:教育科学,2001.

[61]钮文英.融合教育的理念与做法——课程与教学规划篇[J].高雄:国立高雄师范大学特殊教育中心,2003.

[62]阳泽,陈明英.听障儿童父母教养效能感与教养期望的关系:对儿童自主信任的中介作用[J].中国特殊教育,2017(3):53-57.

[63]冯新勤.给随班就读学生特别关注[J].现代特殊教育,2017(2):40-41.

[64]冯雅静,朱楠.随班就读资源教师专业化发展的现状与对策[J].中国特殊教育,2018(2):45-51.

[65]黄琼仪,游锦云,吴怡慧.初中普通班身心残疾学生亲子互动、自我概念与学校适应的关系研究[J].教育科学研究期刊,2018(3):103-140.

[66]路海东,张慧秀,袁坤锋,陈婷,张冬梅.父母和教师支持与小学生学业成绩的关系:自我调节学习的中介作用[J].牡丹江师范学院学

报(哲学社会科学版), 2016(6): 127-131.

[67]邹小兰, 卢台华. 身心障碍资优学生支持服务系统建构的行动研究 [J]. 特殊教育研究学刊, 2015, 40(2): 1-29.

[68]邹泓. 同伴接纳、友谊与学校适应的研究[J]. 心理发展与教育, 1997 (3): 55-59.

[69]赵小红. 试论中国全面推进随班就读工作的必要性[J]. 中国特殊教育, 2011(11): 4-10.

[70]赵小红. 近25年中国残疾儿童教育安置形式变迁——兼论随班就读 政策的发展[J]. 中国特殊教育, 2013(3): 23-29.

[71]赵泓. 融合教育中听障儿童"回流"现象思考[J]. 现代特殊教育, 2018(1): 21-23.

[72]刘万伦, 沃建中. 师生关系与中小学生学校适应性的关系[J]. 心理 发展与教育, 2005, 21(1): 87-90.

[73]滕秀芹, 刘桂荣, 宋广文. 教师支持对流动儿童学业成绩的影响: 自 尊的中介作用[J]. 中国特殊教育, 2017(10): 71-77.

[74]蔡宜璇, 陈明聪. 高等教育阶段智力障碍学生学校适应状况的调查研 究[J]. 台湾特殊教育学会年刊, 2016: 69-84.

[75]邓猛. 特殊教育管理者眼中的全纳教育: 中国随班就读政策的执行研 究[J]. 教育研究与实验, 2004(4): 41-47.

[76]邓猛, 朱志勇. 随班就读与融合教育——中西方特殊教育模式的比较 [J]. 华中师范大学学报(人文社会科学版), 2007, 46(4): 125-129.

[77]邓猛, 景时. 从随班就读到同班就读: 关于全纳教育本土化理论的思 考[J]. 中国特殊教育, 2013(8): 3-8.

[78]邓猛, 潘剑芳. 关于全纳教育思想的几点理论回顾及其对我们的启示 [J]. 中国特殊教育, 2003(4): 1-7.

[79]郑津妃, 张正芬. 融合教育的绩效: SNELS数据库国中障碍学生的学 校适应与满意[J]. 特殊教育研究学刊, 2014, 39(3): 81-109.

[80]赖韵曲, 林惠芬. 初中轻度智能障碍学生家长对子女自我决策想法与

作法的研究[J].台湾特殊教育学会年刊,2013(12):55-68.

[81]谢智玲.新住民子女社会支持、自尊与行为适应的研究[J].测验统计年刊,2012(6):53-75

[82]谢德光,送雪芹.学校适应及其影响因素研究述评[J].科教导刊,2011(10):218-240.

[83]颜瑞隆,张正芬.台湾自闭症者家庭硕博论文回顾与分析[J].台湾特殊教育学会2014年年刊,2014:247-262.

[84]张妍,曲铁华.家庭教育政策的历史变迁、现实困境与进路选择[J].中国人民大学教育学刊,2022(03):139-150.

[85]刘杰,孟会敏.关于布朗芬布伦纳发展心理学生态系统理论[J].中国健康心理学杂志,2009,17(2):250-252.

[86]邓猛,肖非.隔离与融合:特殊教育范式的变迁与分析[J].华中师范大学学报(人文社会科学版),2009,48(04):134-140.

[87]丁桂凤,赵国祥(2008).中学生的适应特征及其影响因素[J].心理与行为研究,6(2):89-93.

参考硕博士论文

[1]王丹丹.小学随班就读学生学习状况研究——以上海市某区为例[D].上海:华东师范大学,2015.

[2]王倩.培智学校中智力落后学生学校适应特点研究[D].大连:辽宁师范大学,2008.

[3]朱峰.完善听障学生义务教育保障体系的对策与新模式[D].南京:南京航空航天大学,2016.

[4]吴宥靓.共谱一曲生的悦——一位音乐才能优异视障儿童家庭教养经验的叙说探究[D].台南:台南大学,2009.

[5]李佳容.小学资源班学生家庭支持与需求的研究[D].台北:台北教育大学,2018.

[6]林翠玲.新移民子女的支持系统、自我认同、主观幸福感对学校适应

影响的研究[D]．新竹：新竹教育大学，2011.

[7]胡欣玫．中年抑郁症患者对家庭支持的感知与期望[D]．新北：辅仁大学，2009.

[8]徐绿篁．台中市小学高年级学童知觉学校支持与霸凌行为相关的研究[D]．台中：台中教育大学论文，2013.

[9]马静静．随班就读轻度智力残疾学生阅读能力研究[D]．上海：华东师范大学论文，2009.

[10]张秀莲．台北县小学家长参与与学生学校适应关系的研究[D]．台北：台北教育大学，2008.

[11]张依娜．随班就读轻度智力残疾学生数学学业能力个案研究[D]．上海：华东师范大学，2010.

[12]张喜凤．小学普通班自闭症学生学校适应与学校支持的研究——以中部地区为例[D]．彰化：彰化师范大学，2010.

[13]张圣莉(2008)．台东县高中职接受融合教育身心障碍学生学校适应的研究[D]．彰化：彰化师范大学．

[14]郭思彤．高中职身心障碍学生学校适应情形及影响因素的调查研究[D]．桃园：中原大学，2018.

[15]陈淑燕．台北市初中生家庭支持、情绪调节和学习行为的研究[D]．台北：中国文化大学，2014.

[16]陈逸玲．小学学童家庭支持与幸福感知的相关研究[D]．屏东：屏东教育大学，2009.

[17]陈毓茹．高雄县成人宗教态度、家庭支持与幸福感的关系研究[D]．高雄：高雄师范大学，2005.

[18]陈慧萍．台北市小学亚斯伯格学童学校适应与学校支持系统的调查研究[D]．台北：台湾师范大学，2006.

[19]景时．中国式融合教育：随班就读的文化阐释与批判[D]．武汉：华中师范大学，2013.

[20]黄兰婷．初中生自我概念、家庭支持与偏差行为的相关性研究——以

云林县初中生为例[D]．彰化：明道大学，2012.

[21]杨净瑜．高中职自闭症学生学校适应及相关因素的研究[D]．桃园：中原大学，2019.

[22]蔡孟勋．台中市小学单亲家庭学童学校支持与学校适应的相关研究[D]．南投："暨南大学"，2013.

[23]蔡菀娟．台中市小学新住民家庭学童学校支持与学校适应的相关研究[D]．南投："暨南大学"，2017.

[24]蔡瑞美．普通高中职提供身心障碍学生资源服务的现况调查研究[D]．台北：台湾师范大学，2000.

[25]蒋忠惠．大专院校智能障碍学生学校支持服务现况与需求的研究[D]．彰化：彰化师范大学，2015.

[26]王洋．流动儿童学校适应及其与教师互动风格关系的研究[D]．沈阳：沈阳师范大学，2007.

参考书籍

[1]路全社，等合编．教育理论基础[M]．北京：北京教育出版社，2012.

[2]彭燕、徐添喜，译．智力障碍：定义、诊断、分类和支持系统(原书第12版)．重庆：重庆大学出版社，2022.

[3]刘全礼著．随班就读教育学——资源教师的理念与实践．天津：天津教育出版社，2007.

[4]刘春玲，马红英编著．智力残疾儿童的发展与教育．北京：北京大学出版社，2011.

[5]邱上真著．特殊教育导论——带好班上每位学生．台北：心理出版社，2002.

[6]顾明远著．教育大辞典．上海：上海教育出版社，1990.

[7]郑永强著．英国社会工作．北京：中国社会出版社，2010.

[8]赵忠心著．家庭教育．北京：中央广播电视大学出版社，1989.

[9]彭立荣著．家庭教育学[M]．南京：江苏教育出版社，1993.

[10]张文京著．融合教育与教学［M］．桂林：广西师范大学出版社，2013：1.

电子文献

[1]中华人民共和国教育部门户网站，《中华人民共和国家庭教育促进法》［EB/OL］，http：//www.moe.gov.cn/jyb＿sjzl/sjzl＿zcfg/zcfg＿qtxgfl/202110/t20211025_574749.html，2022-01-15

[2]中华人民共和国教育部门户网站．2018 年教育统计数据［EB/OL］，2017-08-05，http：//www.moe.edu.cn/publicfiles/busine-ss/htmlfiles/moe/s8492/list.html.

[3]中华人民共和国教育部门户网站．2014 年教育统计数据［EB/OL］，http：//www.moe.edu.cn/s78/A03/moe_560/jytjsj_2014/，2017-08-05.

[4]中华人民共和国教育部门户网站．2015 年教育统计数据［EB/OL］，http：//www.moe.edu.cn/s78/A03/moe_560/jytjsj_2015/，2017-08-05.

[5]中华人民共和国教育部门户网站．2016 年教育统计数据［EB/OL］，http：//www.moe.edu.cn/s78/A03/moe_560/jytjsj_2016/，2017-08-05.

[6]中央人民政府门户网站，中华人民共和国义务教育法［EB/OL］，http：//www.gov.cn/guoqing/2021-10/29/content＿5647617.htm，2022-01-15.

[7]中央人民政府门户网站，中华人民共和国残疾人保障法［EB/OL］，http：//www.gov.cn/guoqing/2021-10/29/content＿5647618.htm，2022-01-15.

[8]中央人民政府门户网站，残疾预防和残疾人康复条例［EB/OL］，http：//www.gov.cn/zhengce/2020-12/27/content＿5574471.htm，2022-01-15.

[9]中央人民政府门户网站，残疾人教育条例［EB/OL］，http：//www.gov.cn/zhengce/content/2017-02/23/content_5170264.htm，2022-01-15.

[10]中国人大网，中华人民共和国家庭教育促进法［EB/OL］，http：//

www. npc. gov. cn/npc/c30834/202110/8d266f0320b74e17b02cd43722eeb 413. shtml, 2022-01-15.

英文文献

[1]Anderson, Nella B.; Hawkins, Jacqueline; Hamilton, Richard; Hampton, Jill D. Effects of transdisciplinary teaming for students with motor disabilities [J]. Education and Training in Mental Retardation and Developmental Disabilities, 1999, 34(3): 330-341.

[2]Birch, S. H., & Ladd, G. W. (1996). Interpersonal relationships in the school environment and children's early school adjustment: The role of teachers and peers [M]. In J. Juvonen & K. R. Wentzel (Eds.), Cambridge studies in social and emotional development. Social motivation: Understanding children's school adjustment. New York, NY: Cambridge University. (pp. 199-225)

[3] Birch, S. H., & Ladd, G. W. The teacher-child relationship and children's early school adjustment [J]. Journal of School Psychology, 1997, 35(1): 61-79.

[4]Bokhorst, C. L., Sumter, S. R., & Westenberg, P. M. Social support from parents, friends, classmates, and teachers in children and adolescents aged 9 to 18 years: Who is perceived as most supportive [J]. Social Development, 2010, 19(2): 417-426.

[5]Bronfenbrenner, U. The ecology of human development [M]. Cambridge, MA: Harvard University Press, 1979.

[6]Castillo, L. G., Conoley, C. W., & Brossart, D. Acculturation, white marginalization, and family support as predictors of perceived distress in Mexican American female college students [J]. Journal of Counseling Psychology, 2004, 51(2): 151-157.

[7]Chen, X., & Rubin, K. H. Family conditions, parental acceptance and

social competence and aggression [J]. Social Development, 1994, 3(3): 269-290.

[8]Cohen, S., & Wills, T. A. Stress, social support, and the buffering hypothesis [J]. Psychological Bulletin, 1985, 98(2): 310-357.

[9]Cornwell, B. The dynamic properties of social support: Decay, growth, and staticity, and their effects on adolescent depression [J]. Social Forces, 2003, 81(3), 953-978.

[10]Dessemontet, RS., Bless, G., & Morin, D. Effects of inclusion on the academic achievement and adaptive behaviour of children with intellectual disabilities [J]. Journal of Intellectual Disability Research, 2011, 56 (6): 579-587.

[11]Diane Browder. Book Review: Support Networks for Inclusive Schooling: Interdependent Integrated Education [J]. Research and Practice for Persons with Severe Disabilities, 1990, 15(3): 202-203.

[12]Farmer, T. W., Petrin, R., Brooks, D. S., Hamm, J. V., Lambert, K., & Gravelle, M. Bullying 23 involvement and the school adjustment of rural students with and without disabilities [J]. Journal of Emotional and Behavioral Disorders, 2012, 20: 19-37.

[13]Frederickson N, Simmonds E, Evans L, Soulsby C. Assessing the social and affective outcomes of inclusion [J]. British Journal Of Special Education, 2007, 34(2): 105-115.

[14]Furman, W., & Buhrmester, D. Age and sex differences in perceptions of networks of personal relationships [J]. Child Development, 1992, 63: 103-115.

[15]Gary W. Ladd, Becky J. Kochenderfer and Cynthia C. Coleman.. Classroom Peer Acceptance, Friendship, and Victimization: Distinct Relational Systems That Contribute Uniquely to Children's School Adjustment [J]. Child Development, 1997, 68(6), 1181-1197.

[16]Gilbert, C. , & Hart, M. Towards integration: Special needs in an ordi-
nary school [J]. London, UK: Kogan Page Ltd, 1990.

[17]Hightower, A. D. , Work, W. C. , Cowen, E. L. , Lotyczewski, B.
S. , Spinell, A. P. , Guare, J. , & Rohrbeck, C. A. The Teacher-
Child Rating Scale: A brief objective measure of elementary children's
school problem behaviors and competencies [J]. School Psychology
Review, 1986 15(3): 393-409.

[18]Hirano, K. A. , Garbacz, S. A. , Shanley, L. , & Rowe, D. A.
Parent involvement in secondary special education and transition: An ex-
ploratory psychometric study [J]. Journal of Child and Family Studies,
2016, 25(12): 3537-3553.

[19]Hoagwood, K. E. , Cavaleri, M. A. , Olin, S. S. , Bus, B. J. , Sla-
ton, E. , Gruttadaro, D. , & Hughes, R. . Family support in children's
mental health: A review and synthesis [J]. Clinical child and family psy-
chology review, 2010, 13(1): 1-45.

[20]Holmbeck, G. N. , Paikoff, R. L. , Brooks-Gunn, J. (1995). Parenting
adolescents. In M. H. Bornstein (Ed.), Handbook of parenting:
Children and parenting (Vol. 1, pp. 91-118) [M]. Mahwah, NJ: Law-
rence Erlbaum.

[21]Hoxby, C. M. Peer effects in the classroom: Learning from sex and race
variation [J]. National Bureau of Economic Research (NBER) Working
Paper, 2000.

[22]Hughes, C. , White, N. , Foley, S. , & Devine, R. T. Family support
and gains in school readiness: A longitudinal study [J]. British Journal of
Educational Psychology, 2018, 2: 284-299.

[23]Israelashvili, M. School adjustment, school membership and adolescents'
future expectations [J]. Journal of Adolescence, 1997, 20: 525-535.

[24]Kara. A. Hirano, S. Andrew Garbacz, Lina Shanley, Dawn A. Rowe. .

Parent Involvement in Secondary Special Education and Transition: An Exploratory Psychometric Study [J]. Journal of Child and Family Studies, 2016, 25(12): 3537-3553.

[25] Ladd, G. W. Having friends, keeping friends, making friends, and being liked by peers in the classroom: Predictors of children's early school adjustment [J]. Child Development, 1990, 61(4): 1081-1100.

[26] Ladd, G. W. (1996). Shifting ecologies during the 5-7 year period: Predicting children's school adjustment during the transition to grade school. In A. Sameroff & M. Haith (Eds.), Reason and responsibility: The passage through childhood (pp. 363-386) [M]. Chicago, IL: University of Chicago Press.

[27] Lindsay, G. Educational psychology and effectiveness of inclusive education/mainstreaming [J]. British Journal of Educational Psychology, 2007, 77(1): 1-24.

[28] McIntyre L L, Blacher J, & Baker. B. L. The transition to school: adaptation in young children with and without intellectual disability [J]. Journal of Intellectual Disability Research, 2006, 50(5): 349-362.

[29] Merrell, K. W. School Social Behavior Scales (2nd ed.) [M]. Eugene, OR: Assessment Intervention Resources, 2002.

[30] Merrell, K. W. School Social Behavior Scales [M]. Austin, TX: Pro-Ed, 1993.

[31] N., Simmonds, E., Evans, L., & Soulsby, C. Assessing the social and affective outcomes of inclusion [J]. British Journal of Special Education, 2007, 34(2): 105-115.

[32] Perkins, P. E., & Hightower, A. D. T-CRS 2.1 teacher-child rating scale: Examiner's manual [M]. Rochester, NY: Children's Institute, 2002.

[33] Perry, K. E., & Weinstein, R. S. The social context of early schooling

and children's school adjustment [J]. Educational Psychologist, 1998, 33 (4): 177-194.

[34] Pithouse, A., Lindsell, S., & Cheung, M. Family support and family centre services [M]. Aldershot, UK: Ashgate, 1998.

[35] Procidano, M. E., & Heller, K. Measures of perceived social support from friends and From Family: Three validation studies [J]. American Journal of Community Psychology, 1983, 11(1): 1-24.

[36] Ryan, R. M., & Deci, E. L. Self-determination theory and the facilitation of intrinsic motivation, social development, and well-being [J]. American Psychologist, 2000, 55(1): 68-78.

[37] Santich, Marjorie & Kavanagh, David J. Social adaptation of children with mild intellectual disability: effects of partial integration within primary school classes [J]. Australian Psychologist, 1997, 32(2): 126-130.

[38] Sangeeta, M. (1999). Social and academic school adjustment during early elementary school [M]. Purdue University. Dissertation Abstracts International, 62-06(B): 2975.

[39] Schaefer, C., Coyne, J. C., & Lazarus, R. S. The health related functions of social support [J]. Journal of Behavioral Medicine, 1981, 4 (4): 381-406.

[40] Scott Willis. Making Schools More Inclusive: Teaching Children with Disabilities in Regular Classrooms [J]. ERIC Document Reproduction Service, 1994.

[41] Sheeber, L. Family support and conflict: Prospective relations to adolescent depression [J]. Journal of Abnormal Child Psychology, 1997, 25(4): 333-344.

[42] Sherkat, D. E., & Blocker, T. J. The political activists: Identifying the influence of class, sex, and participation [J]. Social Forces, 1994, 72 (3): 821-842.

[43]Siyez, D. M. Adolescent self-esteem, problem behaviors, and perceived social support in Turkey [J]. Social Behavior & Personality: An International Journal, 2008, 36(7): 973-984.

[44]Smilkstein, G., Ashworth, C., & Montano, D. Validity and reliability of the family APGAR as a test of family function [J]. Journal of Family Practice, 1982, 15: 303-311.

[45]Stainback, W. & Stainback, S. (Eds.). Support networks for inclusive schooling: Interdependent integrated education [M]. Baltimore: Paul H. Brookes Publishing Co, 1990.

[46]Thames, J. M. The correlation of religiosity and family support with adolescent self-esteem [M]. Manuscript of Missouri Western State University, 2001.

[47]Willis, S. Making schools more inclusive: Teaching children with disabilities in regular classrooms [M]. ERIC Document Reproduction Service No. ED378762, 1994.

[48] Wood, J. W. Adapting instruction for mainstreamed and at risk student [M]. Now York, NY: Macmillan, 1992.

[49]Zimet, G. D., Dahlem, N. W., Zimet, S. G., & Farley, G. K. The multidimensional scale of perceived social support [J]. Journal of personality assessment, 1988, 52(1): 30-41.

[50]Zionts, P. Inclusion strategies for students with learning and behavior problems: Perspectives, experiences, best practices [M]. Austin, TX: Pro-Ed, 1997.

附录

附录一　专家审查问卷

小学随班就读智力障碍儿童的家庭支持、学校支持与其学校适应调查问卷
（专家审查）

尊敬的教育专家：

　　感谢您在百忙之中协助审查此份问卷，本研究对象为初中小学学随班就读智力障碍儿童的家长和班主任(班主任)。本问卷的目的主要在于搜集小学随班就读智力障碍儿童的家庭支持、学校支持与学校适应状况，此问卷共包含四个部分：第一部分为小学随班就读智力障碍学生基本资料；第二部分为家庭支持状况；第三部分为学校支持状况；第四部分为学校适应状况，共计113题。

　　为了解本问卷的适切性，并建立研究工具内容效度，恳请惠赐宝贵意见，以作为本问卷修正的依据。请就本研究工具研究构面的题项适用程度，依您的专业判断，在适当的方格中打勾 ☑，修正意见则书写于后；倘若尚有其他宝贵的意见，请书写于"专家意见栏"。

　　顺祝　教安

卢祖琴　敬上

E-mail：297043889@ qq. com

2019 年 9 月

第一部分　基本资料

说明：本部分旨在了解小学随班就读智力障碍学生的基本资料

填答说明：请在符合学生资料的方格□内打 √

一、性别：□女　□男

　　□适合　□删除

　　□修正＿＿＿＿＿＿＿＿＿＿＿＿＿＿＿＿＿＿＿＿＿＿＿

二、年级：□1~2 年级　□3~4 年级　□5~6 年级

　　□适合　□删除

　　□修正＿＿＿＿＿＿＿＿＿＿＿＿＿＿＿＿＿＿＿＿＿＿＿

三、障碍程度：□轻度　□中度　□重度

　　□适合　□删除

　　□修正＿＿＿＿＿＿＿＿＿＿＿＿＿＿＿＿＿＿＿＿＿＿＿

四、是否独生子女：□是　□否

　　□适合　□删除

　　□修正＿＿＿＿＿＿＿＿＿＿＿＿＿＿＿＿＿＿＿＿＿＿＿

五、父母教育程度(以父母的一方最高学历填答)：

　　□初中及以下　　　□高中　　□大专/本科　　□研究生及以上

　　□适合　□删除

　　□修正＿＿＿＿＿＿＿＿＿＿＿＿＿＿＿＿＿＿＿＿＿＿＿

六、父母职业(以父母任一方填答)：

　　□公司职员(蓝领/白领/精英/高层)

　　□商人(雇主/小商贩/个体户)

　　□专业人士(如教师/医生/律师等)

　　□服务业人员(餐饮服务员/司机/售货员等)

　　□自由职业者(如作家/艺术家/摄影师/导游等)

　　□农/林/矿/渔/牧

□工人(如工厂工人/建筑工人/环卫工人)

□事业单位/公务员/政府工作人员

□无业/待业 □其他＿＿＿＿＿＿＿＿＿

□适合 □删除

□修正＿＿＿＿＿＿＿＿＿＿＿＿＿＿＿＿＿＿＿＿

七、家庭收入(年收入)：

□6万以下 □6～12万以内 □12～18万以内 □18万(含)以上

□适合 □删除

□修正＿＿＿＿＿＿＿＿＿＿＿＿＿＿＿＿＿＿＿＿

八、学校有资源教室或资源中心：□有 □无

□适合 □删除

□修正＿＿＿＿＿＿＿＿＿＿＿＿＿＿＿＿＿＿＿＿

九、学校所在地：

□城市(地级市、县级市) □县、区 □农村(镇、乡、村)

□适合 □删除

□修正＿＿＿＿＿＿＿＿＿＿＿＿＿＿＿＿＿＿＿＿

第二部分 家庭支持状况

说明：本部分旨在了解小学随班就读智力残疾学生家庭支持现况，共分为三部分："信息支持""实质性支持"和"情感性支持"，共计28题。家长依据实际状况进行勾选，以李克特(Likert)五点量表，从完全符合到完全不符合，择一回答。依圈选的各项目总分高低代表家庭支持的高低，数值越大，表示支持的程度越高，反之则越低。

(一)实质支持：提供孩子生活中的实质帮助，例如提供金钱购物、指导做家庭作业、上下学接送等。

(二)信息支持：提供意见给孩子，例如给予信息、知识、建议或忠告等。

(三)情感支持：对孩子表示爱、关怀与了解等，使其情绪获得安慰与鼓励，让孩子觉得被尊重、接受和保护。

填答说明：请就下列叙述，在右边圈选一个符合实际状况的数字。

一、信息支持

	完全不符合	基本不符合	不确定	基本符合	完全符合
1. 我会提供孩子很多参考建议或知识 ……………………	1	2	3	4	5

□适合　□删除
□修正＿＿＿＿＿＿＿＿＿＿＿＿＿＿＿

2. 我常教他/她课程和生活上的相关知识 …………	1	2	3	4	5

□适合　□删除
□修正＿＿＿＿＿＿＿＿＿＿＿＿＿＿＿

3. 我会和孩子讨论很多事情 ………………………………	1	2	3	4	5

□适合　□删除
□修正＿＿＿＿＿＿＿＿＿＿＿＿＿＿＿

4. 我会提醒他/她需要改善的地方 …………………	1	2	3	4	5

□适合　□删除
□修正＿＿＿＿＿＿＿＿＿＿＿＿＿＿＿

5. 孩子不知道的事情，都会问家人 ……………………	1	2	3	4	5

□适合　□删除
□修正＿＿＿＿＿＿＿＿＿＿＿＿＿＿＿

6. 孩子遇到困难时，会向家人求助 ……………………	1	2	3	4	5

□适合　□删除
□修正＿＿＿＿＿＿＿＿＿＿＿＿＿＿＿

7. 遇到困难时，我会给孩子意见 ………………………	1	2	3	4	5

□适合　□删除
□修正＿＿＿＿＿＿＿＿＿＿＿＿＿＿＿

	完全不符合	基本不符合	不确定	基本符合	完全符合

8. 我在家中模拟学校场景，使他/她适应学校生活 ⋯ 1 2 3 4 5

　　□适合　□删除

　　□修正＿＿＿＿＿＿＿＿＿＿＿＿＿＿＿＿＿＿＿

专家修正意见栏：就尚需改进之处或增列题项，恳请惠赐卓见

二、实质性支持

	完全不符合	基本不符合	不确定	基本符合	完全符合

1. 写作业时，我会帮孩子一起查数据 ⋯⋯⋯⋯⋯⋯ 1 2 3 4 5

　　□适合　□删除

　　□修正＿＿＿＿＿＿＿＿＿＿＿＿＿＿＿＿＿＿＿

2. 遇到不会的问题，我会教孩子如何解决 ⋯⋯⋯⋯ 1 2 3 4 5

　　□适合　□删除

　　□修正＿＿＿＿＿＿＿＿＿＿＿＿＿＿＿＿＿＿＿

3. 我会给孩子买课外书或玩具 ⋯⋯⋯⋯⋯⋯⋯⋯⋯ 1 2 3 4 5

　　□适合　□删除

　　□修正＿＿＿＿＿＿＿＿＿＿＿＿＿＿＿＿＿＿＿

4. 我会给他/她准备生活学习上所需的物品 ⋯⋯⋯⋯ 1 2 3 4 5

　　□适合　□删除

　　□修正＿＿＿＿＿＿＿＿＿＿＿＿＿＿＿＿＿＿＿

5. 我会给孩子准备三餐食物 ⋯⋯⋯⋯⋯⋯⋯⋯⋯⋯ 1 2 3 4 5

　　□适合　□删除

　　□修正＿＿＿＿＿＿＿＿＿＿＿＿＿＿＿＿＿＿＿

	完全不符合	基本不符合	不确定	基本符合	完全符合

6. 我会接送他/她上下学 ………………………… 1　2　3　4　5
　　□适合　□删除
　　□修正＿＿＿＿＿＿＿＿＿＿＿＿＿＿＿＿＿

7. 我会和孩子一起逛街、买东西 ………………… 1　2　3　4　5
　　□适合　□删除
　　□修正＿＿＿＿＿＿＿＿＿＿＿＿＿＿＿＿＿

8. 我假期会带孩子外出做娱乐活动 ……………… 1　2　3　4　5
　　□适合　□删除
　　□修正＿＿＿＿＿＿＿＿＿＿＿＿＿＿＿＿＿

9. 我会给孩子准备学习用品 ……………………… 1　2　3　4　5
　　□适合　□删除
　　□修正＿＿＿＿＿＿＿＿＿＿＿＿＿＿＿＿＿

10. 孩子需要帮助时，会最先想到家人 ………… 1　2　3　4　5
　　□适合　□删除
　　□修正＿＿＿＿＿＿＿＿＿＿＿＿＿＿＿＿＿

> 专家修正意见栏：就实质性支持尚需改进之处或增列题项，恳请惠赐卓见

三、情感性支持

	完全不符合	基本不符合	不确定	基本符合	完全符合

1. 我允许他/她有自主的时间 …………………… 1　2　3　4　5
　　□适合　□删除
　　□修正＿＿＿＿＿＿＿＿＿＿＿＿＿＿＿＿＿

	完全不符合	基本不符合	不确定	基本符合	完全符合

2. 我在教育他/她时，能以身作则 …………………… 1　2　3　4　5
　　□适合　□删除
　　□修正＿＿＿＿＿＿＿＿＿＿＿＿＿＿＿＿＿＿

3. 我尊重他/她想法和决定 ……………………… 1　2　3　4　5
　　□适合　□删除
　　□修正＿＿＿＿＿＿＿＿＿＿＿＿＿＿＿＿＿＿

4. 当他/她遇到困难时，我会安慰、关心、鼓励他/她 …… 1　2　3　4　5
　　□适合　□删除
　　□修正＿＿＿＿＿＿＿＿＿＿＿＿＿＿＿＿＿＿

5. 他/她会将心里话告诉父母，以获得支持和安慰 …… 1　2　3　4　5
　　□适合　□删除
　　□修正＿＿＿＿＿＿＿＿＿＿＿＿＿＿＿＿＿＿

6. 他/她在家做错事时，我会以宽容的态度对待 …… 1　2　3　4　5
　　□适合　□删除
　　□修正＿＿＿＿＿＿＿＿＿＿＿＿＿＿＿＿＿＿

7. 我会告知他/她理解和关爱他/她 ………………… 1　2　3　4　5
　　□适合　□删除
　　□修正＿＿＿＿＿＿＿＿＿＿＿＿＿＿＿＿＿＿

8. 当他/她表现好时，我会赞扬他/她 ……………… 1　2　3　4　5
　　□适合　□删除
　　□修正＿＿＿＿＿＿＿＿＿＿＿＿＿＿＿＿＿＿

9. 我平时会多陪伴他/她 ……………………………… 1　2　3　4　5
　　□适合　□删除
　　□修正＿＿＿＿＿＿＿＿＿＿＿＿＿＿＿＿＿＿

10. 我会关心他/她在校状况 ………………………… 1　2　3　4　5
　　　□适合　□删除
　　　□修正＿＿＿＿＿＿＿＿＿＿＿＿＿＿＿＿＿

专家修正意见栏：就情感性支持拟定尚需改进之处或增列题项，恳请惠赐卓见

第三部分　学校支持

说明：本部分的量表，旨在了解小学随班就读智力障碍儿童的学校支持状况，包含"环境支持""教师支持""同伴支持""课程与教学支持"及"考试评价支持"五部分。本量表共计 33 题，以 Likert 五点量表：从完全符合到完全不符合择一回答。依圈选的各项目总分高低代表学校支持的高低，圈选时，数字越大，表示支持的程度越高，反之则越低。

（一）教师支持：主要指学校教师对智力障碍学生的关心与协助。

（二）同伴支持：主要是指学校里同学对智力障碍学生的关心与协助。

（三）课程与教学支持：主要指学校在课程、教学上对智力障碍学生的协助。

（四）考试评价支持：主要指学校考试制度、方式、内容对智力障碍学生的协助。

填答说明：请就下列叙述，在右边圈选一个符合实际状况的数字。

一、教师支持

	完全不符合	基本不符合	不确定	基本符合	完全符合
1. 老师接纳他/她的意愿高 ……………………………	1	2	3	4	5

□适合　□删除
□修正＿＿＿＿＿＿＿＿＿＿＿＿＿＿＿＿＿＿＿

2. 老师会表扬帮助他/她的同学 …………………… 　1　2　3　4　5

□适合　□删除
□修正＿＿＿＿＿＿＿＿＿＿＿＿＿＿＿＿＿＿＿

<table>
<thead>
<tr><th></th><th>完全不符合</th><th>基本不符合</th><th>不确定</th><th>基本符合</th><th>完全符合</th></tr>
</thead>
</table>

3. 老师会安排他/她参与各项活动并提供适当协助 ⋯   1   2   3   4   5
　□适合 　□删除
　□修正＿＿＿＿＿＿＿＿＿＿＿＿＿＿＿＿＿＿＿＿＿

4. 老师在下课时会与他/她做特别沟通 ⋯⋯⋯⋯⋯   1   2   3   4   5
　□适合 　□删除
　□修正＿＿＿＿＿＿＿＿＿＿＿＿＿＿＿＿＿＿＿＿＿

5. 老师让同学组成帮扶小组帮助他/她 ⋯⋯⋯⋯⋯   1   2   3   4   5
　□适合 　□删除
　□修正＿＿＿＿＿＿＿＿＿＿＿＿＿＿＿＿＿＿＿＿＿

6. 老师会指派同学当他/她的小老师来帮助他/她 ⋯⋯   1   2   3   4   5
　□适合 　□删除
　□修正＿＿＿＿＿＿＿＿＿＿＿＿＿＿＿＿＿＿＿＿＿

7. 老师会鼓励他/她发展自己的兴趣和爱好 ⋯⋯⋯   1   2   3   4   5
　□适合 　□删除
　□修正＿＿＿＿＿＿＿＿＿＿＿＿＿＿＿＿＿＿＿＿＿

8. 老师会向学校反映他/她的困难与需要 ⋯⋯⋯⋯   1   2   3   4   5
　□适合 　□删除
　□修正＿＿＿＿＿＿＿＿＿＿＿＿＿＿＿＿＿＿＿＿＿

9. 老师会鼓励他/她和其他同学互助合作 ⋯⋯⋯⋯   1   2   3   4   5
　□适合 　□删除
　□修正＿＿＿＿＿＿＿＿＿＿＿＿＿＿＿＿＿＿＿＿＿

10. 老师会注意培养他/她良好的人际关系 ⋯⋯⋯⋯   1   2   3   4   5
　　□适合 　□删除
　　□修正＿＿＿＿＿＿＿＿＿＿＿＿＿＿＿＿＿＿＿＿

11. 老师会定期与家长沟通与回馈他/她在校情况 ……　1　2　3　4　5
　　□适合　□删除
　　□修正＿＿＿＿＿＿＿＿＿＿＿＿＿＿＿＿＿＿＿＿＿＿

　　　专家修正意见栏：就教师支持拟定尚需改进之处或增列题项，恳请惠赐卓见

二、同伴支持

完全不符合　基本不符合　不确定　基本符合　完全符合

1. 同学愿意和他/她一起玩 …………………………………　1　2　3　4　5
　　□适合　□删除
　　□修正＿＿＿＿＿＿＿＿＿＿＿＿＿＿＿＿＿＿＿＿＿＿

2. 同学愿意成为他的小老师在学习上帮助他/她 ……　1　2　3　4　5
　　□适合　□删除
　　□修正＿＿＿＿＿＿＿＿＿＿＿＿＿＿＿＿＿＿＿＿＿＿

3. 同学会帮他/她做笔记或借笔记给他/她看 …………　1　2　3　4　5
　　□适合　□删除
　　□修正＿＿＿＿＿＿＿＿＿＿＿＿＿＿＿＿＿＿＿＿＿＿

4. 分组活动时，同学愿意和他/她同一组 ……………　1　2　3　4　5
　　□适合　□删除
　　□修正＿＿＿＿＿＿＿＿＿＿＿＿＿＿＿＿＿＿＿＿＿＿

5. 进行教室以外的活动时，同学愿意帮他/她拿物品或
　　协助他/她参与活动 ………………………………………　1　2　3　4　5

| | 完全不符合 | 基本不符合 | 不确定 | 基本符合 | 完全符合 |

□适合　□删除

□修正＿＿＿＿＿＿＿＿＿＿＿＿＿＿＿＿＿＿＿＿＿

6. 同学愿意借给他/她或帮他/她复印学习数据 ········· 　1　2　3　4　5

□适合　□删除

□修正＿＿＿＿＿＿＿＿＿＿＿＿＿＿＿＿＿＿＿＿＿

7. 有困难时，他/她可以向他/她的同学求助 ············ 　1　2　3　4　5

□适合　□删除

□修正＿＿＿＿＿＿＿＿＿＿＿＿＿＿＿＿＿＿＿＿＿

8. 他/她心情不好时，同学会安慰他/她 ················· 　1　2　3　4　5

□适合　□删除

□修正＿＿＿＿＿＿＿＿＿＿＿＿＿＿＿＿＿＿＿＿＿

9. 同学会愿意和他/她聊天 ······························ 　1　2　3　4　5

□适合　□删除

□修正＿＿＿＿＿＿＿＿＿＿＿＿＿＿＿＿＿＿＿＿＿

专家修正意见栏：就同伴支持拟定尚需改进之处或增列题项，恳请惠赐卓见

三、课程与教学支持

| | 完全不符合 | 基本不符合 | 不确定 | 基本符合 | 完全符合 |

1. 学校的学习辅具，能符合他/她的需求 ·············· 　1　2　3　4　5

□适合　□删除

□修正＿＿＿＿＿＿＿＿＿＿＿＿＿＿＿＿＿＿＿＿＿

2. 学校会根据他的需要，调整课程的难易程度或开设

方式 ··· 　1　2　3　4　5

完　基　不　基　完
全　本　确　本　全
不　不　定　符　符
符　符　　　合　合
合　合

　　　　□适合　□删除

　　　　□修正　学校会根据他/她的能力，调整课程的难易

　　　　　　　程度＿＿＿＿＿＿＿＿＿＿＿＿＿＿＿＿＿＿＿

　3. 上课的课程内容，教材会根据他/她的需要调整 ……　1　2　3　4　5

　　　　□适合　□删除

　　　　□修正＿＿＿＿＿＿＿＿＿＿＿＿＿＿＿＿＿＿＿＿＿

　4. 班级会因为他/她而特别设计课堂活动 …………　1　2　3　4　5

　　　　□适合　□删除

　　　　□修正　老师会因为他/她而设计特别的课堂活动＿＿

　5. 老师因为他/她的需要而调整教学方法 …………　1　2　3　4　5

　　　　□适合　□删除

　　　　□修正＿＿＿＿＿＿＿＿＿＿＿＿＿＿＿＿＿＿＿＿＿

专家修正意见栏：就课教支持拟定尚需改进之处或增列题项，恳请惠赐卓见

四、考评支持

完　基　不　基　完
全　本　确　本　全
不　不　定　符　符
符　符　　　合　合
合　合

　1. 学校鼓励学生多元的潜能发展，不以成绩作为衡量

　　　学生好坏的唯一标准……………………………………　1　2　3　4　5

　　　　□适合　□删除

　　　　□修正＿＿＿＿＿＿＿＿＿＿＿＿＿＿＿＿＿＿＿＿＿

　2. 学校除了考试外，还会根据他/她平时的表现或

　　　作业来进行学业成绩评定………………………………　1　2　3　4　5

完全不符合　基本不符合　不确定　基本符合　完全符合

☐适合　☐删除

☐修正＿＿＿＿＿＿＿＿＿＿＿＿＿＿＿＿＿＿＿

3. 学校和老师会把他/她的进步当作是成绩的一部分 …　1　2　3　4　5

☐适合　☐删除

☐修正＿＿＿＿＿＿＿＿＿＿＿＿＿＿＿＿＿＿＿

4. 学校的考试内容会根据他/她的情况进行适当调整 …　1　2　3　4　5

☐适合　☐删除

☐修正＿＿＿＿＿＿＿＿＿＿＿＿＿＿＿＿＿＿＿

5. 学校的考试方式会根据他/她的情况进行适当调整 …　1　2　3　4　5

☐适合　☐删除

☐修正＿＿＿＿＿＿＿＿＿＿＿＿＿＿＿＿＿＿＿

6. 考试时，能让他/她有足够的考试时间来答完题目 …　1　2　3　4　5

☐适合　☐删除

☐修正 考试时,能让他/她有足够的作答时间来答题＿＿＿＿

7. 他/她和其他同学一样参加学校的定期考试 ………　1　2　3　4　5

☐适合　☐删除

☐修正＿＿＿＿＿＿＿＿＿＿＿＿＿＿＿＿＿＿＿

8. 学校和老师会因为他/她的特点或需要而调整作业或

作业要求 …………………………………………　1　2　3　4　5

☐适合　☐删除

☐修正＿＿＿＿＿＿＿＿＿＿＿＿＿＿＿＿＿＿＿

专家修正意见栏：就考评支持拟定尚需改进之处或增列题项，恳请惠赐卓见

第四部分　学校适应

说明：本部分的量表，旨在了解小学随班就读智力障碍儿童的学校适应状况，包含"学业适应""人际适应""常规适应"及"生活自理"四部分。本量表共计 34 题，以 Likert 五点量表：从完全不符合到完全符合择一回答。依圈选的各项目总分高低代表学校适应的高低，圈选时，数值越大，表示学校适应的情形越佳，反之则越低。

(一)学业适应，指智力障碍学生在学习过程中的学习态度、学习技能、学习动机等。

(二)人际适应，指智力障碍学生在学校的人际交往适应，包括同伴关系、师生关系、自我关系的适应。

(三)常规适应：指智力障碍学生遵守学校规章制度和班级规定，在学校活动中服从指挥、遵守规章制度。

(四)生活自理：指智力障碍学生在学校能够掌握简单生活常识和劳动技能，管理日常生活。

填答说明：请就下列叙述，在右边圈选一个符合实际状况的数字。

一、学业适应

	完全不符合	基本不符合	不确定	基本符合	完全符合
1. 他/她会准备好上课所用课本及学习用品 …………	1	2	3	4	5

□适合　□删除

□修正＿＿＿＿＿＿＿＿＿＿＿＿＿＿＿＿＿＿＿

2. 他/她上课时，能专心听课 ……………………………	1	2	3	4	5

□适合　□删除

□修正＿＿＿＿＿＿＿＿＿＿＿＿＿＿＿＿＿＿＿

	完全不符合	基本不符合	不确定	基本符合	完全符合

3. 他/她能参与课堂教学活动 …………………………　1　2　3　4　5

　　□适合　□删除

　　□修正　他/她能参与课堂学习活动＿＿＿＿＿＿＿

4. 上课时，他/她能回答老师的提问 ………………　1　2　3　4　5

　　□适合　□删除

　　□修正＿＿＿＿＿＿＿＿＿＿＿＿＿＿＿＿＿＿＿＿

5. 他/她上课会自己抄笔记 ……………………………　1　2　3　4　5

　　□适合　□删除

　　□修正＿＿＿＿＿＿＿＿＿＿＿＿＿＿＿＿＿＿＿＿

6. 他/她遇到不懂的问题，能主动请教老师或同学 …　1　2　3　4　5

　　□适合　□删除

　　□修正＿＿＿＿＿＿＿＿＿＿＿＿＿＿＿＿＿＿＿＿

7. 他/她能独立完成自己的功课/作业，准时交作业 ……　1　2　3　4　5

　　□适合　□删除

　　□修正＿＿＿＿＿＿＿＿＿＿＿＿＿＿＿＿＿＿＿＿

8. 他/她能掌握课堂所学的基本知识技能，考试达到

　　及格线以上 ………………………………………　1　2　3　4　5

　　□适合　□删除

　　□修正＿＿＿＿＿＿＿＿＿＿＿＿＿＿＿＿＿＿＿＿

9. 他/她的学习成绩能达到班级平均水平 …………　1　2　3　4　5

　　□适合　□删除

　　□修正＿＿＿＿＿＿＿＿＿＿＿＿＿＿＿＿＿＿＿＿

专家修正意见栏：就学业适应拟定尚需改进之处或增列题项，恳请惠赐卓见

二、人际适应

<table>
<tr><td></td><td>完全不符合</td><td>基本不符合</td><td>不确定</td><td>基本符合</td><td>完全符合</td></tr>
</table>

1. 他/她下课后，会主动跟老师沟通 …………… 1　2　3　4　5
   □适合　□删除
   □修正_____

2. 他/她对别人的问话能恰当回应 …………… 1　2　3　4　5
   □适合　□删除
   □修正_____

3. 他/她能听懂简单指令，完成老师交给的任务 …… 1　2　3　4　5
   □适合　□删除
   □修正_____

4. 他/她能向别人表达自己的意愿和需要 …………… 1　2　3　4　5
   □适合　□删除
   □修正_____

5. 他/她在班级有要好的同学 ………………………… 1　2　3　4　5
   □适合　□删除
   □修正_____

6. 他/她和大多数同学相处愉快 ………………… 1　2　3　4　5
   □适合　□删除
   □修正_____

7. 他/她下课后，会和同学一起玩 …………… 1　2　3　4　5
   □适合　□删除
   □修正_____

8. 他/她会和同学表现出分享行为 …………… 1　2　3　4　5
   □适合　□删除
   □修正_____

	完全不符合	基本不符合	不确定	基本符合	完全符合

9. 他/她可以接受自己的缺点 ················· 1 2 3 4 5
   □适合　□删除
   □修正＿＿＿＿＿＿＿＿＿＿＿＿＿＿＿＿＿＿＿＿＿＿

10. 他/她会因意识到自己表现不好而情绪低落 ········ 1 2 3 4 5
    □适合　□删除
    □修正＿＿＿＿＿＿＿＿＿＿＿＿＿＿＿＿＿＿＿＿＿

11. 他/她了解自己的优点 ····················· 1 2 3 4 5
    □适合　□删除
    □修正＿＿＿＿＿＿＿＿＿＿＿＿＿＿＿＿＿＿＿＿＿＿

专家修正意见栏：就关系适应拟定尚需改进之处或增列题项，恳请惠赐卓见

三、常规适应

	完全不符合	基本不符合	不确定	基本符合	完全符合

1. 他/她上课时，不会分心做其他事情，如看窗外、
   发呆等 ····························· 1 2 3 4 5
   □适合　□删除
   □修正＿＿＿＿＿＿＿＿＿＿＿＿＿＿＿＿＿＿＿＿＿＿

2. 他/她上课时，不会随意离开座位 ··········· 1 2 3 4 5
   □适合　□删除
   □修正＿＿＿＿＿＿＿＿＿＿＿＿＿＿＿＿＿＿＿＿＿＿

3. 他/她上课时，不会一直翻课本或抹书 ········ 1 2 3 4 5
   □适合　□删除
   □修正＿＿＿＿＿＿＿＿＿＿＿＿＿＿＿＿＿＿＿＿＿＿

完全不符合　基本不符合　不确定　基本符合　完全符合

4. 他/她上课时，不会干扰同学，如拿同学东西、打同
  学等 ………………………………………………… 1　2　3　4　5
  □适合　□删除
  □修正＿＿＿＿＿＿＿＿＿＿＿＿＿＿＿＿＿＿＿＿＿

5. 他/她上课时，不会随意说话、发出声音 ………… 1　2　3　4　5
  □适合　□删除
  □修正　他/她上课时，会随意说话或发出怪声＿＿＿

6. 他/她下课后，不会做危险行为，如爬栏杆等 …… 1　2　3　4　5
  □适合　□删除
  □修正＿＿＿＿＿＿＿＿＿＿＿＿＿＿＿＿＿＿＿＿＿

7. 他/她做值日生时，不需要有人监督 ……………… 1　2　3　4　5
  □适合　□删除
  □修正＿＿＿＿＿＿＿＿＿＿＿＿＿＿＿＿＿＿＿＿＿

专家修正意见栏：就常规适应拟定尚需改进之处或增列题项，恳请惠赐卓见

四、生活自理

完全不符合　基本不符合　不确定　基本符合　完全符合

1. 他/她能穿戴好衣帽 ………………………………… 1　2　3　4　5
  □适合　□删除
  □修正＿＿＿＿＿＿＿＿＿＿＿＿＿＿＿＿＿＿＿＿＿

2. 他/她自己能上卫生间大小便 ……………………… 1　2　3　4　5
  □适合　□删除
  □修正＿＿＿＿＿＿＿＿＿＿＿＿＿＿＿＿＿＿＿＿＿

	完全不符合	基本不符合	不确定	基本符合	完全符合

3. 他/她能使用餐具吃早餐 ……………………………… 1　2　3　4　5

　　□适合　□删除

　　□修正＿＿＿＿＿＿＿＿＿＿＿＿＿＿＿＿＿＿＿＿

4. 他/她能根据天气变化增减衣物 ………………………… 1　2　3　4　5

　　□适合　□删除

　　□修正＿＿＿＿＿＿＿＿＿＿＿＿＿＿＿＿＿＿＿＿

5. 他/她自己能整理教室书桌 ……………………………… 1　2　3　4　5

　　□适合　□删除

　　□修正＿＿＿＿＿＿＿＿＿＿＿＿＿＿＿＿＿＿＿＿

6. 他/她自己能整理书包 …………………………………… 1　2　3　4　5

　　□适合　□删除

　　□修正＿＿＿＿＿＿＿＿＿＿＿＿＿＿＿＿＿＿＿＿

7. 他/她能保持衣物整洁 …………………………………… 1　2　3　4　5

　　□适合　□删除

　　□修正＿＿＿＿＿＿＿＿＿＿＿＿＿＿＿＿＿＿＿＿

专家修正意见栏：就生活自理拟定尚需改进之处或增列题项，恳请惠赐卓见

附录二 预 试 问 卷

"小学随班就读智力障碍儿童的家庭支持研究"量表

尊敬的家长：

感谢您在百忙之中协助填写此份问卷，本次问卷调查对象为广东省小学随班就读学生的家长。本问卷的目的主要在于搜集小学随班就读学生家庭支持、学校支持与学校适应状况资料，以便学校制定更适合孩子的教育、教学方案，请家长放心填写。此问卷共包含两个部分：第一部分为小学随班就读学生基本资料；第二部分为家庭支持状况；共计28题。

祝工作顺心，家庭幸福！

卢祖琴　敬上

2019 年 10 月

一、基本数据

说明：本部分旨在了解小学随班就读学生的基本资料。

填写说明：请在符合学生资料的选项圈选或横线填写。

1. 所在学校：_____

2. 性别：□男　　　　　□女

3. 年级：□1~2 年级　　□3~4 年级　　□5~6 年级

4. 是否独生子女：□是　□女

5. 父母教育程度(以父母的一方最高学历填答)：

　　□初中及以下　　　　□高中　　　　□大专/本科□研究生及以上

> 说明：本部分旨在了解小学随班就读智力障碍学生家庭支持现况，共分为三部分，家长依据实际状况进行勾选。本问卷主要了解小学随班就读智力障碍学生的家长在"情感支持"、"信息支持"和"实质支持"等方面的现况。本问卷共计 23 题，以 Likert 五点量表：从完全不符合到完全符合要择一回答。依圈选的各项目总分高低代表家庭支持的高低，圈选时，数字越大，表示支持的程度越高，反之则越低。

二、小学随班就读智力障碍学生的家庭支持量表

	完全不符合	基本不符合	不确定	基本符合	完全符合
1. 我会提供孩子很多参考建议或知识 ……………	1	2	3	4	5
2. 我会和孩子讨论很多事情 …………………	1	2	3	4	5
3. 孩子不知道的事情，都会问家人 ……………	1	2	3	4	5
4. 孩子遇到困难时，会向家人求助 ……………	1	2	3	4	5
5. 遇到困难时，我会给孩子意见 ……………	1	2	3	4	5
6. 写作业时，我会帮孩子一起查数据 …………	1	2	3	4	5
7. 遇到不会的问题，我会教孩子如何解决 ………	1	2	3	4	5
8. 我会和孩子一起逛街、买东西 ……………	1	2	3	4	5
9. 我假期会带孩子外出做娱乐活动 ……………	1	2	3	4	5
10. 我会给孩子准备学习用品 ………………	1	2	3	4	5
11. 我会给孩子买课外书或玩具 ……………	1	2	3	4	5
12. 我会给孩子准备三餐食物 ………………	1	2	3	4	5
13. 孩子需要帮助时，会最先想到家人 ………	1	2	3	4	5
14. 我会给孩子准备生活学习上所需的物品 ……	1	2	3	4	5
15. 我会提醒孩子需要改进的地方 ……………	1	2	3	4	5
16. 我允许孩子有自主的时间 ………………	1	2	3	4	5
17. 我在教育孩子时，能以身作则 ……………	1	2	3	4	5

	完全不符合	基本不符合	不确定	基本符合	完全符合
18. 当孩子遇到困难时，我会予以安慰、关心、鼓励 …	1	2	3	4	5
19. 当孩子把心里话告诉我时，我会给予支持和安慰 …	1	2	3	4	5
20. 孩子在家做错事时，我会以宽容的态度对待 ……	1	2	3	4	5
21. 当孩子表现好时，我会赞扬孩子 …………	1	2	3	4	5
22. 我会尊重孩子的想法和决定 …………	1	2	3	4	5
23. 我会关心孩子在校状况 …………	1	2	3	4	5

"小学随班就读智力障碍学生的学校支持与其学校适应的相关研究"量表

尊敬的老师：

感谢您在百忙之中协助填写此份问卷，本研究对象为广东小学随班就读智力障碍学生的班主任或熟悉智力障碍学生的资源教师。本问卷目的在于调查小学随班就读智力障碍学生家庭支持、学校支持与学校适应状况，以便学校制定更适合孩子的教育、教学方案，请放心填写。此问卷共包含三个部分：第一部分为小学随班就读智力障碍学生基本资料；第二部分为学校支持状况；第三部分为学校适应状况，共计60题，请您根据真实情况作答。

祝工作顺心，家庭幸福！

岭南师范学院卢祖琴

2019 年 10 月

一、基本数据

说明：本部分旨在了解小学随班就读学生的基本资料。

填写说明：请在符合学生资料的选项圈选或横线填写。

1. 所在学校：＿＿＿＿＿＿＿＿＿＿＿＿＿＿

2. 性别：□男 　　　　□女

3. 年级：□1~2 年级 　　□3~4 年级 　　□5~6 年级

4. 残疾程度：□轻度 　　□中度

5. 学校有资源教室或资源中心：□有 　　□无

6. 学校所在地：□城市(市、县、区) 　　□农村(镇、乡、村)

> 说明：本部分的量表，旨在了解小学随班就读智力障碍学生学校支持状况，包含"教师支持""同伴支持""课教支持"及"考评支持"四部分。本量表共计 28 题，以 Likert 五点量表：从完全不符合到完全符合择一回答。依圈选的各项目总分高低代表学校支持的高低，圈选时，数字越大，表示支持的程度越高，反之则越低。

二、小学随班就读智力障碍学生的学校支持量表

	完全不符合	基本不符合	不确定	基本符合	完全符合
1. 老师会表扬帮助该生的同学 ……………………	1	2	3	4	5
2. 老师让同学组成帮扶小组，帮助该生 ………	1	2	3	4	5
3. 老师会指派同学当该生的小老师，帮助该生 ………	1	2	3	4	5
4. 老师会鼓励该生发展自己的兴趣和爱好 ……	1	2	3	4	5
5. 老师会向学校反映该生的困难与需要 ………	1	2	3	4	5
6. 老师会鼓励他/她和其他同学互助合作 ………	1	2	3	4	5
7. 老师会注意培养该生良好的人际关系 ………	1	2	3	4	5
8. 老师会定期与家长沟通与回馈该生在校情况 ………	1	2	3	4	5
9. 同学愿意和该生一起玩 ………………………	1	2	3	4	5
10. 同学愿意成为他的小老师，在学习上帮助该生 …	1	2	3	4	5
11. 同学会帮他/她做笔记或借笔记给该生看 ………	1	2	3	4	5
12. 分组活动时，同学愿意和该生同一组 ………	1	2	3	4	5

	完全不符合	基本不符合	不确定	基本符合	完全符合
13. 进行室外活动时，同学愿意协助该生参与活动 …	1	2	3	4	5
14. 同学愿意借给该生学习数据 ………………	1	2	3	4	5
15. 有困难时，该生可以向同学求助 …………	1	2	3	4	5
16. 该生心情不好时，同学会安慰该生 ………	1	2	3	4	5
17. 同学会愿意和该生聊天 ……………………	1	2	3	4	5
18. 学校的学习辅具，能符合该生的需求 ……	1	2	3	4	5
19. 学校会根据该生的能力，调整课程的难易程度 …	1	2	3	4	5
20. 上课的课程内容，教材会根据该生的需要调整 …	1	2	3	4	5
21. 老师会因为该生而设计特别的课堂活动 …………	1	2	3	4	5
22. 老师因为该生的需要而调整教学方法 ………	1	2	3	4	5
23. 学校鼓励学生多元潜能发展，不以成绩作为衡量学生好坏的唯一标准 ………………	1	2	3	4	5
24. 学校除了考试外，还会根据该生平时表现或作业来评定学业成绩 ………………	1	2	3	4	5
25. 学校和老师会把该生的进步当作是成绩的一部 …	1	2	3	4	5
26. 考试时，能让该生有足够的作答时间来答题 ……	1	2	3	4	5
27. 该生和其他同学一样参加学校的定期考试 ………	1	2	3	4	5
28. 学校和老师会依据该生的特征或需要而调整作业内容或方式 …………………………	1	2	3	4	5

> 说明：本部分量表，旨在了解小学随班就读智力障碍学生学校适应状况，系包含"学业适应""人际适应""常规适应"及"生活自理"四部分。本量表共计 26 题，以 Likert 五点量表：从完全不符合到完全符合择一回答。依圈选的各项目总分高低代表学校适应的高低，圈选时，数字越大，表示支持的程度越高，反之则越低。

三、小学随班就读智力残疾学生的学校适应量表

	完全不符合	基本不符合	不确定	基本符合	完全符合
1. 该生会准备好上课所用课本及学习用品 ……………	1	2	3	4	5
2. 该生上课时，会专心听课 ………………………	1	2	3	4	5
3. 该生会参与课堂学习活动 ………………………	1	2	3	4	5
4. 该生上课会自己抄笔记 …………………………	1	2	3	4	5
5. 该生会独立完成自己的功课/作业，准时交作业 …	1	2	3	4	5
6. 该生能掌握课堂所学的基本知识技能，考试达到及网格线以上 ………………………	1	2	3	4	5
7. 该生下课后，会主动跟老师沟通 ………………	1	2	3	4	5
8. 该生能听懂简单指令，完成老师交给的任务 ……	1	2	3	4	5
9. 该生能向老师表达自己的意愿和需要 …………	1	2	3	4	5
10. 该生在班级有要好的同学 ………………………	1	2	3	4	5
11. 该生和大多数同学相处愉快 ……………………	1	2	3	4	5
12. 该生下课后，会和同学一起玩 …………………	1	2	3	4	5
13. 该生会和同学表现出分享行为 …………………	1	2	3	4	5
14. 该生下课后，会和同学一起玩 …………………	1	2	3	4	5
15. 该生了解自己的优点 ……………………………	1	2	3	4	5
16. 该生上课时，不会分心做其他事情，如看窗外、发呆等 ……………………	1	2	3	4	5
17. 该生上课时，不会随意离开座位 ………………	1	2	3	4	5
18. 该生上课时，不会干扰同学，如拿同学东西、打同学等 …………………	1	2	3	4	5
19. 该生上课时，不会随意说话或发出怪声 ………	1	2	3	4	5
20. 该生下课后，不会做危险行为，如爬栏杆等 ……	1	2	3	4	5
21. 该生做值日生时，不需要有人监督 ……………	1	2	3	4	5

	完全不符合	基本不符合	不确定	基本符合	完全符合
22. 该生会穿戴好衣鞋 ⋯⋯⋯⋯⋯⋯	1	2	3	4	5
23. 该生会根据天气变化增减衣物 ⋯⋯⋯	1	2	3	4	5
24. 该生自己会整理书桌 ⋯⋯⋯⋯⋯	1	2	3	4	5
25. 该生自己会整理书包 ⋯⋯⋯⋯⋯	1	2	3	4	5
26. 该生会保持衣物整洁 ⋯⋯⋯⋯⋯	1	2	3	4	5

附录三 正式问卷

"小学随班就读智力障碍学生的家庭支持研究"量表

尊敬的家长：

感谢您在百忙之中协助填写此份问卷，本次问卷调查对象为广东省小学随班就读学生的家长。本问卷的目的主要在于搜集小学随班就读学生家庭支持、学校支持与学校适应状况资料，以便学校制定更适合孩子的教育、教学方案，请家长放心填写。此问卷共包含两个部分：第一部分为小学随班就读学生基本资料；第二部分为家庭支持状况；共计19题。

祝工作顺心，家庭幸福！

卢祖琴　敬上

2019 年 11 月

一、基本数据

说明：本部分旨在了解小学随班就读学生的基本资料。

填写说明：请在符合学生资料的选项圈选或横线填写。

1. 所在学校：＿＿＿＿＿＿＿＿＿＿＿＿

2. 性别：□男　　　　　□女

3. 年级：□1~2 年级　　□3~4 年级　　□5~6 年级

4. 父母教育程度(以父母的一方最高学历填答)：

□初中及以下　　　　□高中　　　　□大专/本科□研究生及以上

说明：本部分旨在了解小学随班就读智力障碍学生家庭支持现况，共
　　分为三部分，家长依据实际状况进行圈选。本问卷主要了解小学随班
　　就读智力障碍学生的家长在"情感支持""信息支持"和"实质支持"等方
　　面的现况。本问卷共计 15 题，以 Likert 五点量表：从完全不符合到完
　　全符合要择一回答。依圈选的各项目总分高低代表家庭支持的高低，
　　圈选时，数字越大，表示支持的程度越高，反之则越低。

二、小学随班就读智力障碍学生的家庭支持量表

	完全不符合	基本不符合	不确定	基本符合	完全符合
1. 孩子不知道的事情，都会问家人 ……………………	1	2	3	4	5
2. 孩子遇到困难时，会向家人求助 ……………………	1	2	3	4	5
3. 遇到困难时，我会给孩子意见 ……………………	1	2	3	4	5
4. 写作业时，我会帮孩子一起查数据 ………………	1	2	3	4	5
5. 我会和孩子一起逛街、买东西 ……………………	1	2	3	4	5
6. 我会给孩子买课外书或玩具 ………………………	1	2	3	4	5
7. 我会给孩子准备三餐食物 …………………………	1	2	3	4	5
8. 孩子需要帮助时，会最先想到家人 ………………	1	2	3	4	5
9. 我会给孩子准备生活学习上所需的物品 …………	1	2	3	4	5
10. 我允许孩子有自主的时间 ………………………	1	2	3	4	5
11. 我在教育孩子时，能以身作则 …………………	1	2	3	4	5
12. 当孩子把心里话告诉我时，我会给予支持和安慰 …	1	2	3	4	5
13. 孩子在家做错事时，我会以宽容的态度对待 ……	1	2	3	4	5
14. 我会尊重孩子的想法和决定 ……………………	1	2	3	4	5
15. 我会关心孩子在校状况 …………………………	1	2	3	4	5

"小学随班就读智力障碍学生的学校支持与其学校适应的相关研究"量表

尊敬的老师：

　　感谢您在百忙之中协助填写此份问卷，本研究对象为广东小学随班就读智力障碍学生的班主任或熟悉智力障碍学生的资源教师。本问卷目的在于调查小学随班就读智力障碍学生家庭支持、学校支持与学校适应状况，以便学校制定更适合孩子的教育、教学方案，请放心填写。此问卷共包含三个部分：第一部分为小学随班就读智力障碍学生基本资料；第二部分为学校支持状况；第三部分为学校适应状况，共计47题，请您根据真实情况作答。

　　祝工作顺心，家庭幸福！

卢祖琴　敬上

2019年11月

一、基本数据

　　说明：本部分旨在了解小学随班就读学生的基本资料。

　　填写说明：请在符合学生资料的选项圈选或横线填写。

1. 所在学校：＿＿＿＿＿＿＿＿＿＿＿＿

2. 性别：□男　　　　□女

3. 年级：□1~2年级　　□3~4年级　　□5~6年级

4. 残疾程度：□轻度　　□中度

5. 学校有资源教室或资源中心：□有　　□无

6. 学校所在地：□城市(市、县、区)　　□农村(镇、乡、村)

说明：本部分的量表，旨在了解小学随班就读智力障碍学生学校支持状况，系包含"教师支持""同伴支持""课教支持"及"考评支持"四部分。本量表共计24题，以Likert五点量表：从完全不符合到完全符合择一回答。依圈选的各项目总分高低代表学校支持的高低，圈选时，数字越大，表示支持的程度越高，反之则越低。

二、小学随班就读智力障碍学生的学校支持量表

	完全不符合	基本不符合	不确定	基本符合	完全符合
1. 老师会表扬帮助该生的同学 ……………………	1	2	3	4	5
2. 老师让同学组成帮扶小组，帮助该生 …………	1	2	3	4	5
3. 老师会指派同学当该生的小老师，帮助该生 ………	1	2	3	4	5
4. 老师会鼓励该生发展自己的兴趣和爱好 …………	1	2	3	4	5
5. 老师会向学校反映该生的困难与需要 ……………	1	2	3	4	5
6. 老师会鼓励他/她和其他同学互助合作 ………	1	2	3	4	5
7. 老师会注意培养该生良好的人际关系 ……………	1	2	3	4	5
8. 老师会定期与家长沟通与回馈该生在校情况 ………	1	2	3	4	5
9. 同学愿意和该生一起玩 …………………………	1	2	3	4	5
10. 同学愿意成为他的小老师，在学习上帮助该生 …	1	2	3	4	5
11. 同学会帮他/她做笔记或借笔记给该生看 ……	1	2	3	4	5
12. 分组活动时，同学愿意和该生同一组 …………	1	2	3	4	5
13. 进行室外活动时，同学愿意协助该生参与活动 …	1	2	3	4	5
14. 同学愿意借给该生学习数据 …………………	1	2	3	4	5
15. 有困难时，该生可以向同学求助 ………………	1	2	3	4	5
16. 该生心情不好时，同学会安慰该生 ……………	1	2	3	4	5
17. 同学会愿意和该生聊天 ………………………	1	2	3	4	5
18. 学校会根据该生的能力，调整课程的难易程度 …	1	2	3	4	5
19. 上课的课程内容，教材会根据该生的需要调整 …	1	2	3	4	5
20. 老师会因为该生而设计特别的课堂活动 ………	1	2	3	4	5
21. 老师因为该生的需要而调整教学方法 …………	1	2	3	4	5
22. 学校鼓励学生多元潜能发展，不以成绩作为衡量学生好坏的唯一标准 ………	1	2	3	4	5

	完全不符合	基本不符合	不确定	基本符合	完全符合
23. 学校除了考试外，还会根据该生平时表现或作业来评定学业成绩 ………	1	2	3	4	5
24. 学校和老师会把该生的进步当作是成绩的一部 …	1	2	3	4	5

说明：本部分量表，旨在了解小学随班就读智力障碍学生学校适应状况，系包含"学业适应""人际适应""常规适应"及"生活自理"四部分。本量表共计17题，以Likert五点量表：从完全不符合到完全符合择一回答。依圈选的各项目总分高低代表学校适应的高低，圈选时，数字越大，表示支持的程度越高，反之则越低。

三、小学随班就读智力残疾学生的学校适应量表

	完全不符合	基本不符合	不确定	基本符合	完全符合
1. 该生上课时，会专心听课 ………………………	1	2	3	4	5
2. 该生上课会自己抄笔记 ………………………	1	2	3	4	5
3. 该生会独立完成自己的功课/作业，准时交作业 …	1	2	3	4	5
4. 该生能掌握课堂所学的基本知识技能，考试达到及格线以上 ………………………	1	2	3	4	5
5. 该生在班级有要好的同学 ……………………	1	2	3	4	5
6. 该生和大多数同学相处愉快 …………………	1	2	3	4	5
7. 该生下课后，会和同学一起玩 ………………	1	2	3	4	5
8. 该生会和同学表现出分享行为 ………………	1	2	3	4	5
9. 该生上课时，不会随意离开座位 ……………	1	2	3	4	5

	完全不符合	基本不符合	不确定	基本符合	完全符合
10. 该生上课时，不会干扰同学，如拿同学东西、打同学等 ……………	1	2	3	4	5
11. 该生上课时，不会随意说话或发出怪声 …………	1	2	3	4	5
12. 该生下课后，不会做危险行为，如爬栏杆等 ……	1	2	3	4	5
13. 该生会穿戴好衣鞋 ………………………………	1	2	3	4	5
14. 该生会根据天气变化增减衣物 …………………	1	2	3	4	5
15. 该生自己会整理书桌 ……………………………	1	2	3	4	5
16. 该生自己会整理书包 ……………………………	1	2	3	4	5
17. 该生会保持衣物整洁 ……………………………	1	2	3	4	5